我们从哪里来？我们走向何方？中国到了今天，我无时无刻不提醒自己，要有这样一种历史感。

——习近平

摘自习近平总书记在北京会见第二届“读懂中国”国际会议外方代表时的谈话（《人民日报》2016 年 1 月 5 日）

读懂中国

读懂中国丛书

读懂中国丛书

中国经济：崛起在世界的地平线

朱 民 著

CIPG China Foreign Languages Publishing Administration 中国外文出版发行事业局
外文出版社 FOREIGN LANGUAGES PRESS

总 序

郑必坚

读者面前的这套丛书，有一个总题目，叫作：读懂中国。

为什么要提出“读懂中国”的问题呢？

你看，当今世界发生的变化，可谓天翻地覆，令人目不暇接。最大的变化，莫过于中国。

从20世纪中叶新中国成立以来，特别是最近这40年时间，就使一个多达十三亿多人口的贫穷落后的东方大国，实现了跨越式大发展，迅速成为世界第二大经济体。

人们自然会问：在中国，究竟发生了什么事情？中国快速发展的奥秘究竟是什么？

人们自然也会问：一个正在强起来的中国，和世界怎么相处？

于是乎，问题套问题，疑虑叠疑虑，“中国威胁论”“中国崩溃论”，“修昔底德陷阱”“中等收入陷阱”，这“论”那“论”，这“陷阱”那“陷阱”，纷纷指向中国。

毫无疑问，中国人应当坚定不移地走自己的路，把自己的事情办好。而这本身就包含着，为了回答人们的关切、问题和疑虑，必须做好一件事:“读懂中国”。

为此，由我主持的国家创新和发展战略研究会发起，联合中国人民外交学会，和国际知名智库“21世纪理事会”合作，在2013年11月和2015年11月先后举办了两届“读懂中国”国际会议。

这两次重要的国际会议，得到了中共中央总书记、国家主席习近平的重视和支持，亲自到会同与会外国嘉宾座谈。国务院总理李克强和副总理张高丽分别出席了第一届和第二届会议，并在会上作了开幕演讲。中共中央和国务院许多部门的领导同志，也到会同来自世界各国的政要和专家学者进行面对面的交流，回答大家提出的问题。

会议取得的成功，给我们的最大启示是：只要直面问题，只要心诚意真，只要实事求是且生动具体地讲好中国故事，讲好中国共产党的故事，讲好中国和世界相处的故事，将大有利于关心中国的人获得新知，怀疑中国的人逐步释惑。

为此，我们设想，把“读懂中国”的国际会议搬到书本上，搬到视频上，搬到网络上，在更大的场合，用更加生动的形式，回答人们的关切、问题和疑虑。

这一设想，不仅得到了有关部门的大力支持，不仅得到了中国外文局和外文出版社的大力支持，而且得到了一批对这些问题有亲身实践经验和较深研究的专家学者和领导同志的大力支持，为丛书撰稿。

这就是读者面前这套丛书的由来。现在编辑出版的还只是这套丛书的第一辑，以后还会有第二辑、第三辑以至更多的好书问世；现在这一辑主要是中国作者的作品，以后还会有其他国家作者的作品。

不仅是丛书，以后还会有配套的电视专题片和网络视频，陆陆续续奉献给大家。

在我们看来，“读懂中国”，包括“读懂中国共产党”、“读懂中国和世界的关系”，是一个宏大的事业。

让我们共同以极大的热情，来关注这一事业、参与这一事业！

2018 年 3 月

目 录

序

1978年11月24日夜晚，在中国安徽省凤阳县一个叫“小岗村”的小村庄里，18位衣衫褴褛的农民，借助一盏昏暗的煤油灯，写下了一份“生死契约”，约定不再集体耕作，而是分田到户，每户保证完成全年应上交的公粮。那一年安徽省发生全面旱情，全省夏粮大减产，吃饭成为面临的严峻问题。分田到户后，奇迹发生了，农民利益得到保障，耕作积极性大大提高。来年他们获得了丰收，不但上交了所有公粮，还余有足够食用的粮食。这18位农民用手印签下那份“生死契约”时并没有意识到，他们这一十分大胆的行为，改变了当时中国农村的生产制度，揭开了中国农村改革、乃至全面经济改革开放的序幕。

那一年，中国除了有居世界第一的9.6亿人口外，在经济上基本没有可以称道的地方，让中国人有饭吃是当时面临的最大挑战。1978年，中国国民生产总值只有3678.7亿元人民币，人均GDP为156美元，远低于世界人均2000多美元的平均水平。中国的金融业更是简陋，中国没有商业银行、资本市场、股票和上市公司，也没有债券和基金。那一年，中国人均粮食占有量是世界平均水平的72%，中国人均肉类产品占有量是世界平均水平的27%，中国人均奶制品占有量是世界平均水平的1%，中国有8亿人口生活在贫困线之下。

1978年，在邓小平的领导下，中国开始了经济改革和开放。以农村经济改革为开端，城市经济改革、国有企业改革、贸易改革、金融改革、教育改革、医疗改革等相继开展；同时实行对外开放，建立经济特区、引进外资、加入 WTO……从此，中国经济发生了翻天覆地的变化。近 40 年后，中国从计划经济体制走向市场经济体制，从低收入国家走向中等收入国家，居民生活从贫困走向富裕。2016 年，中国 GDP11.2 万亿美元，比 1978 年增长了 52 倍，占世界 GDP 总量的 14.5%，是世界第二大经济体。中国人均 GDP 超过 8000 美元，比 1978 年增长了 50 倍，已经进入中等收入国家行列。

已有无数专著论述了中国改革开放的历史、成绩和经验，但大多是比较中国自身自 1978 年改革开放以来到今天的发展。本书另辟蹊径，把中国放在世界经济的视野下，除观察和比较中国经济金融近 40 年的改革与发展外，还从世界的角度观察和分析中国在这段时间国际地位的变化。本书将通过中国经济改革和开放、中国金融改革和开放、中国人民生活与社会改变和改革、中国参与世界活动以及中国的国际影响五个方面来讨论和分析中国经济改革和开放的奇迹。

从世界范围看，除牛奶外，现今中国农畜产品人均占有量都从 1978 年的远低于世界平均水平到超过世界平均水平。中国水稻、小麦、玉米三大谷物自给率保持在 98% 以上。中国的粮食生产还为全世界粮食安全做出了重要贡献，中国用不到全世界 1/10 的耕地生产了全世界 1/4 的粮食，养活了占全世界近 1/5 的人口。中国的肉类、禽蛋、蔬菜、水果和水产品等产量都稳居世界第一。形象地说，世界上每三条鱼就有两条是中国养的，每两个苹果就有一个是中国产的。

中国的工业和城市经济改革同样精彩缤纷。1994 年，中国制造业增加值占世界的比重仅为 3.64%，2010 年中国就以 1.955 万亿美元的产值及 19.8% 的世界占比领先于美国，成为世界第一制造业大国。2015 年，以 2010 年美元不变价格，中国的制造业增加值（MVA）达到 2.84

万亿美元，已是美国和日本制造业增加值之和。中国制造业不仅规模巨大，而且还是唯一一个拥有联合国产业分类目录中所有工业门类的国家，在 500 多种主要工业品中，中国有 220 多种产量位居世界第一。1980 年中国制成品出口额居世界第 21 位，占世界制成品出口额的 0.8%；到 2013 年，中国制成品出口额已经居世界第一，占世界制成品出口额的 17.53%。

中国金融从零开始到成为体系健全、规模巨大的金融体系同样是世界金融的奇迹。以银行业为例，20 世纪 90 年代，中国银行业几乎处于“技术性破产”的边缘。从资产规模看，1996 年全球前 20 大银行中，中国只有一家银行即中国工商银行入选，排在第 10 位；到 2016 年，前 5 位中就有中国工商银行、中国建设银行、中国农业银行和中国银行 4 家入选。而中国工商银行是全球最大的银行，其资产规模 34222 亿美元。按资本实力看，世界前 5 名中同样有上述 4 家银行。从盈利能力看，1996 年最赚钱的前 20 家大银行中，中国只有一家银行即中国银行入选，排在第 17 位，利润占比仅为 3.2%；到了 2016 年，中国有 9 家大型银行入选。

再看居民生活，中国经济发展的直接结果是实实在在地改变了居民的生活水平。中国自古有句俗语叫“民以食为天”，但在 1978 年前能吃饱是一件不容易的事。1978 年，中国人均每年占有粮食 316 公斤，是世界平均水平的 72%；人均猪牛羊肉消费量 8.9 公斤，是世界平均水平的 27%，低于非洲的消费水平；人均牛奶消费量 0.9 公斤，低于世界平均水平的 1%。消费品严重不足，所以都是凭票限量供应。改革开放以来中国的人均肉食消费从严重稀缺走向世界消费水平，1982 年超过了非洲水平，1997 年超过了世界平均水平，2013 年达到人均每年 61 公斤，比世界水平高 42%。水果从“奢侈品”变成日常食物。20 世纪 80 年代中期以前，中国人均每年水果消费量长期都不足 10 公斤，而非洲是中国10倍的消费量水平。20世纪80年代以后中国水果消费量快速攀升，在2007年、2009年分别超过了非洲和世界平均水平，2013年达到人均每年消费93公斤，与欧洲水平（94公斤）相仿。

两千多年前，中国古代的思想家、教育家孔子就提出“有教无类”的思想。但直到20世纪七八十年代，中国仍有超过一半的适龄人口没有接受相应的中等教育。到2015年，中国小学、初中毛入学率均已超过100%，达到了美国、德国等发达国家水平。中国同时加大了对初等教育的投入，提高教育质量。1971年，中国小学教育生师比高达29倍，与菲律宾相仿，高于世界水平（28:1）。2014年时中国这一指标已经下降至16.2倍，大大低于菲律宾水平（31:1），明显低于世界水平（24:1），接近了英国水平（15.9:1）和高收入国家水平（14.1:1）。高等教育的变化也是惊人的。1990年，中国高等教育的毛入学率只有3%，这仅仅略好于非洲国家喀麦隆（2.8%），相当于印度（6.0%）的一半，低于世界水平（13.7%）的1/4，近乎墨西哥（15.1%）的1/5，远落后于美国的70.75%。2015年，中国高等教育毛入学率已经提升到43%，这远超过墨西哥（29.9%）、撒哈拉以南非洲国家（8.6%）等国，并略高于世界平均水平（34.5%），接近了中高收入国家水平（43.9%）。

这确实是震撼世界的变化。经济改革与开放从根本上改变了中国，今天中国的经济是富有活力的强大的发展经济。正是因为这些巨大成就，党的十九大报告作出了“中国特色社会主义进入了新时代”的重大判断。拿破仑曾经说过：“中国是一头沉睡的雄狮，一旦它醒来，世界将为之震撼。”1949年新中国诞生，这头雄狮开始醒来。1978年中国开启改革和开放之旅，她焕发出前所未有的朝气和活力。从1978年到今天，中国从一个占世界经济微不足道的贫困落后的发展中国家，一跃成为世界上第二大经济体、第一大商品贸易国、第一大制造业国家。中国崛起在世界的地平线，前景无可限量。

第一章

中国经济龙腾虎跃

中国传统文化中有12生肖，即每一年用一种动物定义当年出生人的生肖，12年一个轮回，每种生肖都被赋予特殊的寓意。其中龙和虎以其超然的活力、卓越的能力、神奇的灵活性创新力被广为欣赏。故中文中有“龙腾虎跃”这个成语。用这个成语形容中国经济的改革和开放是再恰当不过了。改革开放以来，中国经济发生了翻天覆地的变化。1978年，中国国民生产总值只有3678.7亿元人民币，以当时的汇率换算只有2100多亿美元，世界排名第九位，位于美国、日本、苏联、联邦德国、法国、英国、意大利、加拿大之后；人均GDP156美元，远低于世界人均2000多美元的平均水平。2016年，中国GDP总值11.2万亿美元，稳居世界第二大经济体地位；人均GDP超过8000美元，已基本趋近世界人均值。①

这一奇迹是从1978年中国的农村改革开始的。中国国土面积大，但耕地面积小；人口数量大，但劳动生产率低。1978年，是安徽一个普通和贫困的村落——小岗村农民的一纸“生死契约”，拉开了农村改革的帷幕，解体了人民公社，启动了联产承包制。随后，乡镇企业兴起，农民进城。然而承包制没有解决农业的规模经济、社会化大生产问题，土地需要流转，双层的家庭联产承包责任制转变为现在的所有权、承包权、经营权互相分离的“三权分置”。土地的集体所有从法律上保证了社会公平，实践中的“三权分置”实现了农业的现代化生产，乡镇企业、农民工进城、城乡统筹发展吸收了农村转移出来的大量劳动力。

改革前中国的工业体系是整套的计划经济，企业国营化体制和工业重工业优先发展是其两大特色。所以，中国工业发展的历史就是国有企业改革的历史，是国有企业、民营企业、外资企业逐步健全的历史，也是工业（重工业、轻工业）、农业、第三产业逐渐协调的历史。

---

① 资料来源：中华人民共和国国家统计局网站，http://data.stats.gov.cn/easyquery.htm?cn=C01；国际货币基金组织网站，http://data.imf.org/regular.aspx?key=61545864

1978 年农村改革不久国有企业就开始了改革，20 世纪 80 年代受农村改革的成功掀起一股高潮，20 世纪 90 年代受社会主义市场经济体制的确立又掀起一股高潮，然后随着中国政府国有资产管理部门的成立进入有目标、有规划、有步骤的改革时期。民营企业兴起于 20 世纪 80 年代，许多知名的民营企业脱胎换骨于乡镇企业升级，受益于国有企业改革，对吸收劳动力就业、农村劳动力转移发挥了巨大的作用。外资企业起始于广东沿海地带，与经济特区关系密切，往往凭借“三来一补”等加工贸易起家，后来成为中国制造业的主力之一。中国制造业能够迅速发展壮大，能够迅速融入国际市场，主要源于中国经济的比较优势——劳动力成本相对较低。随着人口红利的逐渐消退，中国政府提出了创新发展的理念，创新理念将逐步统率企业改革、工业发展和对外贸易。

中国对外贸易发展也是与外贸体制改革密不可分的。中国外贸体制改革实际上就是一个外贸管制不断放松、逐步与国际接轨的过程。对外贸易方式有所演变，1978 年之前中国鲜见加工贸易；1980 年经济特区设立、外资企业进入之后，加工贸易一度长期居于中国对外贸易主体地位；2001 年中国加入世贸组织，对外贸易进入了黄金时期。随着中国本土企业、民族产业的发展壮大，2009 年以后加工贸易占比逐渐下降，2011 年被一般贸易超过。2008 年金融危机之后，贸易结构也逐步升级。当前世贸组织多哈回合谈判陷入僵局，中国加大了自贸区建设的力度，除了继续落实已经签订的 16 个自贸协定之外，将推进亚太自由贸易区建设和区域全面经济伙伴关系协定谈判，构建面向全球的自由贸易区网络。

本章就集中讨论 1978 年以来中国农村经济改革和发展、中国工业经济与企业的改革和发展以及中国对外贸易的改革和发展。

第一节　农村经济改革和发展：八亿农民的伟大实验

一、引子：小岗村18位农民的“生死契约”

小岗村是中国安徽凤阳县的一个小村庄，20世纪70年代一直以“吃粮靠返销、用钱靠救济、生产靠贷款”的“三靠村”而闻名，人均年收入仅20余元。而就在1978年，安徽又出现了旱情，全省夏粮大减产，吃饭的问题更加严峻。1978年11月24日夜晚，时任小岗村生产队干部的严宏昌把全队18户“当家”男丁召集在一起，18位衣衫褴褛、面黄肌瘦的农民，借助一盏昏暗的煤油灯，面对一张契约，一个个神情紧张地按下血红的指印，并发誓永不外传。“生死契约”上写着：“我们分田到户，每户户主签字盖章。如此后能干，每户保证完成每户全年上交的公粮，不在（再）向国家伸手要钱要粮。如不成，我们干部作（坐）牢杀头也干（甘）心，大家社员也保证把我们的孩子养活到18岁。”之所以大家支持分田到户，因为在当时的人民公社制度下，大家劳动积极性低，劳动生产率也低；分田到户，上交公粮以后收入都归自己，目标和责任明确，大家的劳动积极性自然大大提高。之所以紧张，因为这张合约违背了当时的人民公社制度。来年，小岗村获得了农业大丰收，人均收入达到了400元。于是，就是这样一张还带有错别字的纸条，揭开了中国农村改革、乃至全面改革开放的序幕。

二、改革历程

1. 改变八亿农民生活的制度创新：家庭联产承包责任制

中国的基本国情就是人多地少。1978 年中国人口 96259 万人，粮食播种面积 12058.7 万公顷，人均播种面积 0.13 公顷。同期世界人口 418244 万人，耕地 137392 万公顷，人均耕地 0.33 公顷。中国人均耕地是世界平均水平的 39%，是美国的 15%，也只是印度人均耕地面积的 52%。中国的另一个基本国情是农民所占比重高。1978 年世界农业人口 19.6363 亿人，经济活动人口中农业人口占 46.2%；美国经济活动人口中农业人口占 2.4%；印度经济活动人口中农业人口占 64.6%。反观中国，1978 年农业人口 79014 万人，占比高达 82%。①

人多地少，加上当时的计划经济体制和农村劳动制度又极大地压制了农民的积极性，因此农业劳动生产率低下。1978 年中国每公顷单产粮食 2527.3 公斤，是美国的 60%；小麦 1845 公斤，是美国的 87%；玉米 2803 公斤，是美国的 44%。中国人均农业产品水平普遍低于世界的平均水平。1978 年中国粮食总产量 30477 万吨，人口 96259 万人。其中小麦 5384 万吨，玉米 5595 万吨，棉花 217 万吨，猪牛羊肉 856 万吨，牛奶 88 万吨。人均粮食 316 公斤，是世界平均水平的 72%；人均小麦 56 公斤，人均玉米 58 公斤，人均猪牛羊肉 8.9 公斤，是世界平均水平的 27%；人均牛奶 0.9 公斤，低于世界平均水平的 1%。② 1978 年，中国的农业生产停滞不前，一片凋零。农产品匮乏，要靠配给制度，凭票购买，形势严峻。

在这样的基本国情下，吃饭就成了大问题。人民公社大集体的生产方式没有解决老百姓的吃饭问题，小岗村的做法逐渐趟出了一条新

---

① 资料来源：中华人民共和国国家统计局网站，http://data.stats.gov.cn/；联合国粮食及农业组织网站，http://www.fao.org/home/en/

② 资料来源：同上

路。这种做法后来被进一步升华为“家庭联产承包责任制”，作为中国农村改革的典型形态推广开。1982 年中央一号文件（指每年发的第一份文件）《全国农村工作会议纪要》明确指出，目前农村实行的各种责任制，包括小段包工定额计酬，专业承包联产计酬，包产到户、到组等等，都是社会主义集体经济的生产责任制。到 1982 年底，全国大体上已有 80% 的农民实行了包产到户，粮食逐年丰收。

1983 年初，中国政府将“包产到户”等做法正式概括为“家庭联产承包责任制”。该制度是指农户以家庭为单位向集体组织承包土地等生产资料和生产任务的农业生产责任制形式。其基本特点是保留集体对土地所有权的同时，将土地和其他生产资料承包给农户，承包户根据承包合同规定的权限，独立做出经营决策，并在完成国家和集体任务的前提下分享经营成果。一般做法是将土地按人口比例根据责、权、利相结合的原则分给农户经营。1986 年通过的《中华人民共和国土地管理法》，使这一制度更加明确。1991 年底，中国政府做出了《关于进一步加强农业和农村工作的决定》，第一次明确提出家庭联产承包责任制和统分结合的双层经营体制是中国农村的基本经营制度。1993 年 3 月 29 日，第八届全国人民代表大会第一次会议通过了《中华人民共和国宪法修正案》，把家庭承包责任制和双层经营体制写入宪法。1993 年 7 月 2 日，第八届全国人民代表大会第二次会议通过了《中华人民共和国农业法》，强调“国家实行农村土地承包经营制度，依法保障农村土地承包关系的长期稳定，保护农民对承包土地的使用权”。1993 年 11 月 5 日中国政府颁布的《关于当前农业和农村经济发展的若干政策措施》，提出把土地承包期再延长 30 年。

家庭联产承包责任制既取消了阻碍生产力发展的人民公社，又没有走土地私有化的道路，而只是把土地的使用权和所有权进行了分离。这就既发挥了集体统一经营的优越性，又调动了农民生产积极性，是适应中国国情的农业制度。

值得一提的是，当包产到户在中国大地普遍开花时，中国政府也支持当时有些农村根据自身具体情况，不实行包产到户。比如江苏省的华西村、河南省的刘庄村等继续保持集体所有制。1980 年邓小平在《关于农村政策问题》的谈话中肯定包产到户做法的同时，也指出“从当地具体条件和群众意愿出发，这一点很重要。我们在宣传上不要只讲一种办法，要求各地都照着去做。宣传好的典型时，一定要讲清楚他们是在什么条件下，怎样根据自己的情况搞起来的，不能把他们说得什么都好，什么问题都解决了，更不能要求别的地方不顾自己的条件生搬硬套”。中国政府坚持从当地具体条件和群众意愿出发，是中国农村改革实践的一条重要原则。

2. 致富之路：农村办企业

当以家庭联产承包责任制为主要内容的改革在中国农村如火如荼地展开时，又一个新生事物在中国广袤的农村大地出现，即乡镇企业。乡镇企业，是指农村集体经济组织或者农民投资为主，在乡镇（包括所辖村）兴办的农业相关的各类集体所有制企业，后来则泛指农村企业。在改革开放之前，一些农村也存在由人民公社拥有的小规模企业，称为“社队企业”，这些企业以前吃的也是“大锅饭”。包产到户后，农民生产率提升，剩余劳动时间增加，而人多、民穷、地少的根本局面并未根本解决，农民开始利用农闲时间转向小型工业活动。80 年代初期，一些乡镇企业借鉴农业家庭联产承包责任制的经验，在坚持集体所有制的基础上，把“包”字引入到企业经营中，实现了企业所有权与经营权的分离，解决了企业领域“大锅饭”的问题。

中国政府敏锐地观察到了这一现象，及时地予以明确和鼓励。1984 年中国政府的一号文件做出了“现有社队企业是农村经济的重要支柱，有些是城市大工业不可缺少的助手”的判断。不久，中国政府正式批准把社队企业改称为乡镇企业，明确乡镇企业发展对于“以工补农”的重要意义。这一切极大地鼓励了农民的创新和创业精神，乡镇企业异军突起、蓬勃发展。1984 年由此被称为乡镇企业发展的“元年”。初期的乡镇企业大多还是以乡、村两级集体投资经营的模式为主，随着政策的放松，大量以家庭为主的投资经营模式也开始出现。前文所提的华西村、刘庄村就是以集体经济为主发展乡镇企业的典范。而温州则是以家庭为主要形式发展乡镇企业的典范。随着乡镇企业迅猛发展，乡镇企业私有化开始非常普遍发展，也得到各地政府的支持。后来随着中国的对外开放，又出现了以引进外资发展外向型经济为主的乡镇企业，在珠三角地区这种外资乡镇企业就很多。乡镇企业的发展也极大地调动了农民的积极性，改变了中国农民承袭几千年之久的小农生产观念和思想意识，大大提高劳动者的综合素质，吸纳了大量农业劳动力，释放了生产力。乡镇企业的蓬勃发展是对农村生产力的又一次解放，邓小平高度评价说：“农村改革中，我们完全没有预料到的最大的收获，就是乡镇企业发展起来了”①。

江苏省华西村的道路和乡镇企业发展模式是中国农村改革和发展史上一个有趣的例子。在 20 世纪 80 年代初，中国在农村推行以联产承包责任制为主要内容的改革时，江苏省华西村的集体经济已经发展得很不错了，已有相当的工业规模。华西村支部书记吴仁宝认为，联产承包是手段而非目的，在与群众交流沟通后，最终决定走一条与小岗村不同的道路。华西村最终决定土地继续集体使用，不再分田到户，至今仍然保持着典型的集体经济面貌。也正是因为华西村一直走集体经济道路，拥有一定的资本积累，所以率先在 80 年代后期加快了乡镇产业的发展，迅速使年产值突破亿元大关。华西村坚持公有制主导，鼓励和引导非公有制经济发展毫不动摇，动员村民入股集体企业，使

① 施友佃. 邓小平的群众观［J］. 甘肃社会科学，2006（1）.

得华西村的集体经济由单一公有制平稳地过渡成为混合所有制。此后，华西村股份有限公司（简称“华西股份”）又在中国A股股票市场上市，形成了集体控股、个人参股的混合型经济体制，还创造了“华西村”“仁宝牌”等一系列知名品牌。华西村的案例反映了中国农村改革以发展生产力为主要目标，形式不拘一格，灵活性和多元性结合的政策特征。

乡镇企业的崛起使得农村经济一片生机，不过当时很多乡镇企业的发展太过粗放，不久就暴露出很多问题，诸如交通不便、管理不善等等。随着城市国有企业等改革的推进、城市企业改革的迅速发展，农村乡镇企业相形见绌，不少乡镇企业面临经营困难，最终走上了被外资企业和城市企业收购合并的道路。

3. 农贸市场改革：支持包产到户和乡镇企业发展

20世纪80年代的中国农村，随着乡镇企业、商品生产的发展，必然要求贸易的自由，要求资金、土地、劳动力等生产要素保持流动性。而这些生产要素的流动性又受到生产资料公有制和城乡二元化的户籍制度等的束缚。中国农村此前一直实行统购派购制度，除了对粮、棉、油这些主要农产品实行统购外，还对生猪、鸡蛋、糖料、桑丝、蚕茧、黄红麻、烤烟、水产品等实行派购，品种几乎包括了所有的农副产品。其中多项派购量占总产量的比重达九成以上，农产品交易由国营商业实行高度垄断，农民基本上无法自由买卖。随着农业的改革，80年代中国农业生产大幅上升，农民不仅填饱了自己的肚子，手中逐渐还有了余粮，于是就有人希望把手中的余粮卖出以换取其他生活用品，显然农产品统购派购的制度满足不了农村经济发展的新要求，农产品流通体制已经严重滞后于农业生产。

1985年1月1日，中共中央、国务院《关于进一步活跃农村经济的十项政策》中规定，用合同定购制度代替统购统派制度，除了粮、棉、油等重要农产品继续由国家定价之外，其余大部分农产品价格放开，由市场调节。这一文件的发布标志着中国农产品购销体制进入了“双轨制”时期，即一方面国家定价，一方面市场调节。1990 年，中国政府决定建立国家粮食专项储备制度。1998 年 6 月 6 日国务院发布第 244 号《粮食收购条例》，规定“只有经县级人民政府粮食行政管理部门依照本条例第六条规定条件批准的国有粮食收储企业，方可按照国家有关规定从事粮食收购活动。未经批准，任何单位和个人不得直接向农民和其他粮食生产者收购粮食”。按保护价敞开收购农民余粮的政策落实不到位，粮食收购旺季时拒收、限收和压价时有发生，其中不乏寻租现象。收购旺季过后，一般就停止收购粮食，做不到常年挂牌敞开收购，农民不能随时售粮。2004 年 4 月 23 日，国务院《关于进一步深化粮食流通体制改革的意见》发布，除了实行最低保护价收购政策粮食外，购销完全实现了市场化。至此，农产品流通体制改革宣告结束，粮食流通体制改革基本实现了全面市场化。

4. 打破城乡壁垒：农民工进城务工

由于家庭联产承包责任制的实行，中国农业的生产力大为提高，释放出来了大量的劳动力；而在城市中由计划转向市场和外向型经济又需要大量的劳动力，两者相结合，就出现了大量农民进城务工的现象，这种具有中国特色的“农民 + 工人”群体就被称为“农民工”。

改革开放之后，中国产品走向世界，东南沿海地区经济迅速发展，各种制造业工厂企业如雨后春笋般纷纷拔地而起，这些工厂企业经营大规模的流水线，需要大量的廉价劳动力。虽说“廉价”，不过对打工者而言，进城打工的收入远远超过务农的收入。再加上城市改革逐步推进后，中西部欠发达地区的乡镇企业竞争力远不如东南沿海地区的城市企业，大量农村人口涌向沿海城市、中心城市打工。招商引资给城市带来了资金，进城的农民工给城市带来了劳动力，两者结合使得城市的生产能力进一步扩大。随着中国外向型经济的发展，中国出口也开始逐步上升。城市居民和先入城的农民也逐渐富裕起来，对各种消费资料的需求增加，这些因素都又进一步刺激了生产的扩张，当然也需要更多的劳动力，在此种循环下，更多的农民工出现在城市就业岗位。

大量的农民进城，彻底打破了中国传统农村的面貌，城乡劳动力市场渐趋一致，以往城乡二分的管理体制已满足不了新变化。在农民进城的过程中，有一部分农民逐渐在城市落地生根、站稳位置，由农村村民转变为城市市民。但更多的农民工虽然大部分时候在城市里工作，但户籍依然在农村，保留着农民的身份，在农村还有土地，还是联产承包责任制下的土地承包者。

农民进城大大促进了城镇化的发展，再加上最近几年户籍制度的配套改革，农业人口占比总体上呈不断下降趋势。但从农业人口绝对数量看，1995 年达到峰值，然后逐年开始下降。

表 1.1　中国人口结构变动①

（单位：万人）

年份	总人口	按性别		按城乡	
		男	女	城镇人口	农村人口
1978	96259	49567	46692	17245	79014
1990	114333	58904	55429	30195	84138
2000	126743	65437	61306	45906	80837
2015	137462	70414	67048	77116	60346

2016 全年农民工总量 28171 万人，其中本地农民工 11237 万人，外出农民工 16934 万人。（图 1.1）随着人口红利的消失，2011—2015 年中国农民工总量增长速度逐年减缓。2015 年农民工已经占中国整体

① 资料来源：中华人民共和国国家统计局网站，http://data.stats.gov.cn/easyquery.htm?cn=col

就业人数的35.8%。这些农民工为中国制造业和出口工业提供了廉价劳动力，同时提高了农民的收入水平。

图1.1　2011—2016年全国农民工人数统计①

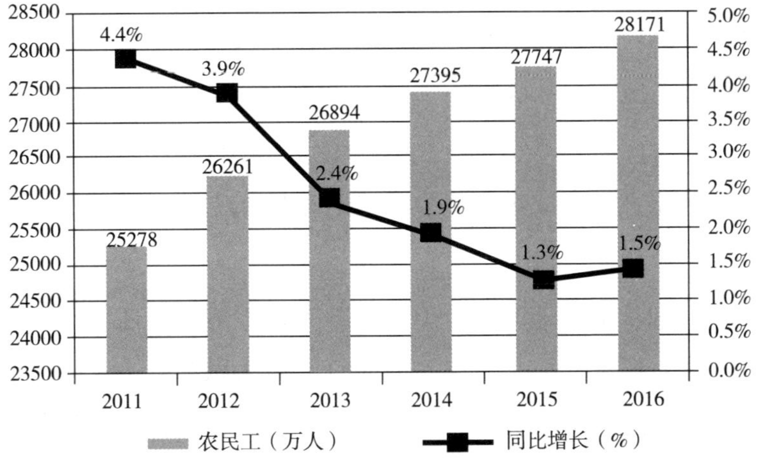

5. 高度重视农村、农业、农民

2005年12月29日，中国政府决定自2006年1月1日起废止《中华人民共和国农业税条例》。农业税，这个在中国实行了近3000年的古老税种从此退出了历史舞台。多年来农民的负担一直很重，新中国成立以后长期致力于提高工业、国防水平，在一定程度上抑制了农业的发展。中国发展到今天，必须要想尽一切办法让农民富裕起来。为此，中国政府除了全面取消农业税之外，一定条件下还对农民进行补助。在粮食价格市场化之前，为控制粮食价格，中国建立了粮食风险基金制度。2004年彻底放开粮食市场价格后，就涉及对粮食风险基金的使用问题。粮食风险基金总额近300亿元，国家财政决定将其一半也即150亿直接补贴给农民。后来又对粮食主产区农民购买粮种、大型农机、生产资料等提供了各种补贴。

① 资料来源：《2016年农民工监测调查报告》，中华人民共和国国家统计局网站，http://www.stats.gov.cn/tjsj/zxfb/201704/t20170428_1489334.html

近年来，中国免除了全国近 1.5 亿农村九年义务教育（小学和初中）阶段学生的课本费和学杂费，并对寄宿生的生活费进行补助。新型农村合作医疗也基本实现了全覆盖，政府财政大幅提高了对参合农民的补助标准，农民的医疗负担大为减轻。农村的基础设施也大大完善，基本上实现了“村村通”，除了极少数偏远的村庄，绝大部分村庄实现了公路、电力、饮用水、互联网全覆盖。对贫困人口给予一定现金资助，保证该家庭成员基本生活所需；最低生活保障的低保制度也在进一步完善。

中国政府高度重视农业。中国最基本的国情和最大的特色就是人口众多，且大部分人口是农民。因此，怎样认识和解决农村人口问题和农民问题，是中国农村改革的出发点，也是建设有中国特色社会主义的重要课题。1982—1986 年，中国政府连续五年发布的一号文件都与农村有关：1982 年一号文件对 1978 年以来的农村改革进行了总结，肯定了包产到户；1983 年一号文件高度评价了家庭联产承包责任制，鼓励各级领导干部解放思想，扶持农村工商业；1984 年一号文件延长土地承包期到 15 年，并允许农村资金流动，拓宽了农民的经营范围；1985 年一号文件取消实行了 30 年的农产品统购派购制度，进一步使得农产品价格市场化，鼓励乡镇企业发展；1986 年一号文件强调农业在国民经济中的基础地位，提出要增加农业收入，号召各级领导和各有关部门，密切协同、奋发努力，夺取农村改革的全面胜利。

1982—1986 年的这五个一号文件勾画了当时农村改革的基本蓝图。这段时间内农民收入大幅提升，城乡收入差距缩小。不过到了 20 世纪 90 年代，由于城市改革的推进，城市居民收入开始快速提高，而农民的负担屡减不轻，农村发展相对滞后，农民收入增长缓慢，城乡居民收入差距不断扩大。在这样的形势下，2004—2008 年中国政府又接连出台了五个一号文件：2004 年一号文件提出要推进农产品价格市场化，尽快扭转城乡居民收入差距不断扩大的趋势；2005 年一号文件指出要加强农业基础设施建设，加快农业科技创新，提高农业综合生产力；2006 年一号文件提出始终把“三农”（指农村、农业和农民）工作放在重中之重，加快建立以工促农、以城带乡的长效机制，统筹城乡经济社会发展；2007 年一号文件再次强调把“三农”问题作为全党工作的重中之重，提出要健全农业支持补贴制度；2008 年一号文件再次把农民增收作为主题，提出加快破除城乡二元体制。这五个一号文件，以城乡统筹为主线贯穿，基本思想是提高农民收入水平，缩小城乡差距。

这些文件充分说明了中国政府对农村的重视，起到了指明方向、稳定人心、推进改革的作用。如今中国政府依旧把“三农”问题作为全部工作的重中之重，做出了中国总体上已进入“以工促农、以城带乡”发展阶段的判断。最近这几年是“三农”政策体系完善的时期，也是中国政府对解决“三农”问题重视程度最高、改革力度最大、投入资金最多、效果最明显的又一个“黄金时期”。

三、农村改革的巨大成就

粮食问题在中国有特别重要的意义，中国有将近 14 亿人口，民以食为天。新中国成立之初，粮食产量 2000 多亿斤，1952 年是 3000 亿斤，用了 14 年时间到 1966 年达到 4000 亿斤；1978 年粮食产量 6000 亿斤，农村改革、家庭承包调动了农民积极性，到 1984 年达到 8000 亿斤，6 年间登上两个千亿斤台阶；1993 年突破 9000 亿斤，这个千亿斤台阶用了 9 年。此后 14 年间曾三次达到 10000 亿斤又下来，直到 2007 年才站稳 10000 亿斤台阶。“十二五”期间粮食产量连续 5 年超过 11000 亿斤，连续 3 年超过 12000 亿斤，连跨两个千亿斤台阶，这是新中国成立以来没有过的。（表 1.2）

特别值得一提的是，自 2004 年以来，中国粮食已连续 11 年增产，不仅历史罕见，也是世界罕见。世界排名前六位的主要产粮国中只有美国、印度曾经出现过“五连增”。新中国成立以来，中国只有 50 年代曾经出现过“九连增”，60 年代出现过“七连增”。一般来说，粮食生产的规律是 4~5 年一个周期，大体表现为“两丰一平一歉”的周期循环。远的不说，改革开放以来，中国粮食生产就经历过两次大的波动，一次是在 20 世纪 80 年代后期，再一次是 20 世纪 90 年代后期。中国作为全球人口数量第一、粮食产量第一的大国，粮食连续 11 年增产，打破了过去历史纪录，创造了世人称赞的中国奇迹。

表 1.2　中国主要农产品产量①

（单位：万吨）

名称	粮食	早稻	小麦	玉米	棉花
1949	11318.40	995.80	1381.50	1242.00	44.50
1978	30476.50	5081.00	5384.00	5594.50	216.70
1980	32055.50	4914.00	5520.50	6260.00	270.67
1985	37910.80	4880.70	8580.50	6382.60	414.67
1990	44624.30	5057.50	9822.90	9681.90	450.77
1995	46661.80	4222.00	10220.70	11198.60	476.75
2000	46217.52	3751.90	9963.60	10599.98	441.73
2005	48402.19	3187.25	9744.51	13936.54	571.42
2010	54647.71	3133.68	11518.08	17724.51	596.11
2015	62143.92	3369.10	13018.52	22463.16	560.34

目前，中国水稻、小麦、玉米三大谷物自给率保持在 98% 以上，已经高于世界平均水平。中国的粮食生产还为全世界粮食安全做出了重要贡献，中国用不到全世界 1/10 的耕地生产了全世界 1/4 的粮食，养活了占全世界近 1/5 的人口。自 2006 年起，中国不再接受联合国世界粮食计划署的粮食援助，不仅如此，还逐步成为重要的粮食援助捐

① 资料来源：中华人民共和国国家统计局网站，http://data.stats.gov.cn/easyqueny.htm?cn=co1

赠国。

同时，中国农畜产品持续丰产丰收、供应充足。2014 年，中国生产了 616 万吨棉花、3517 万吨油料、1332 万吨食糖、7.6 亿吨蔬菜、1.5 亿吨水果、8707 万吨肉类、2894 万吨禽蛋、3725 万吨牛奶和 6450 万吨水产品，肉类、禽蛋、蔬菜、水果和水产品等产量稳居世界第一。形象地说，世界上每三条鱼中就有两条是中国养的，每两个苹果中就有一个是中国产的。

表 1.3　中国畜产品产量①

（单位：万吨）

名称	肉类	猪牛羊肉	猪肉	牛肉	羊肉	牛奶
1978	—	856.30	—	—	—	88.30
1979	1062.40	—	—	—	—	—
1980	1205.40	1205.40	1134.07	26.87	44.48	114.10
1985	1926.50	1761.00	1654.80	46.70	59.30	249.90
1990	2857.00	2513.50	2281.10	125.60	106.80	415.70
1995	5260.10	4265.30	3648.40	415.40	201.50	576.40
2000	6013.90	4743.23	3965.99	513.12	264.13	827.43
2005	6938.87	5473.49	4555.33	568.10	350.06	2753.37
2010	7925.83	6123.15	5071.24	653.06	398.86	3575.62
2015	8625.04	6627.47	5486.55	700.09	440.83	3754.67

中国农村改革开放的直接结果是劳动生产率的大幅提高和农产品的极大增长。2015 年中国人均占有 890 斤粮、130 斤肉、1100 斤菜、60 斤牛奶、40 斤禽蛋和 94 斤水产品。从世界看，中国人均农产品除牛奶外其他农产品人均占有量都从 1978 年的远低于世界平均水平到都超过世界平均水平。从中国自己历史看，相比 1978 年中国人均粮食占有量增加了 40%，人均肉类占有量增加了 630%，人均奶制品占有量增加了 3200%。不仅是主要农产品的产量大幅增加，总量充足，而且品种丰富，极大丰富了城乡居民的“菜篮子”“果盘子”，成就了“舌尖上

① 资料来源：相关年度国民经济和社会发展统计公报，中华人民共和国国家统计局网站，http://data.stats.gov.cn/publish.htm?sort=1

的中国”。现在“地不分南北、时无论冬夏”，只要有需求，就能有供应。过去一天到晚忙，“大干干到二十九，吃完饺子就动手”，饭还不够吃；现在没那么紧张，人口比过去增加了很多，还吃得饱、吃得好，这反映了农产品生产的实力和成就。

表 1.4　中国主要农产品人均占有量[①]

（单位：公斤）

名称	粮食	棉花	猪牛羊肉	牛奶
1980	326.70	3.10	—	1.20
1985	360.70	4.20	—	2.40
1990	393.10	4.00	—	3.70
1995	387.00	4.00	—	4.60
2000	366.10	3.50	38.30	6.60
2005	371.26	4.38	47.23	21.12
2010	408.66	4.46	45.79	26.74
2015	453.20	4.09	48.33	27.38

此外，农业现代化加快推进，物质技术装备水平大幅提升。农田有效灌溉面积占比超过 52%，截至 2014 年底，全国农田有效灌溉面积 9.86 亿亩。农业科技进步贡献率已达到 56%，2010 年测土配方施肥面积是 11 亿亩，2014 年达到 15 亿亩，主要粮食作物基本实现全覆盖。农作物良种覆盖率已稳定在 96% 以上，农业生产用种已全部实现了更新换代，粮食作物等重要产品基本上都是优良品种。主要农作物耕种收综合机械化水平超过 61%，农业生产方式已由千百年来以人力畜力为主转到以机械作业为主的新阶段，农民“面朝黄土背朝天”正在成为历史。2014 年，全国农机总动力达到 10.8 亿千瓦，小麦基本实现全程机械化，玉米、水稻耕种收综合机械化水平均超过 75%。[②] 目前中国

① 资料来源：《中国统计年鉴》，中华人民共和国国家统计局网站，http://www.stats.gov.cn/tjsj/ndsj/2016/indexch.htm

② 资料来源：《农业部：农村家庭承包耕地流转面积超 4 亿亩》，网易新闻，http://news.163.com/15/1011/02/B5K62FL500014AED.html

已成为全球农机制造第一大国。

四、农村改革的中国经验和未来展望

中国农村改革成功的经验，就是在深刻理解中国国情的基础上，在维持土地公有不变、保证社会公平与稳定的前提下，通过适度划分土地的所有权和使用权，充分调动农民的积极性；在此基础上通过劳动力流动、产业融合，与城市改革、工业改革相互借力、共同发展。

中国的土地制度改革有“三条底线”：（1）不能改变农民集体所有的土地所有制；（2）不能改变基本农田必须作为耕地的用途；（3）不能损害农民的基本权益。之所以不能改变集体所有制，是因为土地私有制虽然较易使得土地实现自由转让、向大户集中以实现规模经营，但是由于中国农民数量过多，土地兼并会产生大量失地农民，他们没有办法在失去土地后保障自己的生活水平。

不能突破耕地红线是因为中国人均耕地占有量低，粮食需求量大，以中国这种人口基数，一旦出现粮食危机就不好解决。粮食安全问题也是不能实行土地私有制的原因，如果不坚持集体所有制和必要的政府管理，土地一旦完全市场化，守不住耕地红线，粮食安全就会成为悬在中国人民头上的“达摩克利斯之剑”。

农村改革，包括土地制度改革，归根结底都是为了农民的利益。不改变土地集体所有制和守住基本农田，说到底也是为了农民的权益。只有在坚持农地集体所有制的前提下，通过创新农村规模经营方式，合理流转土地，才能体现社会主义制度的优越性，最终走向共同富裕。

邓小平基于农业发展现状和对农村未来改革的展望曾提出“两个飞跃”：第一个飞跃，是建立以家庭联产承包责任制为主的经营体制；第二个飞跃，就是适应农业生产社会化的需要，发展规模经营，集约化生产。农村改革的第一个飞跃已经实现，中国早已基本解决了农民的温饱问题。但是和第一个飞跃相比，第二个飞跃的目标更复杂、任务更艰巨，现在还正在探索之中。

家庭联产承包责任制虽然在短期内顺应了中国小农生产的特点，调动了广大农民的积极性，但这种劳动密集型的小农生产有其与生俱来的弊端：那就是从长期来看，靠农业劳动力的投入来增加生产率是不可持续的，农业生产率的提高最终还是要靠机械化的大规模经营来实现。借鉴美国，以农场为代表的机械化生产、规模化经营，就大大提高了农业生产率。中美国情不同，中国不必走农场的道路，但是规模化经营是一个趋势。

当前随着农村土地流转，农业生产的规模化、集约化逐渐形成。随着农产品深加工以及生态农业、休闲农业等新业态的发展，一、二、三产业正在不断弥合。随着农村劳动力向城镇流动，城镇化率不断提高，城乡二元结构逐步被打破。现在农业产业化的龙头企业引导农业生产，户籍制度、就业、创业体制不断深化改革，现代农业、现代农村呼之欲出。

2016 年 10 月中国政府发布了《关于完善农村土地所有权、承包权、经营权分置办法的意见》，指出现阶段要顺应农民保留土地承包权、流转土地经营权的意愿，将土地承包经营权分为承包权和经营权，实行所有权、承包权、经营权分置并行。以往的做法是“两权分置”，即土地所有权归集体所有，承包经营权归农民个人，现在将土地承包经营权再分为承包权和经营权。这种土地制度虽然是公有制，但表现形式不同于以往，因此“三权分置”的土地制度既不同于资本主义社会的土地私有制，也不同于以往中国和苏联式的土地公有制，是当今土地制度中具有中国特色的实践。

“三权分置”作为家庭联产承包责任制之后农村改革的又一大制度

创新已勾勒出下一步改革的轮廓。作为“三权分置”的配套工作，中国的土地确权早就开始推行。2015 年 7 月 8 日，安徽省农村土地确权首批颁证仪式在凤阳县小岗村举行，小岗村在新一轮农村改革中再次走在了前列。所谓土地确权，简单地说就是给土地办个“身份证”，明确土地的所有权和使用权，属于谁、被谁承包。中国农村的耕地属于村集体，但是使用权可以明确到个人。有了承包经营权证，就有了法律依据，农民就可以合法地保护自己承包地的权益，可以合法地将自己承包的土地流转出去以获取承包金，也可以用承包地入股现代农业企业，还可以用自己的承包权证去抵押贷款，这又推动了农村金融的发展。

截止到 2017 年 7 月底，全国农村承包地确权面积已完成 10.5 亿亩。整省试点省份已达到 28 个，农村承包地确权登记颁证试点基本在全国铺开。为承包地确实权、颁铁证，让现有土地承包关系保持稳定并长久不变，给农民吃上了一颗长效定心丸。同时，积极引导土地有序流转，按照依法自愿有偿原则，鼓励农民以转包、出租、互换、转让、股份合作等形式流转承包地，发展多种形式的适度规模经营。截至 2015 年底，全国农村家庭承包耕地流转总面积超过 4 亿亩，比 2010 年增加了 2 亿多亩，流转面积占比超过 30%。[①]

“三权分置”是农村基本经营制度的自我完善，是符合当下中国农村生产力发展的生产关系。“三权分置”的完善落实，有利于明晰农村土地产权关系，有利于优化土地资源配置，有利于培育新型经营主体和促进适度规模经营的发展，对于发展现代农业、增加农民收入都是坚实的制度保障。不过正如前文所说，“三权分置”只是勾勒出接下来农村改革的轮廓，如何落实到具体一地、具体一事，还需要继续摸索、实践。在具体操作中应该尊重农民意愿，因地制宜，不搞一刀切。除

---

① 农业部：农村家庭承包耕地流转面积超 4 亿亩［EB/OL］. http://finance.people.com.cn/n/2015/1012/c70846-27687918.htm.

土地确权外，其他诸如建立健全土地流转规范管理制度、构建新型经营主体政策扶持体系等配套改革也在逐步推进。

第二节 工业经济改革和发展：从计划走向市场

改革开放之前，中国实行高度统一的计划经济体制。这种体制有三个特点：第一是高度集中的决策体系。什么都是国家来决策，企业没有权力。国家的权力很大，管物资调配、定价、销售、企业，也管个人的生活保障，包括学校、医疗等。当时几乎所有的产品都有配额。第二是高度平均的分配体系。分配上统收统支，统负盈亏，吃“大锅饭”。企业吃国家的“大锅饭”，职工吃企业的“大锅饭”，搞平均主义。第三是政企不分、条块分割的组织体系。强调垂直的行政联系，缺乏横向的市场联系，以纵向的行政指挥为主。

这种高度集中的经济体制，在中国经济生活比较简单、生产力水平比较低、人民群众的要求也不高的情况下，对于集中力量搞建设，奠定独立、完整的工业体系，还是发挥了一定作用的。但从经济发展规律看，它不能调动广大群众的积极性，也不能进行富有效率的生产，导致了当时经济水平的落后。

在这个时期，整个经济方面总的发展战略，就是要以优先发展重工业为主导，迅速赶超英美。这个战略的要点有：首先，依靠中国内部积累，优先发展重工业，以推动整个工业经济的快速发展，达到快速工业化。其次，主要是用农产品、矿藏品等初级产品的出口，换取建设重工业的生产资料。再次，用重工业生产的产品装备农业、轻工业，使它们转到大机器生产的轨道上来，以重新装备生产出来的生产资料替代进口。最后，在重工业、农业、轻工业以及其他部门的发展基础上，逐渐形成国民经济一套完整的产品体系，并逐步改善人民生活。

与此同时，这种发展战略也带来一些具体的问题。一是产业结构失衡。发展重点按照重工业、轻工业、农业排序，农业排在最后，轻工业也被挤到后面。1958 年重工业占国民经济总产值的比重 52.1%，轻工业占 26.1%，农业占 21.8%。到了 1960 年重工业占 66%，农业和轻工业完全被挤掉了，更不用说第三产业。[①] 二是积累与消费的关系失衡。积累过高，消费太低。发展重工业的资金从哪里来呢？它必须依靠国内的高积累。但片面追求扩大再生产，把简单再生产都挤掉了，消费更不用提了，因此国民经济发生了大倒退。三是增长方式粗放。长期以来中国经济高速度、低效益，高投入、低产出，高消耗、低质量，增长方式过于粗放。只注重数量的扩张，而不太注重发展的内涵、质量的提高和技术的改造，搞建设成了铺摊子。

根据中华人民共和国国家统计局统计公报，1978 年中国工业总产值为 4231 亿元，粗钢、原油、水泥的总产量分别只占世界的 4.4%、3.4%、8%，其他主要工业产品的产量也大都不超过 10%。

表 1.5　1978 年中国主要工业品产量[②]

	1978 年产量	1977 年产量	增长%
钢材	2208 万吨	1633 万吨	35.2
生铁	3479 万吨	2505 万吨	38.9
钢	3178 万吨	2374 万吨	33.9
原煤	6.18 亿吨	5.5 亿吨	12.4
原油	10405 万吨	9364 万吨	11.1
发电量	2565.5 亿度	2234 亿度	14.8
木材	5160 万立方米	4967 万立方米	3.9
水泥	6524 万吨	5565 万吨	17.2

① 资料来源：中华人民共和国国家统计局网站，http://data.stats.gov.cn/

② 资料来源：《中华人民共和国国家统计局关于 1978 年国民经济计划执行结果的公报》，中华人民共和国国家统计局，http://www.stats.gov.cn/tjsj/tjgb/ndtjgb/qgndtjgb/200203/t20020331_29991.html

与世界主要工业国家相比，除了煤炭、水泥之外，中国主要工业品产量依然相差甚远。（表 1.6）

表 1.6 1978 年世界主要国家主要工业品产量[①]

	苏联	美国	日本	联邦德国	中国	法国	英国
粗钢	15100 万吨	12389 万吨	10211 万吨	4126 万吨	3178 万吨	2284 万吨	2030 万吨
生铁	11100 万吨	7957 万吨	8017 万吨	3014 万吨	3479 万吨	1919 万吨	1141 万吨
原油	57246 万吨	42919 万吨	54 万吨	506 万吨	10405 万吨	112 万吨	5338 万吨
煤炭	72400 万吨	59915 万吨	1909 万吨	20750 万吨	61800 万吨	2239 万吨	12354 万吨
天然气	3724 亿立方米	5331 亿立方米	29 亿立方米	203 亿立方米	137 亿立方米	79 亿立方米	372 亿立方米
发电	12000 亿度	22860 亿度	5640 亿度	3534 亿度	2566 亿度	2226 亿度	3534 亿度
水泥	12928 万吨	7174 万吨	8489 万吨	3350 万吨	7390 万吨	2820 万吨	1592 万吨

改革就是要打破这套制度，找到一条多种所有制并存，让市场发挥作用配置资源，让企业、管理者和工人都有积极性的新模式。然而，找到这条路并不容易。

一、艰难的国企改革

1. 石家庄造纸厂——改革没有一帆风顺

中国工业从计划到市场的过程中，摸索过多种改革和发展的模式。如何提高企业的效率，又能控制企业的风险，有成功的尝试，也有失败的例子。石家庄的马胜利就是一个典型的既成功又失败的例子。石家庄造纸厂长期亏损，1984 年 3 月马胜利自告奋勇承包下来。承包后马胜利针对顾客的心理，推出各种满足不同市场需求的卫生纸，使得销量大增，承包第一年就实现 140 万元的利润。1985 年新华社发表了《时刻想着国家和人民利益的好厂长马胜利》一文，马胜利顿时成为知

① 资料来源：《中华人民共和国国家统计局关于 1978 年国民经济计划执行结果的公报》，中华人民共和国国家统计局，http://www.stats.gov.cn/tjsj/tjgb/ndtjgb/qgndtjgb/200203/t20020331_29991.html

名人物。

然而马胜利继而承包更多的造纸厂，承包范围的不断扩大，承包制的弊端因此显现出来。1990 年马胜利亏损 300 多万元，最终积重难返，庞大的造纸集团宣布解体，马胜利也被免职退休。1995 年石家庄造纸厂资不抵债破产。

2. 国企改革第一个十年：从“利润留成”到“利改税”

由于政企不分、缺乏激励、指令混乱等原因，国企长期处于低效率运行的状态。针对这些弊端，在十一届三中全会之后，中国政府为推动国企经营权改革出台了一系列文件。1979 年 4 月中国政府做出了扩大企业自主权的决定，同年颁布了《关于扩大国营工业企业经营管理自主权的若干规定》等文件，政府向企业让渡了 14 项权力，包括原料选购权、劳动用工权、生产自主权、产品销售权等等。这意味着企业的经营者可以根据市场行情来决定生产和销售。当时市场实行价格双轨制，即便如此，改革的意图也已经非常明确：使国企成为自负盈亏、自主经营、自我约束、自我发展的“四自”经济实体。改革主要采取过以下几种措施：

（1）利润留成

利润留成，即从企业实现的利润总额中，按规定比例提取部分收归国有，按规定比例提取部分留给企业。1979 年国务院颁发了《关于国营企业实行利润留成的规定》，利润留成成为一项主要政策。然而在随着利润留成广泛推广的过程中，又出现了许多问题。

首先是利润在政府与企业之间的分配比例难以确定。事实上，当时的国企太多，各企业的具体情况也是千差万别，根本不可能制定一个统一的留成比例。政府和企业管理层对企业情况的了解信息不对称，企业实际上处于“内部人控制”状态。这就导致企业管理层把大量的精力用于讨价还价，不仅疏于经营管理，客观上还容易造成寻租。

其次，利润上缴导致利润总额被人为做小。虽然实行利润留成的初心是让企业努力提高利润、做大蛋糕，相应增加企业留成部分；然而实际操作中，企业为了提高实际留成金额，往往最大限度地“减少”其利润总额。比如在核算利润总额之前，给职工多发奖金、补贴，增加企业成本，减少利润形成，上缴给政府的那部分利润就会随之减少。这严重影响了国家财政收入。以 1979 年—1982 年为例，虽然国民收入年均增长了 7.4%，但国家财政收入年均仅增长 1.7%，以至造成连年的巨额财政赤字。

此外，这种制度没有硬性约束可以减少企业的短视化行为和国有资产流失，企业不承担国有资产的保值增值责任。虽然也有规定要从利润中提取部分用于企业的进一步发展，但基本上没有任何约束力。如果企业不予执行，也没有责任追究机制。企业管理层、职工有自己的小算盘，所谓“二鸟在林，不如一鸟在手”，往往尽可能把利润分到企业内部每个员工的手上。如此一来，企业非但不会留存部分利润进一步扩大生产，有的甚至侵蚀现有的国有资产以增加职工收入，以致造成国有资产存量的流失。

（2）利改税

“利改税”，即由上交利润改为上交税款，税后利润由企业自行支配。1981 年国务院批准了财政部《关于改革工商税制的设想》，财政部也先后在湖北、广西、上海、重庆等省市进行了国企利改税的试点工作。1982 年 12 月五届人大第五次会议通过的《关于第六个五年计划的报告》中指出：“今后三年内，对价格不做大的调整的情况下，应该改革税制，加快以税代利的步伐。”应当说，利改税解决了利润留成的部分弊端，比如企业无法再与政府讨价还价。但是利改税也带来了新的麻烦。在利改税的政策框架中，政府不再向企业直接争利，而是通过税收的方式，企业也不再直接从政府处获得拨款，而是改为向银行贷款。这样就出现了道德风险。企业不再依靠自身积累来扩大再生产，而是用更简单的办法，就是直接从银行贷款来维持企业运作。

为什么企业可以大胆地从银行贷款呢？因为实际上，企业是属于国家的，银行也是属于国家的，大家同一个老板。万一企业效益不好还不起贷款，自然由国家兜底。而用贷款形成的资产虽然名义上是国家的，实际上是由企业支配、使用的，是归企业的。这样企业愿意贷款，银行也乐得放贷。但长此以往，国企负债累累，日益依赖银行；而银行也会因为死账、坏账太多陷入危机。1984 年第四季度出现了信贷、投资和消费基金三大膨胀。从 1985 年开始国家财政收入持续下降，财政赤字加剧。1987 年，中央政府放弃了利改税。

（3）承包制

承包制可以说是农业的联产承包责任制在工业领域中的应用。在不同地方政府的不同具体操作中，承包制有多种形式，不过共同点就是通过合同形式把政府与企业的分配关系确定下来，同时明确企业须向国家承担什么样的责任，实行“包死基数、确保上缴、超收多留、歉收自补”的原则。承包制如同农村的联产承包责任制一样，实际上赋予了经营者更大的权力。承包制与利润留成、利改税不同，利润留成和利改税是利润越多，上缴的利润或税款就越多，而承包制是“包死基数”，上缴的利润额是确定的，这样一来企业就不需故意“减少”利润了。

承包制刚开始实行时，“一包就灵”，效果确实非常好。1987 年，即推行承包制的第一年，全国预算内工业企业的工业生产总值比上年增长 11.3%，销售收入增加 17.1%，实现利税增长 9.9%，归还贷款增长 31%，企业留利增长 11%，定额流动资金周转天数缩短 3.7 天，全员劳动生产率提高 7.6%。但承包制推行两年之后，到了 1989 年，全国预算内工业企业实现利润比上年下降 18.8%，可比产品成本上升 22.4%，亏损企业的亏损额增加 1.2 倍，全员劳动生产率仅提高 1.6%。[①] 此后直至 1993 年放弃承包制为止，承包企业的亏损经营状态始终无法扭转，国有资产日益流失，国企的负债再次急剧增加，陷入了深深的泥潭。

利润留成、利改税以及承包制等实践充分证明，在计划经济体制下，在没有规范的、确定的企业边界和严厉的约束时，分离国企经营权和所有权是不可能成功的。随着市场经济体制的建立，国有企业改革进入了深化阶段。

3. 国企改革第二个十年：建立现代企业制度

1993 年中国政府做出《关于建立社会主义市场经济体制若干问题的决定》，提出建立现代企业制度是发展社会化大生产和市场经济的必然要求，明确了国有企业改革的方向，即建立“产权清晰、权责明确、政企分开、管理科学”的现代企业制度。1993 年底第八届全国人大常委会通过了《公司法》，明确规定公司是企业法人，有独立的法人财产，享有法人财产权。这为建立现代企业制度提供了法律依据。此后，国企改革坚持“抓大放小”，做大做强重点国有企业，放开放活一般中小国有企业，让无法维持的国有企业清算破产，剥离国有企业的社会职能，减少企业负担。

1999 年中国政府作出《关于国有企业改革和发展若干重大问题的决定》，提出公司制是现代企业制度的一种有效的组织形式。公司法人治理结构是公司制的核心。股权多元化有利于形成规范的公司法人治理结构，除极少数必须由国家垄断经营的企业外，要积极发展多元投资主体的公司。在此思想的指导下，国企开始进行了大刀阔斧的改革，

① 资料来源：《中华人民共和国国家统计局关于 1987 年国民经济和社会发展的统计公报》，中华人民共和国国家统计局网站，http://www.stats.gov.cn/tjsj/tjgb/ndtjgb/qgndtjgb/200203/t20020331_30000.html;《中华人民共和国国家统计局关于 1989 年国民经济和社会发展的统计公报》，中华人民共和国国家统计局网站，http://www.stats.gov.cn/tjsj/tjgb/ndtjgb/qgndtjgb/200203/t20020331_30002.html

采取改组、联合、兼并、股份合作制、出售等形式放开了国有中小企业。1999年，全国国有及国有控股企业盈亏相抵实现利润967亿元，比上年增长77.7%，是此前5年来的最好水平；亏损企业亏损额851亿元，下降15.9%。[①]

但这一阶段由于缺乏经验，有些时候操之过急，也有许多不足之处。比如在国企破产、改制时，形成了大量的下岗工人，包括在企业工作多年的老职工，对他们的安排考虑不周，造成不良影响。在此阶段末期，也尝试了一些所有制改革，比如"管理层收购"，效果欠佳。主要是由于监管不完善，又没能保证公众的广泛参与，有些国企的管理层利用职权便利，在产权变更过程中获得了巨额收益，很多国有资产就此成为私人财产，使得社会的贫富分化加剧。

2002年党的十六大报告提出，要坚持和完善公有制为主体、多种所有制经济共同发展的基本经济制度。根据十六大精神，国有企业改革继续深化，除极少数必须由国家独资经营的企业外，在大部分国企中积极推行股份制，发展混合所有制经济，实行投资主体多元化。

4. 国企改革第三个十年：建立健全治理机制，做强、做大企业

2003年3月，为实现对国有资产的有效监管，国务院成立了国有资产监督管理委员会（简称国资委）。国资委作为国务院直属正部级特设机构，是履行国有资产出资人权利的唯一机构，其他政府部门不履行出资人职责；国资委与国企是出资人与被出资企业的关系，国资委只能履行出资人职责，而不得直接干预企业的生产经营。此后国资委陆续出台了《国有企业清产核资办法》《企业国有产权转让管理暂行办法》等法规，基本建立了国企监管考核、国有企业产权交易等相关的法规体系。随后国资委对下属国企逐步建立起以市场经济为基础、以

① 资料来源：《中华人民共和国1999年国民经济和社会发展统计公报》，中华人民共和国国家统计局网站，http://www.stats.gov.cn/tjsj/tjgb/ndtjgb/qgndtjgb/200203/t20020331_30013.html

企业法人制度为主体、以有限责任制度为核心的现代企业制度，做到产权清晰、权责明确、政企分开、管理科学。2003—2012年间，国资委将其管辖下的196家央企重组为120家，将除电力、石油、石化、电信、铁路、金融等行业外的大量中小型企业改为混合所有制企业。这就既控制了国民经济命脉，又放活了大量与国民经济命脉关系不大的国有企业。

中国电信集团公司是在原邮电部实施政企分开、邮电分营改革的基础上，将寻呼、移动、卫星等业务分离出去后，于2000年5月成立的，主要经营固定电话、宽带业务。2002年5月，国家对中国电信进行南北拆分，以南方21个省（区、市）电信公司为基础组成新的中国电信集团公司；同年，在北方10省（区、市）也先后成立了省级公司。2002年11月，公司所属通信主业资产在香港和纽约上市；2006年12月，所属实业资产在香港上市。2008年5月，国家实施新一轮电信体制改革，中国电信收购原中国联通的CDMA业务和网络资产，并接收原中国卫通的基础电信业务，成为一家全业务电信运营商。

2013年十八届三中全会以来，国有企业改革进入了一个新的阶段。坚定不移深化国有企业改革，着力创新体制机制，激发各类要素活力，让国有企业在推进供给侧结构性改革中起到带头作用。国有企业要加快形成有效制衡的公司法人治理结构、灵活高效的市场化经营机制。混合所有制改革是国企改革的重要突破口，按照完善治理、强化激励、突出主业、提高效率的要求，在电力、石油、天然气、铁路、民航、电信、军工等领域迈出实质性步伐。

经过近40年的改革，中国国有企业脱胎换骨，成为中国经济的龙头骨干，也挤入世界一流企业的竞争。2016年美国《财富》（FORTURE）世界500强排行榜中，中国上榜公司数量继续增长，达到了106家。全球企业经营状况不佳，但是中国企业在世界500强公司排行榜中的地位却进一步上升，这主要得益于国有企业的骨干作用。榜单前 5 位中就有 3 家中国公司，国家电网排名跃升至第 2 位，中石油和中石化紧随其后，分列第 3 和第 4。[①]

二、民营企业蓬勃发展

安徽芜湖市“傻子瓜子”的创始人年广久，因被邓小平多次提及而闻名全国。20 世纪 80 年代，年广久是个卖瓜子的商贩，因为价格低于同行，被人称为“傻子”。后来年广久生意越做越大，收入超过万元，雇用的工人也越来越多，超过当时 7～11 人的界限。有人认为这已经不是社会主义经济，政府也派人去调查，最终在邓小平支持下得以继续发展[②]。“傻子瓜子”是中国民营经济发展的一个开端。

1982 年，刘氏四兄弟辞去教师等公职，卖掉手表、自行车凑了 1000 元，开始从事良种蛋孵化、养殖等业务。当时，资金是最大瓶颈。四兄弟曾遭遇资金链断裂，一度陷入绝境。他们克服困难，并将业务重心转移到饲料上，取得快速成长。1995 年，希望集团年产值 15 亿元，自有资产超 3 亿元，下属公司 28 家，被国家工商总局评为全国 500 家最大私营企业第一位。

自改革开放以来，中国民营经济的发展大致经历了四个阶段：

1. 第一阶段：1978—1989 年，个体经济获得迅速发展、私营经济开始得到认可的阶段。 1979 年中国政府做出《关于加快农业发展若干问题的决定》，第一次明确提出“决不允许把个体经济当成资本主义经济来批判和取缔”，标志着从理论和思想上拨乱反正的全面展开，并给个体经济的较快发展打开了绿灯。1987 年 10 月，党的十三大第一次以

① 2016 年财富世界 500 强排行榜［EB/OL］. http://www.fortunechina.com/fortune500/c/2016-07/20/content_266955.htm.

② 参见邓小平. 在中央顾问委员会第三次全体会议上的讲话（1984 年 10 月 22 日）［A］. 邓小平文选（第 3 卷）［M］. 北京：人民出版社，1993：91.

正式文件的形式做出“私营经济是社会主义公有制经济必要的和有益的补充”的论断。1988 年 4 月七届人大一次会议通过了《中华人民共和国宪法修正案》修正案，第一次以国家根本大法的形式确立了私营经济在中国的合法地位。1988 年 6 月中国政府正式颁布《中华人民共和国私营企业暂行条例》，对私营企业做出了明确界定：“私营企业是指企业资产属于私人所有、雇工八人以上的营利性的经济组织”。这个《条例》将私营企业划分为三种类型：独资企业、合伙企业、有限责任公司。至此，中国私营经济得到了社会和法律的认可，并有所发展。

2. 第二阶段：1989—1991 年，清理整顿的阶段。人们对发展民营经济的认识出现了波动，认为“发展民营经济就是发展资本主义”的思潮有所抬头，有人提出彻底清查个体、民营企业偷税漏税等历史问题的要求。民营经济的发展陷入徘徊阶段。

3. 第三阶段：1992—1996 年，波动成长阶段。1992 年，党的十四大明确了建立社会主义市场经济体制的总目标。1993 年 11 月，党的十四届三中全会通过《中共中央关于建立社会主义市场经济体制若干问题的决定》，首次明确提出“鼓励”非公有制经济发展政策。1997 年，党的十五大把坚持公有制为主体、多种所有制经济共同发展，确定为中国在社会主义初级阶段的基本经济制度；把坚持按劳分配为主体、多种分配方式并存，确定为中国在社会主义初级阶段的基本分配制度。

4. 第四阶段：1997 年至今，是民营经济持续健康大发展阶段。截止到 2015 年底全国民营企业为 1908.2 万个，全国个体民营经济从业人员实有 2.8 亿人，比 2014 年年底增加 3102.1 万人，增长 12.4%。其中，第三产业个体民营经济从业人员增加最多，实有 2 亿人，比 2014 年年底增加 2542.8 万人，占增加总量的 82%。[①]

---

① 资料来源：中华人民共和国国家工商行政管理总局网站，http://www.saic.gor.cn/sj/tjsj/

2016年9月6日，腾讯公司收盘价215港元，市值正式站上20000亿港元台阶，折算成人民币逾17000亿元，一举超过中国移动，成为亚洲市值最大的上市公司。后是阿里巴巴集团，美国时间9月16日，阿里在纽交所的收盘价为104.64美元，市值达到2664.13亿美元，约合人民币17770亿元，成功登顶亚洲上市公司市值首位。腾讯、阿里轮登亚洲市值榜首，充分显示了民营经济的巨大潜力。

如今天，中国私有经济遍布制造业、航空航海业、进出口贸易等各种经济部门，遍布医疗、教育、旅游等各种服务业。2013年经济普查显示中国登记的企业法人单位共有1082.6万个，其中民营企业数量为566.8万个，占52.4%；全国登记从业人数3.48亿人，民营企业从业人数1.28亿人。[①]不过在中国统计部门的口径中，民营企业并不是私有经济的全部，总体看来，非公有制经济贡献了超过中国50%以上的税收，贡献了60%以上的GDP，提供了80%以上的就业。改革开放以来中国私有经济从零到今天的中国经济大半壁江山，堪称人间奇迹。

三、引进外资企业

外资企业进入中国始于1978年，并且快速发展。1980年中国的外商直接投资（FDI）流入量仅为0.57亿美元，居世界第57位；1990年流入34.87亿美元，居世界第12位；2000年流入407.15亿美元，居世界第九位；2014年中国吸收外资规模1196亿美元（不含银行、证券、保险领域），外资流入量首次超过美国成为世界第一。（图1.2）2015年实际使用外资1262.7亿美元；截至2015年12月底，累计实际使用外资金额16423亿美元，吸引外资成绩斐然。

---

① 国务院第三次全国经济普查领导小组办公室编. 中国经济普查年鉴2013［M/OL］. 北京：中国统计出版社，http://www.stats.gov.cn/tjsj/pcsj/jjpc/3jp/indexch.htm.

图 1.2　外商企业对华直接投资持续大规模增长 ①

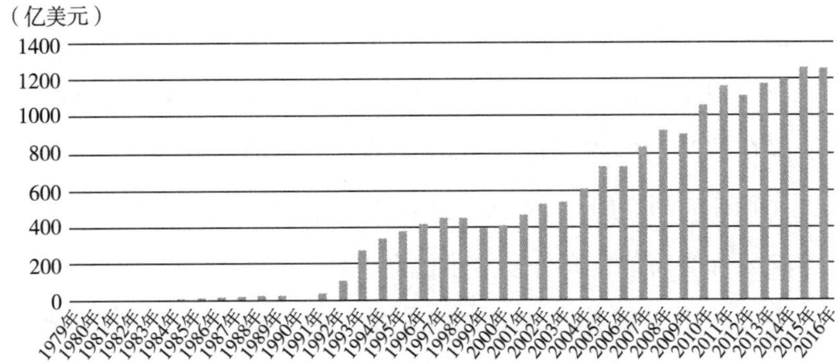

中国从 1978 年开始推行对外开放政策。为了吸引外资，1979 年中国尝试开放了广东省的深圳、珠海、汕头三市和福建省的厦门市，称为“出口特区”，赋予两省一些吸引外资、鼓励出口的便利条件。1980 年中央政府正式决定将深圳、珠海、汕头和厦门这四个城市改为经济特区，对外商企业的进入设置了一系列优惠政策。这一系列的重大举措，恰恰为毗邻两省、正面临经济转型的港澳厂商提供了产业迁移的良机，于是引发了港澳上万家厂商以“三来一补”的形式进入广东、福建进行加工组装，成为外商企业进入内地的先导。在这一过程中，虽然也有其他外商进入其他地区，但是却不能改变外资集中于广东、福建两省及以港澳厂商为主的事实。截至 1985 年，中国内地共引进外商投资金额为 47 亿美元，每年的引进额平均仅约 6 亿美元。而广东、福建两省的外商投资项目就占全国总数的 69.4%，港澳厂商资金占了 70%。

1985 年中国政府决定进一步开放沿海 14 个城市，以及整个沿海地带，把经济特区的政策向沿海地区逐步普及。尤其是从 1988 年起，外商投资以每年 30 亿美元以上的速度进入内地。截至 1990 年，5 年间外商在内地的投资总额达 142 亿美元，是前 8 年总和的 3 倍以上。而广东、福建两省在全国外商投资项目所占比重则降至 56.5%，但港澳厂商

① 资料来源：中华人民共和国国家统计局网站，http://data.stats.gov.cn/easyquery.htm?cn=C01

资金比重仍高达60%。[①]

90年代，尤其是1994年实行社会主义市场经济体制以后，不仅对外开放的政策向全国普及，使国内经济迅速与国际经济接轨，融合于世界统一的大市场之中；而且还突破了许多过去外商投资的“禁区”，形成了全国全方位开放的新格局。中国作为20世纪末亚洲出口产品的最后一个需求源泉，同时又是大量廉价劳力的低成本生产基地，这种双重作用，使其迅速成为外商大量投资的热点。

1992—1997年，是外资在中国的空前发展阶段。中国的实际使用外资额从1991年的115.54亿美元快速增长到1997年的644.08亿美元，特别是在1992年邓小平南方谈话之后，FDI一路攀升，成为中国利用外资的主要形式。对外借款除1993年有一个较大的增幅外，其余时期都处于徘徊的走势，变动幅度很小。自1992年起，利用外资在资金规模上已超过国家预算内投资，成为中国固定资产投资中仅次于企业自筹资金和国内贷款的第三大资金来源，而FDI在利用外资上占据了主导地位。

除了在规模上迅猛发展外，中国FDI的流入特征较前一阶段也发生了很大的变化。首先，从FDI来源地来看，前一阶段FDI的来源的主要是港澳台地区的中小投资者，占FDI总额的75%；而在本阶段，来自美国、日本、欧洲等发达国家的FDI比重上升，相对重要性逐步提高。其次，从FDI的流入部门来看，前一阶段主要投资于房地产部门，而劳动密集型产业的制造业部门的流入很少；本阶段FDI则最主要集中在制造业部门，同时迅速向各个部门全面扩张。[②]

1998—2001年是中国外资引入的调整阶段。由于亚洲金融危机，中国的FDI一改前期蓬勃发展的局势，出现了下滑和徘徊。主要体现在外商直接投资的项目出现明显的下降，2000年合同外商直接投资项

---

① 资料来源：中华人民共和国国家统计局网站，http://data.stats.gov.cn/

② 雷娜，廖慧. 改革开放30年我国吸引外资的发展及影响研究［J］. 现代商贸工业，2008，(11)：134—135.

目仅 22347 个，还不及 1996 年的 24556 个。但总体规模仍然在扩大，因此中国的 FDI 并没有出现萎缩。①

2002 年以来，包括 2008 年国际金融危机期间，是中国利用外资稳定增长的阶段。中国加入 WTO、国内投资环境不断改善、国内市场需求不断扩大，对 FDI 产生了新的吸引力。金融危机之前外资流入稳定增长，规模越来越大。2006 年中国外汇储备超过日本，跃居世界第一，曾经存在的资本缺口和外汇缺口已经转变成盈余。金融危机以后，中国经济逐步转型，更加注重引入外资的质量，开始有选择地利用外资。

仅 2016 年一年，中国新设立外商投资企业 27900 家，实际使用外资金额 8132.2 亿元人民币（未含银行、证券、保险领域数据）。制造业中医药制造业、医疗仪器设备及仪器仪表制造业实际使用外资同比分别增长 55.8% 和 95%。高技术制造业实际使用外资 598.1 亿元人民币。新设立投资总额 1 亿美元以上的大型外商投资企业超过 840 家，增资 1 亿美元以上的外商投资企业超过 450 家②。所投资行业覆盖众多新兴产业、高科技行业及高端服务业，表明跨国公司对华投资仍充满信心。

30 年来外商累计投资中国 17000 亿美元，今天外资和合资企业遍布制造业、航空航海业、进出口贸易等各种经济部门，遍布医疗、教育、旅游等各种服务业。2015 年中国规模以上工业企业实现利润 63554 亿元，其中外商及港澳台商投资企业实现利润 15726 亿元，占比 25%；2015 年在中国 4.04 亿城镇就业人员中，外商投资单位就业人员 1446 万人，仅占 3.58%，而在中国 39500 亿美元的进出口总额中外商投资企业占据 1.8300 亿美元，占比 46%。③改革开放以来中国外资和合资经济从零到今天的占据中国对外贸易的半壁江山，也是世界奇迹。（图 1.6）

① 资料来源：中华人民共和国国家统计局网站，http://data.stats.gov.cn/easyquery.htm?cn=C01

② 商务部新闻办公室. 商务部外资司负责人谈 1—12 月我国吸收外资情况［EB/OL］. http://www.mofcom.gov.cn/article/ae/ag/201701/20170102501364.shtml.

③ 资料来源：《中华人民共和国 2016 年国民经济和社会发展统计公报》，http://www.stats.gov.cn/tisj/tjcbw/201706/t20170621_1505836.html

图 1.3　外资企业出口占半壁江山①

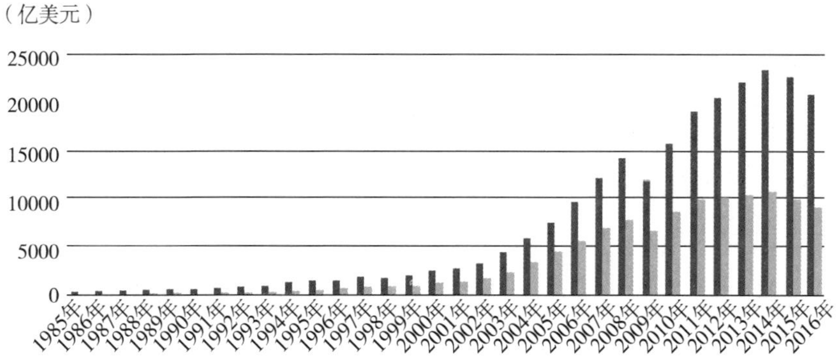

外商投资同时推动了中国的改革开放，推动了思想观念更新、政府职能转变和宏观经济管理制度的改革，为建立开放型经济新体制发挥了重要作用。外资经济在中国市场经济中占据了重要地位，为中国税收、就业做出了重要贡献；利用外资带动了中国对外贸易的快速发展，促进了技术引进和技术创新，推动了人员交流和人才引进，带来了先进的管理经验，促进了中国经济转型升级。从世界看，中国已经吸收的外资存量仍然大大低于美国、德国、英国等国家，继续大力吸引外资仍然有很大的空间。（图 1.4）

图 1.4　美国海外投资存量仍高居世界榜首（截至 2015 年底）②

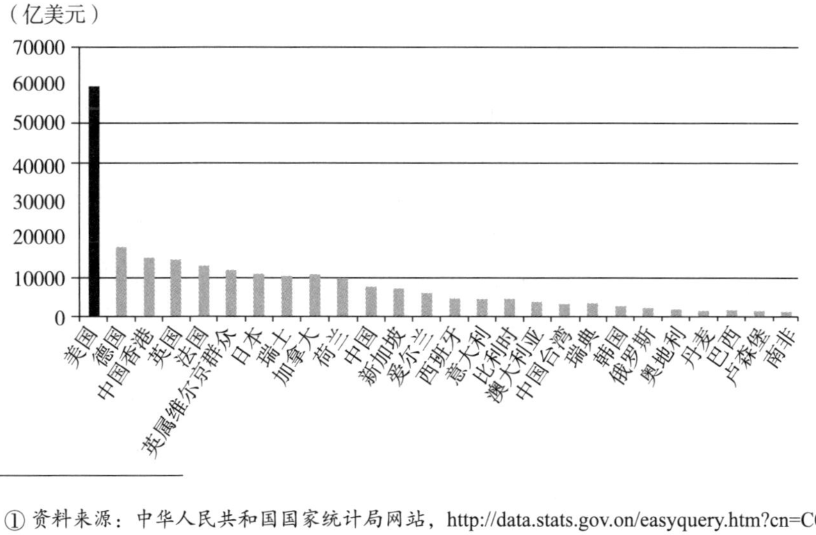

① 资料来源：中华人民共和国国家统计局网站，http://data.stats.gov.on/easyquery.htm?cn=C01

② 资料来源：联合国贸易和发展会议网站，http://www.unctad.org/fdiStatistic

四、中国制造遍布世界

改革开放30多年，中国制造业已经建立起完善的、具有国际竞争力的现代制造业体系，在世界制造格局中占有举足轻重的地位。中国制造业的发展成就有目共睹。在一个女主人叫萨拉的美国家庭，他们全家尝试着一年不用“中国制造”的商品。结果4岁的儿子买不到理想的玩具和鞋子，抽屉坏了没有合适的工具修，圣诞节来临发现几乎不可避免地要接触“中国制造”……总之生活成本因此变得更高，生活也更不方便。真是艰难的一年！当这一年终于结束的时候，萨拉全家长舒一口气，开心地重新拥抱“中国制造”。这是美国作家莎拉·邦焦尔尼于2008年出版的畅销书《离开中国制造的一年》里所描述的情节。中国在改革开放、打开国门这几十年间，自身获得了飞速的发展，也给世界各地人们送去了物美价廉的商品，中国与世界的交往更加深了。中国已深深地融入了世界，世界也离不开中国。

1. 跃升为世界第一制造大国

根据世界银行的统计数据，1978年中国制造业增加值仅为600亿美元（当年价），2011年增加到23307亿美元。按照2005年不变价美元计算，1978—2010年间，中国制造业增加值年均增速达到10.9%。随着制造业的高速增长，中国在世界制造业中的重要性不断增强。1994年，中国制造业增加值占世界的比重仅为3.64%，2006年达到11.26%，2011年达到20.84%。2000年中国制造业增加值超过德国居世界第三，2006年超过日本居世界第二；2009年超过美国，成为世界第一制造大国。2011年，中国制造业增加值已经是美国的1.29倍。中国已经建立起由原材料能源工业、装备工业、消费品工业、国防科技工业、电子信息产业等组成的门类齐全的工业体系，主要制成品产量居世界前列。按照国际标准工业分类，在22个大类中，中国产品产量有12个大类名列第一；在500多种主要工业产品中，有220多种产品产量居全球第一位。在进出口贸易中，初级产品贸易比重越来越低，制成品贸易比重越来越高，截止到2015年底已经高达95%左右。①（图1.5）

图1.5　中国出口中制成品贸易比重越来越高②

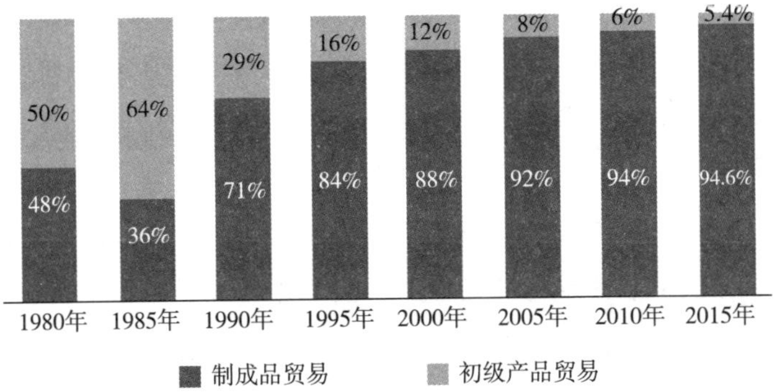

2. 创新能力持续增强

随着经济实力增长、创新投入增加和企业发展壮大，中国在世界创新体系中的地位日益重要。中国研究与开发支出增长很快，1995年研究与开发支出占国内生产总值（GDP）比重仅为0.57%，低于同为发展中国家的印度；2000年达到0.90%，已经略高于印度，接近巴西；2012年提高到1.98%。虽然与美国、日本、德国等传统制造业强国仍有较大差距，但已经超过英国、意大利等发达国家以及平均水平为1.97%的欧盟28国。中国研发经费达到10298.4亿元，稳居世界第三位，占全球份额由2000年的1.7%迅速提高到2012年11.7%。研发人员达到324.7万人/年，居世界首位，占全球总量的29.2%。③随着研发投入的增加，中国研发产出和创新能力快速提高。中国政府发布的《国家创新指数报告2013》显示，中国创新能力稳步上升，国家创新指

① 李平，李晓华. 中国制造业发展的成就、经验与问题研究［J］. 中国工程科学，2015，17（07）：41—48.

② 资料来源：中华人民共和国国家统计局网站，http://data.stats.gov.cn/easyquery.htm?cn=C01

③ 李平，李晓华. 中国制造业发展的成就、经验与问题研究［J］. 中国工程科学，2015，17（07）：41—48.

数排名在全球 40 个主要国家中已上升至第 19 位，部分创新指标世界领先。千万吨级大型炼油设备、超临界火电机组、高速铁路等一大批重大技术和装备实现重大突破，国产化水平不断提高，载人航天、大运载火箭、月球探测、卫星导航、千万亿次超级计算机等一系列尖端领域都实现了历史性突破和跨越。

3. 制成品出口全球居首

在改革开放之初，中国商品出口规模小，且以农产品和矿产品为主。1980 年中国制成品出口额仅为 87 亿美元，占全部商品出口比重的 48.14%；2013 年达到 20772 亿美元，比重高达 94.03%。1980 年中国制成品出口额居世界第 21 位，占世界制成品出口额的 0.80%，相当于排名第一的德国（1620.748 亿美元）的 5.38%；2013 年，中国制成品出口额居世界第一，占世界制成品出口额的 17.53%，是排名第二的德国（12373.112 亿美元）的 1.68 倍。从产品类别来看，中国在电子数据处理和办公设备、通信设备、集成电路和电子元件、纺织品、服装领域占有比较大的市场份额，2013 年其国际市场占有率分别达到 41.2%、37.8%、21.8%、34.8% 和 38.6%，铁和钢的国际市场占有率达到 12.0%。[①] 医药品、汽车的国际市场占有率尽管较低，但也有了显著提高。

经过 60 余年的工业化，尤其是改革开放以来近 40 年的快速工业化，中国已从一个农业大国转变为制造大国。但是，中国制造业现代化水平低、发展方式粗放、经济效益差、产业竞争力弱的问题一直存在。

（1）制造业附加值偏低

在制造业国际分工体系中，中国企业加入国际分工、参与国际竞争主要还是依靠较低的劳动力成本、土地成本和环境成本，技术、品牌、标准为代表的高端竞争优势尚未形成，这造成了制造业附加值总

---

① 李平，李晓华. 中国制造业发展的成就、经验与问题研究［J］. 中国工程科学，2015，17（07）：41—48.

体偏低。尽管在国际分工体系和国际贸易中所占的比重越来越大，但从中获得的利益没有明显增长。

（2）自主创新支撑不足

2013 年，中国研究与开发经费支出占国内生产总值的比重达到 2.08%，已经超过部分发达国家的水平，但企业研究与开发经费支出占销售收入比重只有 1% 左右①，与美国、日本、德国等国家还存在较大差距。中国技术创新与国外的差距主要表现在：一是虽然在个别技术领域实现了突破，实现了对发达国家的追赶，但对整个技术的系统掌握还存在显著差距，这阻碍了技术研发成果的产业化；二是对下一代产品技术和未来技术的研发比较滞后，这将影响到新兴产业在未来的竞争力；三是创新体系中各主体存在功能缺失，承担共性技术研发的科研机构和大学与企业需求脱节，科技成果很难转化为经济效益。

（3）产能过剩问题严重

近年来，中国以能源、化工、冶金、建筑材料、机械制造等行业为代表的重化工业呈现出高速增长的趋势，总量不断扩张，增速维持在 20% 左右，大大超过了同时期工业和国内生产总值的平均增速。在地方政府发展经济的强烈愿望和现行的政绩考核体制的共同作用下，新兴产业往往会在很短的时间内出现过剩的情况。炼铁、炼钢、电解铝、焦炭、水泥、化纤等 18 个行业中落后产能占总产能的比例达到 15%～25%。② 除了传统产业外，近年来大量的重复建设使得新能源、新材料、电子信息等新兴产业的产能过剩问题也开始凸现，碳纤维、风电、多晶硅、锂电池等一些新兴产业领域已经先后出现产能过剩的情况。重复投资和过度竞争所导致的产能过剩问题严重影响到中国工业

---

① 资料来源：《2013 年全国科技经费投入统计公报》，中华人民共和国国家统计局网站，http://www.stats.gov.cn/tjsj/tjgb/rdpcgb/qgkjjftrtjgb/201410/t20141023_628330.html

② 资料来源：中华人民共和国工信部网站，http://www.miit.gov.cn/n1146285/n1146347/n1147601/n1147604/c3465974/content.html

和国民经济的持续健康发展，导致其自身发展的资源利用效率不高、经济效益低下。

（4）粗放工业化造成严重环境污染

由于在短期内的高负荷排放给资源环境造成巨大压力，土地资源、自然资源、环境容量已经无法承载高速的增长，出现了许多不均衡、不协调、不可持续等突出问题。中国水体有机污染物生化需氧量（BOD）排放 2006 年就达到 8823.75t/天，是美国的 4.77 倍；氮氧化物排放量 2010 年达到 5.5 亿立方吨二氧化碳当量，排放量世界第一，是美国的 1.81 倍[①]。近年来，以华北为代表的全国很多地区出现了严重的雾霾天气，已经影响到人民群众的生活和身体健康。巨大的能源消费量和以煤为主的能源结构使中国二氧化碳排放不断增长，2008 年开始就居世界第一位，2012 年中国二氧化碳排放量达到 9.208×10^{9}t，占世界的 26.7%，是美国排放量的 1.59 倍。[②] 随着世界各国对低碳发展的进一步接受以及更多国家被要求履行减排义务，中国政府已经做出了 2020 年单位国内生产总值二氧化碳排放比 2005 年下降 40%～45% 的减排承诺;《中美气候变化联合声明》进一步提出，中国计划 2030 年左右二氧化碳排放达到峰值且将努力早日达峰，并计划到 2030 年非化石能源占一次能源消费比重提高到 20% 左右。

五、工业改革和发展的中国经验和未来展望

中国企业改革和工业发展的成功经验，就是在坚持公有制经济主导的前提下，大力支持非公有制经济的发展，通过改革市场环境和配套制度来为市场经济营造一个良好的发展氛围，以增强企业活力、提

① 资料来源:《中国环境年鉴（27）》，http://nianjian.cnki.net/d_yb.aspx?keywords=%u73AF%u5883

② 资料来源:《低碳城镇化：中国应对气候变化的战略选择》，道客巴巴，http://www.doc88.com/p-9019714000496.html

高企业效率，使得市场经济与社会主义体制相融合；同时积极参与国际分工，利用国际市场进一步发展壮大。

中国工业经济短期内快速发展，迅速崛起为世界重要的制造基地，一个重要的原因是有赖于丰富而廉价的劳动力资源。中国是劳动力资源最丰富的国家，大量廉价劳动力资源长期隐藏在广大农村之中，是发展工业经济得天独厚的优势。供过于求的劳动力一方面有利于劳动密集型企业快速发展，生产力迅速提高；另一方面也造成工人工资长期低下、增长缓慢，进而降低了企业成本，增加了企业利润，有利于企业快速积累资本，凭借低价优势进军国际市场。目前农村劳动力流动已经比较充分，劳动成本正在抬升，人口红利逐渐消退；但劳动者素质也在提高，中国制造业在全球产业链的位置也有所上升，劳动力资源仍然是中国制造业的一个相对优势。

20 世纪 90 年代以来，欧美以及日本、韩国和中国台湾等国家与地区重点发展以知识密集型和技术密集型产业为主的信息产业，中国开始承接并发展劳动密集型产业和资本密集型产业，到之后技术密集型的微电子和信息技术，全球制造业向中国转移。中国很好地抓住了这次产业转移机会，大量引进外资和技术，依靠成本优势和庞大的市场，形成巨大的生产能力。加入 WTO 以后，国际市场向中国企业全面开放，对外加工生产和贸易发展迅速，大型企业快速成长和众多中小企业蓬勃发展，产业结构不断优化升级，工业发展速度不断提高。尽管中国工业增长仍带有高消耗和高代价的局限性，但已经初步形成了具有自主技术进步特征的核心竞争力，其历史贡献是不容否定的。当然，同发达国家相比，目前中国工业的国际竞争力仍不够强大，以技术进步为基础的竞争优势仍显不足，对低价格要素的比较优势仍有依赖。

目前，中国已经处于工业化中期阶段，部分地区已经进入工业化后期阶段，面临新的形势和任务。工业经济要更好更快地发展，必须深化企业改革，转变工业发展方式，形成与新型工业化发展相适应、与社会主义市场经济要求更协调的工业管理体制。要坚持以信息化带动工业化，加强资金、技术、管理、人才、产品质量和品牌的管理，加快产业升级和结构优化。同时也要进一步融入世界工业体系，积极寻找新的比较优势，逐步形成具有自主知识产权的技术体系，推动产业革新和进步，提升企业国际竞争力。

中国的国企改革仍然任重道远。2015年中国政府出台了《关于深化国有企业改革的指导意见》，对下一步国企改革提出了总体要求，并对完善现代企业制度、完善国有资产管理体制等具体改革领域做出部署。之后，相关部门又出台了一系列配套的专项意见改革方案，国企改革“1+N”政策体系框架已搭建完成，“1”就是《关于深化国有企业改革的指导意见》，“N”就是一系列具体的配套文件。“1+N”政策体系将对下一步的国企改革起到四梁八柱式的支撑和指导作用。

未来一段时期，国企改革将以提高国有资本效率、增强国有企业活力为中心，完善产权清晰、权责明确、政企分开、管理科学的现代企业制度，完善国有资产监管体制，全面推进依法治企，不断增强国有经济活力、控制力、影响力、抗风险能力，主动适应和引领经济发展新常态。发挥国有经济主导作用，积极促进国有资本、集体资本、非公有资本等交叉持股、相互融合，推动各种所有制资本取长补短、相互促进、共同发展。

国有企业将分为商业类和公益类，分类进行改革。商业类国有企业按照市场化要求实行商业化运作，以增强国有经济活力、放大国有资本功能、实现国有资产保值增值为主要目标，依法独立自主开展生产经营活动，实现优胜劣汰、有序进退。主业处于充分竞争行业和领域的商业类国有企业，原则上都要实行公司制股份制改革，积极引入其他国有资本或各类非国有资本实现股权多元化，国有资本可以绝对控股、相对控股，也可以参股，并着力推进整体上市。对这些国有企业，重点考核经营业绩指标、国有资产保值增值和市场竞争能力。

同时建立健全高效协同的外部监督机制。强化出资人监督，加快国有企业行为规范法律法规制度建设，加强对企业关键业务、改革重点领域、国有资本运营重要环节以及境外国有资产的监督，规范操作流程，强化专业检查。加强和改进外派监事会制度，明确职责定位，强化与有关专业监督机构的协作，加强当期和事中监督，强化监督成果运用，建立健全核查、移交和整改机制。健全国有资本审计监督体系和制度，实行企业国有资产审计监督全覆盖，建立对企业国有资本的经常性审计制度。

到 2020 年，在国有企业改革重要领域和关键环节取得决定性成果，形成更加符合中国基本经济制度和社会主义市场经济发展要求的国有资产管理体制、现代企业制度、市场化经营机制，国有资本布局结构更趋合理，造就一大批德才兼备、善于经营、充满活力的优秀企业家，培育一大批具有创新能力和国际竞争力的国有骨干企业，国有经济活力、控制力、影响力、抗风险能力明显增强。

第三节　对外贸易改革和发展：从封闭到世界第一

观察者网专栏作者毛克疾在埃及游记中写道：不到埃及不知道，中国制造这么火。散步开罗，夜行遇见一家旧货店，店里有各种来路不明的古旧物件，但是他的目光却被一个带有中文的小盒子吸引——原来是一盒中国生产的针头。这种在中国也不容易找到的东西，为什么会出现在千里之外的埃及老城区旧货店里？旧货店的针头只是个小前奏，随后的几天里他发现在埃及的中国元素数不胜数。各种中国品牌的乘用车行驶在埃及的大街小巷，吉利、华晨等中国品牌还和埃及合作伙伴签署协议，打算在当地建厂设点。

这确实令人惊讶。在短短不到40年内，中国从几乎没有出口，到中国产品遍布全世界，成为世界最大的货物贸易大国，确实是近代世界经济史上的奇迹。1978年中国开始农村改革的时候，中国经济已经几乎和世界经济隔绝30年了。改革一开始，中国政府就敏锐地注意到，内部的经济改革需要外部的经济开放配合和支持，改革和开放是中国经济发展的两个轮子，缺一不可。中国经济需要融入世界经济，需要借力外部的资本、人才、管理和技术。因此在中国开始内部农村改革的时候也立即启动了对外开放。1978年中国经济不但落后，也尚在严密的计划体制之中，全面向世界开放，以期和世界经济接轨，既不现实也无可能。中国又一次采取了现实的办法，即局部开放和渐进开放相配合。局部开放，即中国的“经济特区”实践；渐进开放，即中国的贸易改革之径。

一、经济特区：中国贡献世界经济的新理念

1. 深圳奇迹

（1）1979年的深圳只是一个小渔村，人口仅31.4万人，经济产值1.9亿元人民币，人均GDP600余元，[①]没有任何工业、贸易、航运等产业。但深圳有地理位置上临近香港、华侨多的优势。1979年5月，中国政府专门指派一个工作组到广东、福建做调查研究，会同广东、福建两省共同形成了两个文件，即《关于发挥广东优势条件，扩大对外贸易、加快经济发展的报告》和《关于利用侨资、外资，发展对外贸

① 郭熙保，马媛媛. 发展经济学与中国经济发展模式［J］. 江海学刊，2013，（01）：72—79+238.

易，加速福建社会主义建设的请示报告》。不久中国政府就同意先在深圳和珠海试办“出口特区”，取得经验后，再在汕头、厦门办。

1980 年 5 月“出口特区”更名为“经济特区”。1984 年 1 月，邓小平第一次视察深圳、珠海两个特区时，这里兴旺发展的场景使他印象深刻。回到北京后，邓小平发表讲话：“听说深圳治安比过去好了，跑到香港去的人开始回来，原因之一是就业多，收入增加了，物质条件也好多了，可见精神文明说到底是从物质文明来的嘛！”

（2）中国政府在特区采取了一系列的开放和试点的政策。1980 年 8 月，深圳经济特区正式成立，深圳市一路由县级市升至地级市、副省级市。1988 年国务院正式批准深圳市在国家计划中实行单列，包括财政计划单列，相当于深圳市具有了省级经济管理权限。此后关于特区地位爆发了姓“资”姓“社”的争论，后来争论被邓小平视察南方谈话所终结，这奠定了深圳作为中国改革开放旗手的地位。

1992 年的七届全国人大常委会赋予了深圳特区省级立法权。此后的两年中，深圳市制定了百余项法规，其中多数法规是在中国没有先例的创造性规定，包括在税收、土地使用、企业经营自主权、外汇管理、出入境管理等多个角度给予外资优惠政策。通过大量吸引外资，特区的经济迅猛发展。为适应新的发展形势，2010 年中央批准了深圳扩大特区版图的申请，深圳特区总面积由 395 平方公里扩容为 1948 平方公里。

（3）如今，深圳市已经发展成一座极具活力、光芒四耀的现代化国际大城市。高楼林立，商场鳞次栉比，已经形成了由高新技术、金融、物流、文化等四大支柱产业、七大战略性新兴产业、五大未来产业等组成的全新产业结构。1979—2015 年深圳累计吸引外商直接投资 1360 亿美元。2015 年深圳特区人口 1137.87 万人，生产总值 17503 亿元，是特区创建前 1979 年 1.9 亿元的 9000 余倍，以 2015 年的平均汇率折算超过 2800 亿美元，位于智利和新加坡之间；人均生产总值

153822元，折合24697美元，已经和韩国、沙特阿拉伯比肩；外贸进出口总额27516.58亿元，其中出口总额16415.39亿元，占全国出口总额的比重为11.6%，连续23年居内地城市首位；深圳全社会研发投入占GDP比重达4%，相当于世界排名第二的韩国水平；战略性新兴产业年均增长20%以上，增加值占GDP比重超过35%，对经济增长的贡献率接近50%。[①]

深圳不仅各主要经济指标已经名列全国大中城市前茅，更加重要的是深圳结构比总量更重要，作用更大，深圳将迎来一个全新的发展时期。

2. 从经济特区到特区经济

深圳是中国特区经济的一个缩影。中国先是建立了包括深圳、汕头、珠海、厦门、海南在内的5个经济特区（2010年又加上了喀什），随后相继出炉上海、天津、北海、湛江、广州、福州、宁波、南通、连云港、青岛、威海、烟台、大连、秦皇岛14个沿海开放城市和长江三角洲、珠江三角洲、闽南三角地区、辽东半岛、山东半岛、环渤海地区等沿海经济开放区，近年来又建设了上海、广东、天津、福建、辽宁、浙江、河南、湖北、重庆、四川、陕西11个自由贸易试验区。

除上述地区外，中国还有国家级新区、国家综合配套改革试验区、国家级开发区等多种形式的特区，这些特区都采取特殊的宽松政策对外资开放，以吸引外资投资。这些特区加强了中国同境外的贸易往来，使得中国迅速了融入了全球化的洪流。时至今日，6个经济特区的GDP已经占中国总量的4%，14个沿海开放城市GDP已经占中国总量的16%，11个自贸试验区所在的省市的GDP更是已经占中国总量的50%以上。[②]各种特区不仅是中国对外开放的桥头堡，在不同的形势下，也充当了改革的急先锋。

---

① 资料来源:《2015年深圳市政府工作报告》

② 根据中华人民共和国国家统计局网站数据计算得出

特区经济也成为典型的中国经验在世界得到关注，很多新兴经济体和发展中国家、甚至发达国家的人们都来考察中国的特区经济，并回国在自己的国家开设“经济特区”。经济特区已经成为经济发展的一个模式，被看作是中国对世界经济发展的贡献。

二、内外力量结合推动外贸体制改革

20 世纪 50 年代到 70 年代初，中国的进出口贸易增长速度缓慢，进出口总额长期低于 70 亿美元，直到 1973 年才开始超过 100 亿美元。1953 年中国进出口贸易总额在世界各国中的排名是第 17 名，占世界贸易总额的比重只有 1.23%；到 1978 年，世界贸易在发展，中国贸易占世界地位下降到第 32 位，比重也相应地下降到 0.75%。主要贸易以一般贸易为主，少有加工贸易出口。[①]

1. 1950 年到 1978 年外贸的统一管理和垄断体制

1949 年新中国成立后，在建立国营对外贸易企业和改造民族资本主义外贸企业的基础上，中国建立了国家统一的、以国有外贸企业为主体的对外贸易体制。1950 年到 1952 年，中国对国内贸易和对外贸易实行统一管理，由贸易部统一负责内贸和外贸。统一管理的具体手段有：制定统一的保护关税税则和税率；实行进出口许可证制度；各种奖出限入措施；以及外汇管理的具体办法。1952 年 9 月，内贸和外贸分口管理，中国政府成立了外贸部，同时在各大行政区设立外贸部特派员。各大行政区撤销后，在各省和直辖市成立对外贸易局。

1953 年，随着对外贸易业务的发展，迫切需要专业化的分工，以提高进出口贸易的效率。政府改组了外贸公司，在全国范围内按经营

① 资料来源：《外贸行业研究报告——行业发展概况》，企业级知识管理平台，http://www.kmpro.cn/html/baike/cko/8759.html

的商品成立了15个专业进出口公司。1953年到1957年是中国的第一个五年计划时期。中国实行统一定货的审核制度，统一外汇管理，严格使用外汇，保证经济建设的必需物资的进口。全国的对外贸易均由对外贸易部统一领导，各项进出口业务均由各外贸专业公司统一管理，实现了国有外贸专业公司对外贸的垄断经营。

中国第一个五年计划时期所形成的对外贸易体制，在其后的20多年间保持了相对稳定。这20多年间相对定型的外贸机构管理体制是：对外贸易部是国务院领导下的统一管理全国对外贸易的行政领导部门；各省市自治区的对外贸易局受外贸部和各省市自治区政府的双重领导，负责领导、组织和管理本地区的对外贸易工作；驻外商务机构受外贸部和驻该国大使馆的双重领导。

2. 从计划到分权：1979年到1986年外贸体制改革的探索

中国外贸体制改革的主要方向是改革高度集中的经营体制和单一的指令性计划管理体制，下放外贸经营权，实行进出口贸易的指令性计划、指导性计划和市场调节相结合。具体的改革措施是：

（1）调整领导机构。1979年中国政府决定设立进出口管理委员会，领导对外贸易部的工作。其后的两年多实践发现新设的进出口委员会同对外贸易部机构重叠，工作交叉，因此在1982年3月重新组建对外经济贸易部。对外经济贸易部由原来的进出口管理委员会、对外贸易部、对外经济联络部和外资管理委员会合并组成，统一领导管理全国的对外贸易工作。

（2）由外贸部门一家垄断进出口贸易的经营体制转化为多家经营。经过国务院批准，一些主管生产部门也可以成立该部门的进出口总公司，从事该部门产品的进出口贸易。例如，到1984年6月，机械部先后成立了中国机械设备进出口公司、中国农业机械进出口联合公司等23个总公司，外贸部门独家垄断外贸的局面被打破。

（3）扩大了地方的外贸经营权。1979 年 7 月中国政府决定对广东和福建两省的对外经济活动实行特殊政策和灵活措施。1982 年 1 月，党中央批转了关于沿海 9 省市区对外经济贸易工作座谈会纪要，要求扩大地方外贸经营权，规定除了国家统一经营的商品外，其他商品一律由地方负责经营。国家只下达出口创汇的任务，各省在完成规定的外汇任务时自负盈亏，极大地调动了地方经营外贸的积极性。

（4）明确中央和地方的外贸分工。大宗的、国际市场上垄断性强的进口商品，由对外经济贸易部所属的专业外贸公司统一进口，特殊情况下少量急需的进口商品经总公司同意可以由用货部门自营进口。地方可以用留成的外汇和自筹的外汇进口专业外贸公司统一经营之外的其他商品。

（5）成立全国性的工贸公司，负责专门产品的生产和外销工作。例如，1982 年 2 月成立了中国丝绸公司，1982 年 5 月成立了中国船舶工业总公司。有些外贸专业总公司还同某些国内企业组织出口联营，例如中国五金矿产、化工和机械三个专业外贸公司分别同有关企业组织了联合体，直接经营对外出口业务。

3.“复关”谈判下推动的 1987 年到 2001 年外贸体制改革

1986 年，中国正式提出恢复关贸总协定缔约国地位的申请，直到 2001 年中国正式加入世贸组织，用了整整 15 年时间。中国外贸体制的改革，也主要发生在这 15 年里。

（1）1987 年到 1990 年打破外贸垄断体制的改革

复关谈判的第一阶段，就是 1987 年到 1990 年，谈判推动的改革措施有：

一是放权和分级管理。根据商品分级管理分类经营的原则，多渠道经营进出口贸易。规定 34 种一类出口商品由中央管理，具体由对外经济贸易部所属的各专业进出口公司经营，个别商品经国务院批准，可以由其他部门经营出口；二类出口商品在外贸专业进出口总公司组织协调下分别由经营出口的省市自治区自行对外成交，出口任务划归各地；三类出口商品由省市自治区经营出口。

二是政企分开。要求经贸部作为行政领导着重负责外经贸方针政策和规章制度的制订和贯彻落实，许可证配额的发放和调整，外贸专业公司的设置和经理等领导的任免，运用经济手段对外贸企业实行奖惩等等；要求地方外经贸厅委根据经贸部的授权做好外经贸的行政工作；而各级外贸公司作为外贸企业，着重经营好进出口业务。

三是简政放权，搞活外贸企业。要求各类外贸企业逐步从原来所属的行政部门独立出来，实行独立核算、自负盈亏，向专业化、社会化方向发展，地市县外贸企业可以兼营内贸。

四是缩小指令性计划范围，扩大指导性计划，学会运用经济手段调节出口商品的数量和规格。

（2）1991 年到 1993 年加大市场竞争的改革

这一阶段复关谈判中中国市场经济地位尚未明确，外贸改革主要在推动市场化和竞争化方面。主要措施是从建立自负盈亏机制入手，使外贸逐步走上统一政策、平等竞争、自主经营、自负盈亏、工贸结合、代理经营的轨道。具体说来，这一时期的改革触及了如下一些重要问题：

一是推行外贸承包责任制。1990 年 12 月国务院做出了《关于进一步改革和完善对外贸易体制改革若干问题的决定》，揭开了新一轮外贸承包责任制的序幕。这一轮改革的具体内容是：取消国家对外贸企业出口的财政补贴，要求在合理调整汇率的基础上，适当增加外贸企业的外汇留成比例，使外贸企业自负盈亏；改变地区差别外汇留成办法，实行按大类商品全国统一的外汇留成比例，创造同类外贸企业平等竞争的条件。取消补贴、自负盈亏、自主经营、平等竞争是这一轮改革的核心和难点。

二是进一步放开出口商品的管理。1993 年国家实行配额许可证管理的出口商品品种减少到 138 种，比上年减少了 52%；[①] 同时取消了原来的分级管理、分类经营的做法，除少数大宗的重要出口商品之外，其他出口商品一律放开经营；出口配额的分配同出口实绩挂钩；同时进一步扩大地方外贸管理部门的积极性。

三是深化进口管理体制方面的改革。包括取消某些商品的进口补贴；取消全部进口替代商品的清单；缩小进口许可证管理的商品范围；以产业政策来引导进口商品结构；逐步改变进口商品的行政审批办法，改用汇率和关税的调节方法；改革汇率制度，使汇率处于合理的水平；不断减低关税水平，使其接近发展中国家的标准。

四是深化外贸企业改革。包括在外贸企业中建立责权利结合的岗位责任制；试行股份制，让职工持有少量股份，以调动工作积极性；加强工贸、技贸结合，发展实业化、集团化、国际化经营，由单纯的商品贸易向多功能企业转化。

五是加快外贸立法工作，增加外贸管理工作的透明度。到 1993 年 4 月 15 日，已公布的内部规定文件有 47 个，宣布废除的有 122 个，其他内部规定经清理以后陆续对外公布。

（3）1994 年到 2001 年的深化改革

中国明确市场经济体制之后，冲刺复关谈判依然没有成功；但外贸体制改革坚持不懈、不断深入，终于在 2001 年加入了世贸组织。这

---

① 资料来源：《国务院批转经贸部关于〈出口商品管理暂行办法〉的通知》，http://www.gov.cn/zhengce/content/2016-01/27/content_5036657.htm；1993 年《关于今年以来国民经济和社会发展计划执行情况的报告》，http://www.npc.gov.cn/wxzl/gongbao/2000-12/28/content_5003011.htm

阶段的外贸体制改革的重点是统一政策、放开经营、平等竞争、自负盈亏、工贸结合、推行代理制。为此推出一系列改革措施：

一是双重汇率合并成单一汇率。1994 年初的汇率并轨，使得过去官方汇率和外汇调剂中心的双重汇率并轨成统一的由银行间外汇市场所决定的汇率，国家只是在这个市场汇率的基础上适当加以干预和管理，汇率制度也从过去的计划管理方式下的固定汇率改成以市场为基础的、单一的有管理的浮动汇率制度。

二是实行结售汇制。对一般企业实行结售汇制，不保留它们的外汇账户；但开始允许一些大中型企业保留自己的外汇账户，在核定的额度内他们不必把自己的外汇结给外汇指定银行。

三是减少进出口方面的数量限制。1992 年中国实行出口许可证管理的商品有 232 种、780 多个税号，许可证发证金额占出口总额的 48.45%；此后许可证数量、税号数量不断减少。1996 年底中国宣布经常项目下实现人民币的可兑换，进出口贸易的外汇管理进一步放松。

四是部属外贸企业的脱钩。1998 年国务院决定各部委所属企业与原主管部委脱钩，各专业外贸总公司也同外经贸部脱了钩。这种脱钩有利于政企的进一步分开，有利于按现代企业制度来改造专业外贸公司。

五是鼓励外贸经营企业的多元化。除了外贸公司以外，鼓励外资企业、获得外贸自营权的大中型企业、私有企业、乡镇企业出口，出口渠道呈多元化的发展趋势。

三、加入 WTO 以来中国贸易迅猛发展

1. 中国加入 WTO

2001 年 9 月 17 日，世贸组织中国工作组第 18 次会议举行正式会议，通过了中国入世的所有法律文件，其中包括中国工作组报告书、

入世议定书以及货物贸易减让表和服务贸易减让表等附件。2001 年 11 月 10 日，在多哈举行的世贸组织第四次部长级会议上审议并批准了中国加入世贸组织，中国于 2001 年 12 月 11 日正式成为世贸组织成员。

从某种角度上说，正是开放有了目标（加入世贸组织），改革才有了方向：无论是所得税、分税制的财税改革，抑或外贸公司与政府脱钩、取消配额的外贸改革，还是汇率市场化改革，无一不是在希望加入世贸组织的外在压力下推动促成的。为早日入世，中国在政府层面也进行了一系列大刀阔斧的政府机构改革。总之，前方是谈判，后方就是改革。谈判结束后把问题列成清单，国务院研究、部署、贯彻、执行，改革措施出台。

截止到 2016 年底，中国加入世界贸易组织（WTO）已经有 15 年。15 年前，随着卡塔尔多哈世贸部长会议上的一声槌响，中国成为 WTO 第 143 个成员。15 年后，中国已经是世界第一大贸易国、第一大吸引外资国、第二大对外投资国……

入世以来，中国改革了法律法规体系，履行了入世承诺，在入世的“倒逼改革”压力下，中国经济进一步市场化、国际化。中国在融入世界经济之后，综合国力大增，成为世界上两个进入 10 万亿美元俱乐部的国家之一；对外贸易额大增，并于 2009 年成为世界出口与贸易盈余的第一大国。这 15 年是中国和世界各国共赢的 15 年，中国在期间一度成为世界经济发展的最大引擎，在金融危机爆发之时，中国甚至成为稳定世界经济的“压舱石”。

2. 中国贸易迅速增长

2016 年中国全年货物进出口总额 243386 亿元，其中出口 138455 亿元，进口 104932 亿元，货物进出口差额（出口减进口）33523 亿元。对“一带一路”沿线国家进出口总额 62517 亿元，比上年增长 0.5%。

其中，出口 38319 亿元，进口 24198 亿元。①

按美元汇率计算，1978 年中国进出口微乎其微，2014 年到达一个局部峰值。2014 年中国进出口总值 4.30 万亿美元，其中出口 2.34 万亿美元，进口 1.96 万亿美元，贸易顺差 3824.6 亿美元。然后接下来 2015 年和 2016 年这两年略有回调。（图 1.6）但如果从新中国成立算起，中国货物贸易的增长轨迹在世界范围内一枝独秀，与众多国家包括美国形成鲜明对比。（图 1.7）

图 1.6 中国进出口增长趋势②

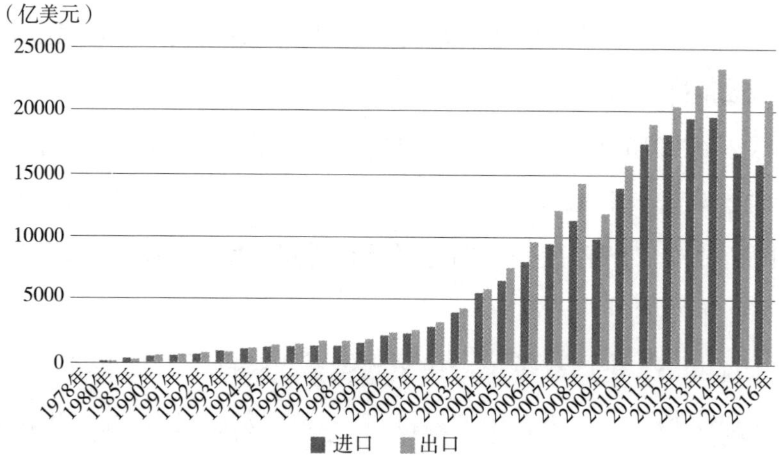

贸易规模和发展速度的背后，更是产业结构的优化升级。商务部数据显示，从 2001 年到 2014 年，中国初级产品的出口份额由 10%下降到 5%，而工业制成品中机械与运输设备的出口份额由 36%上升为 46%，③ 出口增加值不断提升。

① 资料来源：《中华人民共和国 2016 年国民经济和社会发展统计公报》，中华人民共和国国家统计局网站，http://www.stats.gov.cn/tjsj/zxfb/201702/t20170228_1467424.html

② 资料来源：国际货币基金组织网站，http://www.imf.org/external/index.htm

③ 众行远，中国加入世贸组织 15 年的启示［EB/OL］. http://www.sohu.com/a/121251345_119038.

图 1.7　1948 年以来世界主要工业国家货物贸易对比①

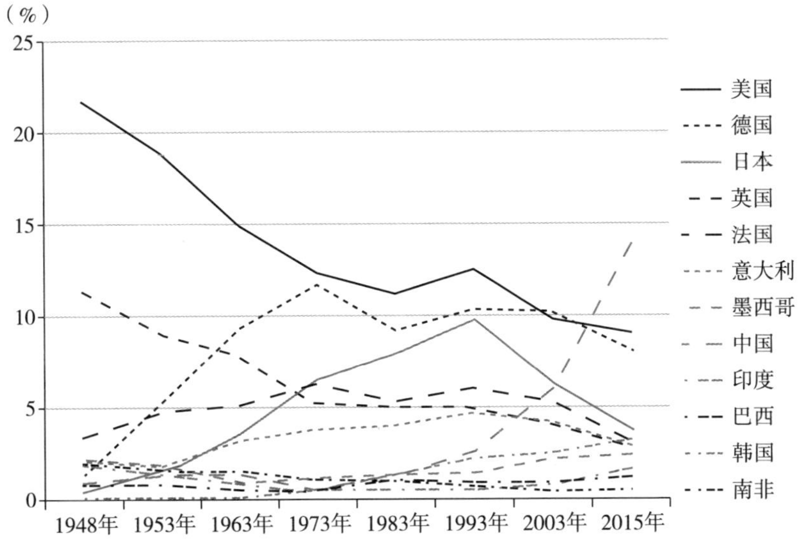

3. 中国贸易结构的提升

加入 WTO 之后至 2008 年国际金融危机以前，加工贸易出口始终占中国出口的半壁江山。加工贸易，是指企业进口全部或者部分原辅材料、零部件、元器件、包装物料，经加工或装配后，将制成品复出口的经营活动，包括进料加工、来料加工两种类型。中国加工贸易是在全球化深化发展的大背景下，伴随着中国改革开放的进程逐步发展起来的。在吸引外资、承接国际产业转移不断加快的过程中，加工贸易从无到有，从小到大。可以说，加工贸易是国际产业分工发展的产物，是中国抓住机遇、承接产业转移的结果，体现了国际产业水平分工的特征。从 20 世纪 70 年代末以“三来一补”方式承接中国香港传统制造业起步，到 20 世纪 80 年代中期开展机械设备、电气装配等产品的组装加工，再到 20 世纪 90 年代中后期大量承接欧、美、日、韩等国家和地区技术含量较高的电子信息制造业，加工贸易获得了迅猛发展，

① 资料来源：世界贸易组织网站，http://stat.wto.org/

产业层次不断提升。

金融危机以后，加工贸易在对外贸易中的比重逐年下降。2011年，一般贸易在出口中所占比重首次超过加工贸易，并且差距逐年扩大。2015年加工贸易进出口占总额的46%，所占比重比上年下降0.3个百分点。这一阶段加工贸易有五个特点：

（1）从产品结构看，以机电产品为主。电脑、手机、船舶等机电产品是加工贸易主要出口商品，机电产品在加工贸易出口中的比重从2002年的65%提高到2012年的76.5%。另外，包括集成电路、生物医药等在内的高新技术产品在加工贸易出口中的占比也逐年提升，从2002年的33.7%提高到2012年的50%。与此同时，纺织服装、家具、鞋类、塑料制品、箱包、玩具等传统劳动密集型产品占比则从22.7%降到了8.7%。

（2）从出口市场看，以中国香港、欧美市场为主。2002年以来，美国和欧盟在加工贸易出口中占比一直都保持在20%和15%以上。另外，中国香港凭借其特殊地理和政策优势，成为加工贸易出口产品的重要转口地，在中国加工贸易出口中的占比也保持在20%以上。2012年三地占加工贸易出口的61.8%。

（3）从进口来源地看，以亚洲周边地区为主。韩国、日本、东盟、中国台湾等经济体是加工贸易主要进口来源地。2002年以来，四地在加工贸易进口中的占比一直保持在10%~20%之间，2012年共占加工贸易进口的55.8%。

（4）从区域结构看，中国东部地区保持加工贸易区域主导地位。广东、江苏、上海等东部10省市始终处在中国对外开放的前沿，同时也是加工贸易发展的主体区域。

（5）从企业结构看，外资企业保持加工贸易企业的主体地位。加工贸易政策与外资政策密切相关，2002年以来外资企业在加工贸易中的比重保持在 70%～85% 之间，2012 年占比 81.7%。[①]

总之，加入世贸这 15 年来，中国以按照 WTO 规则全面清理法律法规、按照承诺大幅度降低关税、履行货物贸易市场准入承诺、扩大服务贸易领域开放、完善外商投资规定、加强知识产权保护等努力履行了入世协议，中国已顺利融入世界，并且成功地把“中国制造”推向全球。

四、对外开放和对外贸易的中国经验

中国外贸改革、对外贸易的成功经验，就是在坚持独立自主、自力更生的前提下，抓住经济全球化的机遇，加快融入世界；发挥比较优势，用好国际和国内两个市场、两种资源、两类规则，不断提高中国在世界分工产业链中的位置。

1. 始终坚持对外开放的基本国策不动摇

近 40 年来，无论国际风云如何变幻，无论国内出现什么情况，中国政府都反复强调要毫不动摇地坚持对外开放基本国策。邓小平说，“改革开放是决定中国命运的一招”，[②]“对外经济开放，这不是短期的政策，是个长期的政策，最少五十年到七十年不会变”，“即使是变，也只能变得更加开放”。[③] 如今，开放与改革一样，已经成为建设中国特色社会主义、实现中华民族伟大复兴的必由之路。

2. 始终坚持探索具有中国特色的开放式发展道路

改革开放初期，中国立足劳动力丰富、国内市场广阔而资本、技

---

① 张骥司长谈当前中国加工贸易的主要特点［EB/OL］. http://www.chinadaily.com.cn/hqgj/wjdjt5/2013-08/16/content_16899021.htm.

② 坚持改革开放是决定中国命运的一招［N/OL］. 广安日报，http://www.garb.cn:1212/garb/html/2016-02/23/content_13363.htm.

③ 邓小平同志一九八四年十月六日会见参加中外经济合作问题讨论会全体中外代表时的谈话［EB/OL］. http://www.qstheory.cn/zl/llzz/dxpwjd3j/200906/t20090630_4807.htm.

术、人才和管理短缺的比较优势格局，紧紧抓住国际产业转移的宝贵机遇，通过大力发展加工贸易和吸收外商直接投资，有力地带动了对外贸易、国内产业以及整个国民经济的发展。加入世贸组织后，中国在推动企业走出去、主动参与国际竞争等领域不断探索，不断丰富着对外开放的实践。回首近40年，中国的对外开放始终体现了自身国情与世情、时情的紧密结合，具有鲜明的中国特色。

3. 始终坚持统筹国内发展和对外开放

中国的发展离不开世界。近40年来，中国始终坚持从长远发展出发，充分利用外部条件搞建设，大胆吸收和利用国外的资金、先进技术和管理经验，充分利用国际国内两个市场、两种资源，按照统筹国内发展和对外开放的要求，不断提高开放型经济水平，为现代化建设提供了强大动力。

4. 始终坚持在开放中维护经济安全

中国始终坚持开放是为了自身更好地发展。中国早期设立经济特区、经济开发区，目的就是发挥其在开放上的先导和示范作用，避免一些政策对全国带来较大冲击。中国一直秉承以利用外商直接投资为主、间接投资为辅的方针，同时审慎开放国内资本市场，有效防范了国际金融风险。实践充分证明，对外开放有利于增强中国的综合国力，有利于维护国家经济安全。

5. 始终坚持互利共赢，促进共同发展

实施互利共赢的开放战略，实现与各国的共同发展，既是实现中国长远发展、推动建设和谐世界的客观要求，也是中国走和平发展道路的必然选择。多年来，中国在国际经贸合作中推动完善国际贸易和金融体制，推进贸易和投资自由化便利化，通过磋商妥善处理国际贸易摩擦，支持发展中国家增强自主发展能力、改善民生、缩小南北差距，得到了国际社会特别是发展中国家广泛支持。

五、对外开放和对外贸易的未来展望

当前在 WTO 多哈回合谈判陷入僵局的情况下，中国政府加快实施自由贸易区战略，自由贸易区战略成为中国新一轮对外开放的重要内容。2002 年中国与东盟签署了《中国与东盟全面经济合作框架协议》，2010 年中国—东盟自由贸易区建成。此后，中国又相继与巴基斯坦、韩国、澳大利亚、瑞士、智利等国签订了自贸协定。2008 年后中国把自由贸易区建设提升为国家战略，2013 年提出加快实施自由贸易区战略，又进一步提出要以周边为基础加快实施自由贸易区战略。

2015 年 12 月 6 日，中国政府发布了《关于加快实施自由贸易区战略的若干意见》，提出“加快实施自由贸易区战略是中国适应经济全球化新趋势的客观要求，是全面深化改革、构建开放型经济新体制的必然选择”。并提出近期的目标，是逐步提升已有自由贸易区的自由化水平，积极推动与中国周边国家、地区自由贸易区的建立，比如推进中日韩自贸区建设等。中长期看，要形成包括邻近国家和地区、涵盖“一带一路”沿线国家以及辐射五大洲重要国家的全球自由贸易区网络，使中国的对外贸易、双向投资更加自由化和便利化。为加快建设高水平自由贸易区，中国将采取提高货物贸易开放水平、扩大服务业对外开放、放宽投资准入、推进规则谈判、提升贸易便利化水平、加强经济技术合作等措施。

截止到 2017 年末，中国自贸区建设已签署了 16 个自由贸易协定，涉及 24 个国家和地区。2018 年中国将有 10 个自贸协定推进谈判，有 10 个自贸协定启动可行性研究，备受瞩目的区域全面合作伙伴关系协定（RCEP）谈判也有望再获实质性进展。

预计 2017—2021 年，中国进出口总额将达到 8 万亿美元，利用外资总额将达到 6000 亿美元，对外投资总额将达到 7500 亿美元，出境旅游将达到7亿人次，将为世界带来更多的发展机遇。中国用了15年加入世贸组织，用了15年取得当下的成就，再过15年到2031年中国将发展到何种地步、开放到何种程度？展望未来，令人期待。

主要参考文献

［1］李平，李晓华. 中国制造业发展的成就、经验与问题研究［J］. 中国工程科学，2015，17（07）：41—48.

［2］郭熙保，马媛媛. 发展经济学与中国经济发展模式［J］. 江海学刊，2013（01）：72—79+238.

［3］郭庆海. 当前农村改革的若干重大问题［J］. 当代经济研究，2015（02）：36—43+97.

［4］李周. 改革以来的中国农村发展［J］. 财贸经济，2008（11）：82—90+127.

［5］党国英. 中国农村改革与发展模式的转变——中国农村改革30年回顾与展望［J］. 社会科学战线，2008（02）：8—24.

［6］陈锡文. 当前农村改革发展的形势和总体思路［J］. 浙江大学学报（人文社会科学版），2009（04）：5—10.

［7］陈锡文. 农村改革发展的形势和总体思路［J］. 中国党政干部论坛，2009（08）：4—9.

［8］张新光. 我国近30年来农村改革回顾［J］. 经济纵横，2007（03）：2—4.

［9］萨拉·邦焦尔尼. 离开中国制造的一年［M］. 北京：机械工业出版社，2008.

［10］王忠禹. 国企改革攻坚纪实［M］. 北京：企业管理出版社，2010.

［11］吴晓波. 激荡三十年［M］. 北京：中信出版社，2008.

［12］刘卫兵. 我们这 30 年：一个记者眼中的中国改革开放［M］. 北京：外文出版社，2013.

［13］曹普. 当代中国改革开放史［M］. 北京：人民出版社，2016.

［14］郑永年. 中国改革路线图［M］. 北京：东方出版社，2016.

主要参阅网站

［1］中华人民共和国国家统计局网站，http://www.stats.gov.cn/

［2］中华人民共和国商务部网站，http://www.mofcom.gov.cn/

［3］中国人民银行网站，http://www.pbc.gov.cn/

［4］联合国粮食及农业组织网站，http://www.fao.org/

［5］国际货币基金组织网站，http://www.imf.org/

［6］联合国贸易和发展会议网站，http://unctadstat.unctad.org/

［7］世界银行网站，http://data.worldbank.org/

［8］世界贸易组织网站，http://stat.wto.org/

第二章

中国金融：从零开始的奇迹

中国金融业从无到有、从有到大、再到强的蜕变过程，只有亲身经历过的人才能深切地感受得到。现任泰康保险集团董事长兼 CEO 陈东升，最早在政府部门从事宏观经济研究。1990 年，陈东升随中国青年代表团到日本访问，站在东京新宿街头，他偶然发现，东京最高的摩天大楼是保险公司的大楼，最醒目的巨型广告牌上面写着硕大的“日本生命”和“海上火灾”。他感到十分奇怪:“火灾把生命都烧没了，怎么还要挂着广告牌？”同行的经济学家魏加宁告诉他，“生命”就是人寿保险。陈东升这才恍然大悟，保险公司原来可以做成企业巨擘。从那以后，许多有关保险的书籍和资料就摆满了陈东升的案头。他发现在日本、欧美等经济发达国家，人寿保险公司的保费收入是国民经济中长期资金的重要来源。二战后，日本经济的复兴与腾飞，可以说人寿保险公司功不可没。1996 年，一家名叫泰康人寿的保险公司成立了，它的创始人就是陈东升。

随着中国经济的腾飞，泰康也实现了超常规跨越式发展，如今成长为一家涵盖保险、资管、医养三大核心业务的大型保险金融服务集团，通过遍布全国的线下实体网络和线上互联网平台，为日益增长的中产人群及家庭提供全方位健康和财富的管理与服务。截至 2016 年底，泰康连续 13 年荣登“中国企业 500 强”，解决就业超 60 万人，累计服务个人客户 1.85 亿人，管理资产 10800 亿元，养老社区八城布局，其中北京燕园、上海申园、广州粤园已投入运营。泰康开创的“活力养老、高端医疗、卓越理财、终极关怀”四位一体商业模式，把虚拟的金融产品和实体医养服务相结合，不仅引领了中国保险行业的潮流，也为世界提供了一个解决老龄问题的中国样本。

陈东升曾用“因时而生、因市而兴、因势而变”12 个字总结泰康的成长，可以说泰康从诞生到壮大的过程，就是中国金融业改革和发展的一个缩影。

改革开放以来，伴随着中国经济迅猛增长，中国金融业发生了巨大变化。1978 年，中国金融系统结构单一，只有中国人民银行一家兼具中央银行和商业银行职能的银行，市场化程度低、服务效率也不高。1996 年前后，银行业面临不良率高企，股票、债券和保险等市场也存在发展滞后、市场秩序混乱、从业人员素质不高等诸多问题。当时有很多权威国际媒体都对中国金融状况有非常严峻的描述，认为中国的金融是一颗大定时炸弹，随时都有可能爆炸。中国的商业银行技术上已经破产（technically insolvent），中国金融将拖住中国经济的增长，中国经济不会得到金融的有效服务和支持而保持快速增长。

在这样严峻的形势下，中国下定决心对金融体系进行改革。近 40 年之后，今天中国的金融体系已经发生了翻天覆地的变化。一是彻底改变了“大一统”的格局，建立起了中央银行制度和货币政策调控框架，多元化和市场化发展取得了历史性变化，形成由银行、证券、保险、基金、金融租赁等构成的多层次的金融市场体系。二是市场规模快速扩大，金融行业总资产比改革开放初期增加了几百倍甚至上千倍。金融业增加值从 1978 年的 76.5 亿元人民币增加到 2015 年的 5.79 万亿元，增长了 756 倍；在 GDP 当中的比重由 1978 年的 2.1% 提升到 2015 年的 8.5%，提高了 6.4 个百分点。金融业从业人员从 68 万人增加到 606.8 万人，增长了近 10 倍。三是发展质量大幅提升。银行不良率从 1996 年的 30% 左右下降到了 2015 年的 1.67%，显著低于全球同业水平，中国的四大国有商业银行均位居全球最赚钱的十大银行之列，股票市场规范化程度不断提高，融资功能不断增强。四是金融快速成长适应了中国经济改革和发展的需要。

总之，经过近 40 年的快速发展，中国金融业在全球金融市场中的地位越来越重要，从一个名不见经传的“配角”演变成“主角”。中国银行业已经超过欧元区成为“全球最大规模的银行业”。中国在全球十大交易所市值排名第二。中国的保费收入位居全球第四，是保费收入最快的经济体之一。中国的“数字金融”更是引领世界潮流，正在深刻改变着中国人乃至全球人民的金融生活。这些无疑都表明中国金融在全球地位的转变。

第一节　从零开始建立中国金融体系

一、金融体系从无到有

1. 金融 1978：简单而集中的行政系统

从新中国成立（1949 年）到改革开放前（1978 年），中国的金融体系基本上是由中国人民银行“大一统”的格局。所谓“大一统”，就是中国人民银行既承担肩负宏观职能的中央银行职能，又承担经营商业性金融业务的商业银行职能。早在 1952 年，中国政府就决定银行不划分专业系统，中国人民银行既是办理存款、贷款和汇兑业务的商业银行，又是担负国家宏观政策职能的中央银行。1969 年，中国人民银行并入财政部，银行在经济中仅起到会计和出纳的作用。1978 年中国的金融系统是简单但高度集中、行政和计划性的。

这种高度集中的金融体系有四个特点：一是在“大一统”的银行体制下，全国基本上只有中国人民银行一家金融机构。二是银行附属于财政，社会资金主要由财政配置，全部固定资产投资及企业的定额流动资金由财政部拨款，银行贷款只限于企业临时性周转的一部分流动资金。三是实行高度集中的计划管理，通过信贷计划和现金计划对社会信用加以控制。四是信用单一化，集中为银行信用，任何企业之间不能发生信用关系，禁止民间“高利贷”。（图 2.1）

2. 金融 2015：现代化的央行、监管和市场主导的商业金融系统

随着中国改革开放和经济快速发展，全社会对资金和金融服务的需求大幅增加，人民银行一统天下的格局难以满足经济社会发展的需要。在此背景下，从 1979 年开始，以增设金融机构与市场化发展为核

图 2.1　1983 年中国金融体系概览[①]

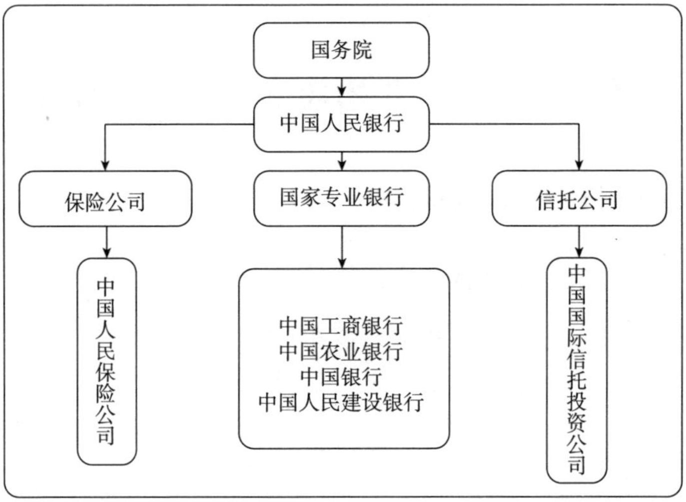

心的金融改革正式拉开序幕。近 40 年来，中国的金融市场主体不断丰富，已经形成了由银行、证券、保险、信托、金融租赁等机构构成的功能齐全、形式多样、分工协作、互为补充的多元化、多层次的金融机构体系。（图 2.2）银行业从只有中国人民银行一家银行，发展到拥有 5600 多家法人性质的银行业金融机构。既有国有商业银行，又有国家政策性银行；既有大型商业银行，又有中小商业银行；既有服务于城市的城市信用社、城市商业银行，也有服务于农村的农村信用社、农村商业银行等。截至 2015 年，银行业金融机构包括 5 家大型商业银行、12 家股份制商业银行、3 家政策性银行，还包括 133 家城市商业银行、859 家农村商业银行、71 家农村合作银行、1373 家农村信用社、1 家邮政储蓄银行、5 家民营银行等。证券公司从无到有，2015 年已经增加到 125 家。改革开放初，全国只有一家保险公司即中国人民保险公司；发展到 2015 年，保险业法人机构超过 130 家。其他类型的金融机构增加也很快，基金公司从零增加到 105 家，期货公司从零增加到 150 家，

① 资料来源：中国银行国际金融研究所

资产管理公司从零增加到 11 家。中国已经基本建立了以市场为基础的现代金融体系。（图 2.2）

图 2.2　2015 年中国金融体系概览①

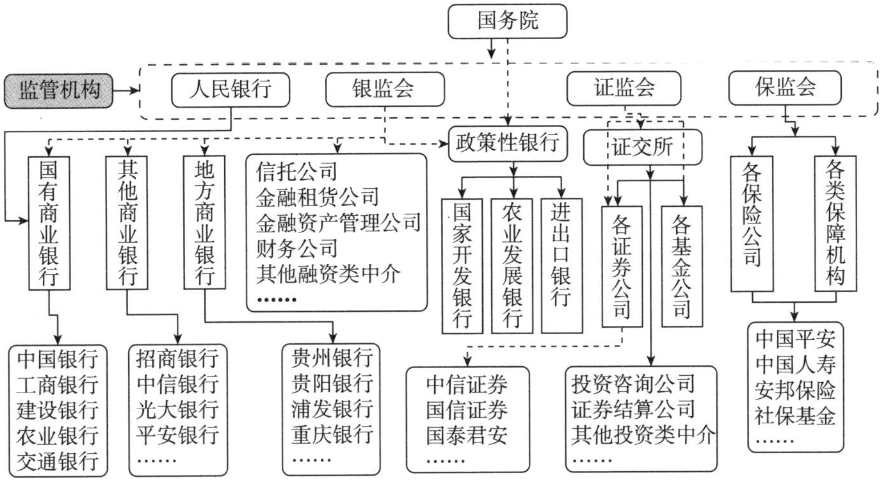

中央银行制度的形成。1978 年之前，中国没有中央银行制度，银行附属于财政。1978 年，中国人民银行从财政部独立出来，恢复了中国人民银行系统。进入 20 世纪 80 年代，日益发展的经济和金融机构的增加，迫切需要加强金融业的统一管理和综合协调，由人民银行专门承担中央银行的职责，成为完善金融体制、更好发展金融业的重要议题。1982 年 7 月，3 中国政府开始组建专门的中央银行。1983 年 9 月 17 日，中国政府发布了《关于中国人民银行专门行使中央银行的职能的决定》，正式宣布了中央银行制度的确立。从 1984 年 1 月 1 日起，中国人民银行开始专门行使中央银行的职能，集中力量研究和实施全国金融的宏观决策，加强信贷总量控制和金融机构的资金调节。1993 年 12 月，中国政府强化中国人民银行在金融调控、金融监管和金融服务方面的职责，划转政策性业务和商业银行业务。1995 年 3 月通过的《中国人民银行法》，首次以国家立法的形式确立了中国人民银行作为

①资料来源：中国银行国际金融研究所

中央银行的地位，标志着中国的中央银行制度走向了法制化轨道。至此，有中国特色的中央银行制度框架基本建立。

货币政策框架体系的形成。改革开放初期，中国的货币政策以计划性和行政性手段为主，强调控制信贷投放总量，而存款准备金、再贴现以及利率等政策的运用较少。这是因为，一方面早期的主要经营主体即国有企业面临预算软约束问题，对利率政策不敏感，另一方面尚未建立起存款准备金和再贴现等市场化调控的制度框架。后来，随着中国经济改革的深化和多种金融机构、多种融资渠道和多种信用工具不断涌现，从20世纪80年代开始，中国人民银行不断探索和改进宏观调控的手段和方式，逐步开始运用利率、存款准备金率、再贷款等手段来调控信贷和货币供给，以达到“宏观管住、微观搞活、稳中求活”的效果。

1984年，中国人民银行设立理事会作为协调决策机构，但当时理事会还不具备独立做出金融决策的基本条件，因权威性不够，至1987年就停止了活动。1995年，中国人民银行设立了货币政策委员会，作为中央银行的咨询议事机构，从此中国的金融宏观调控开始由直接调控向间接调控过渡。1997年4月15日，中国政府颁布了《中国人民银行货币政策委员会条例》，明确了货币政策委员会作为货币政策咨询议事机构的职责。1995年《中国人民银行法》确定中国的货币政策目标是“保持币值稳定，并以此促进经济增长”。1998年，中国取消了对国有独资商业银行的信贷规模控制，改为以货币供应量作为货币政策的中介目标。改革和完善了存款准备金制度、再贷款和再贴现制度，建立和发展公开市场操作，推进利率市场化改革。这样初步形成了由货币政策最终目标、中介目标和货币政策工具构成的货币政策间接调控框架体系。2012年以来，在吸取自身和别国调控经验的基础上，中国的货币政策不断完善和创新：一是进一步发挥再贷款政策的作用；二是短期货币政策调整和中长期金融改革相结合；三是注重货币政策和财政政策等的协调和配合；四是创设 MLF（中期借贷便利）、SLF（常备借贷便利）、PSL（抵押补充贷款）等政策工具，突出定向调控和精准调控；五是更加重视宏观审慎管理，创设宏观审慎评估体系（MPA），着力逆周期调节和防范跨市场金融风险。党的十九大报告进一步提出健全货币政策和宏观审慎政策双支柱调控框架的目标。

金融监管体系的演变。改革开放前期（20 世纪 80 年代到 20 世纪 90 年代初期），中国对金融业的监管统一由中国人民银行负责。1998 年，中国政府对金融监管体制进行了重大改革，将证券机构和保险机构的监管权由中国人民银行移交给新成立的中国证券监督管理委员会（简称“中国证监会”）和中国保险监督管理委员会（简称“中国保监会”），形成了中国人民银行、中国证监会、中国保监会分别对银行业、证券业和保险业进行监管的“多头”监管模式。2003 年 4 月，为使中国人民银行更好地履行中央银行职能，中国政府决定将对银行、资产管理公司、信托投资公司及其他存款类金融机构的监管职能从中国人民银行分离出来，成立了中国银行业监督管理委员会（简称“银监会”）。由此，中国形成了以“一行三会”为基本格局的金融监管框架，该框架一直延续至今。（图 2.3）2017 年 7 月召开的第五次全国金融工作会议进一步提出要加快金融体制改革，健全监管体制，特别是设立国务院金融稳定发展委员会。一是与 2013 年设立的“金融监管协调部际联席会议”相比，成立金融稳定发展委员会意在将监管协调从以前的“水平协调”转为“垂直协调”，更好地解决监管真空、监管交叉和监管错位等问题。二是相比以前重视机构监管，本次金融工作会议更加强调功能监管和行为监管，轻形式、更重实质，把所有金融活动都统一纳入监管，强化了监管的专业性统一性穿透性。三是加强问责。明确提出形成风险没有及时发现就是失职、发现风险没有及时提出和处置就是渎职。

图 2.3　中国以“一行三会”为基本格局的金融监管框架[①]

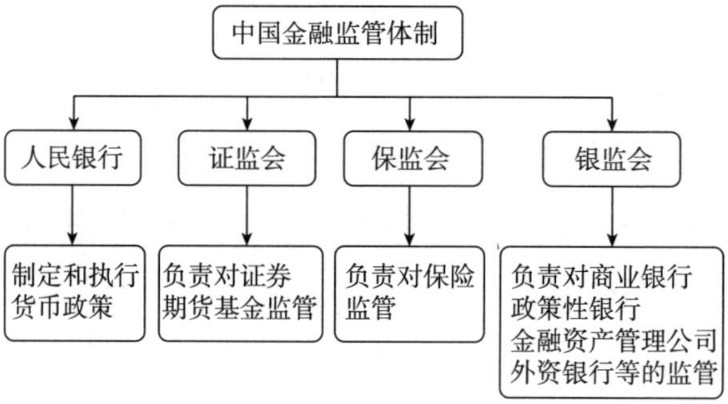

二、社会融资井喷和多元发展

改革开放初期，中国的融资规模小，结构也十分单一，银行贷款是最主要的融资渠道，民间借贷在政策上是不允许的，其他融资方式也很少。1980 年，中国的社会融资总量仅为 395.6 亿元，2002 年增加到 20112 亿元，增长了 49.8 倍。融资结构的变化也很明显，1980—1983 年，银行贷款占了社会融资总量的 100%，后来随着债券、股票等逐渐成为重要的融资工具，其在社会融资总量中的比重从零增加到 8.7%，同期银行贷款占比从 100% 降低到 91.3%。（表 2.1）

表 2.1　1980—2002 年中国社会融资总量测算表[②]

	1980	1986	1989	1992	1995	1998	2001	2002
社会融资总量	395.6	2033.4	2366.1	5719.1	10971.5	12536	14927.2	20112
人民币贷款	395.6	1933.4	2284.5	4985.1	10586	11610	13000	18979
	100	95.1	96.6	87.2	96.5	92.6	87.1	91.3

① 资料来源：中国银行国际金融研究所

② 资料来源：Wind、《中国金融统计年鉴》《中国证券期货统计年鉴》

续表

	1980	1986	1989	1992	1995	1998	2001	2002
企业债券	—	100	75	684	300	148	147	325
非金融企业股票	—	—	6.6	50	85.5	778	1182	780
保险公司赔偿	—	—	—	—	—	—	598.2	706.7

注："—" 表示数据缺失或数据很小。本表数据为作者根据相关资料整理所得，受数据来源和可得性影响，这里测算的社会融资总量与表 2.2 中测算的数据口径不可比，仅供参考。

进入 21 世纪以后，融资工具和渠道更加多元化，股票、债券和信托理财等市场进一步快速发展，使其在社会融资规模中的比重进一步上升[①]。数据显示（表 2.2），2002—2015 年中国社会融资规模快速增长，从 2 万亿元增加到 15.4 万亿元，年均增速达到 19.5%，高于同期 GDP 增速（9.8%）。结构方面，直接融资、委托贷款、外币贷款等融资占比明显上升，企业债券融资比重从 2002 年的 1.8% 上升到 2015 年的 19.1%，提高了 17.3 个百分点；股票融资从 3.1% 提高到 4.9%，提高了 1.8 个百分点；委托贷款增加 9.3 个百分点到 10.3%。同时人民币贷款占比显著下降，从 2002 年的 91.9% 下降到 2013 年的 51.4%，仅为社会融资规模的一半。2014—2015 年，随着治理影子银行政策效果的显现，委托贷款、信托贷款和银行承兑汇票占比有所降低，人民币贷款的比重上升，2015 年上升到 73.1%，比 2013 年提高了 21.7 个百分点。

① 这也使得新增贷款与宏观经济的相关性降低。因此，中国人民银行于 2011 年初提出了社会融资规模（Social Financing Scale）指标，此后成为中国货币政策的中介目标。

表 2.2　中国社会融资规模及结构情况 [①]

	2002	2008	2010	2013	2015
社会融资总量（亿元）	20112	69802	140191	173169	154086
	100	100	100	100	100
人民币贷款（亿元）	91.9	70.3	56.7	51.4	73.1
外币贷款（亿元）	3.6	2.8	3.5	3.4	−4.2
委托贷款（亿元）	1.0	6.1	6.2	14.7	10.3
信托贷款（亿元）	—	4.5	2.8	10.6	0.3
银行承兑汇票（%）	−3.3	1.5	16.7	4.5	−6.9
企业债券（%）	1.8	7.9	7.9	10.5	19.1
非金融企业股票（%）	3.1	4.8	4.1	1.3	4.9
保险公司赔偿（%）	2.1	2.2	1.3	—	—

第二节　金融市场百花齐放

一、银行业：从濒临破产到世界前十强

1. 市场化改革和发展

银行业发展是从打破“大一统”管理体制开始的。1979 年，中国先后恢复和设立了三家国家专业银行，即中国农业银行、中国银行和中国建设银行。1984 年，将中国人民银行承担的工商信贷和储蓄业务剥离成立了中国工商银行。至此，农、中、建、工这四大专业银行分别承担农村、外汇、基本建设和工商企业贷款四大领域的业务，构成了一个分工明确的国家专业银行体系。

从 20 世纪 80 年代开始，为适应经济快速发展对资金和金融服务的需要，中国政府开始放开市场准入限制，在主要城市和地区恢复和

① 资料来源：Wind

设立了一批新型信用合作社或商业银行。1986 年 7 月，中国第一家股份制商业银行交通银行成立。随后，招商银行、深圳发展银行、中信实业银行（现中信银行）等全国股份制商业银行相继成立。股份制商业银行的建立与发展打破了计划经济体制下国家专业银行的垄断局面，逐步形成了适应社会主义市场经济要求的多类型、多层次的银行业体系。

自 1994 年起，为改变商业银行政策性金融业务和商业性业务不分的局面，中国陆续设立国家开发银行、中国进出口银行和中国农业发展银行三家政策性银行，分别专门为国家重点投资、外贸进出口和支持“三农”等三大领域提供政策性资金支持。

1995 年 5 月《商业银行法》颁布实施，以法律形式确立了四大国家专业银行的平等地位及其商业银行性质。以此为契机，四大国家专业银行的商业化改革进程加速。1998 年，中国财政部发行 2700 亿特别国债，充实国有商业银行资本金，使四大商业银行资本金充足率达到 8%。

但由于承担政策性业务、管理不到位，加上经济过热等多方面原因，中国银行业不良资产急剧增加，至 1997 年前后，不良率达到 30% 左右。为建立社会公众对金融业的信心、启动国有银行改革、解决银行业不良资产等问题，1999 年中国成立了四家金融资产管理公司，即中国长城资产管理公司、中国信达资产管理公司、中国华融资产管理公司和中国东方资产管理公司，专门接收、处置从四家国有商业银行剥离出来的不良资产（约 1.4 万亿元）。经过这次剥离，国有商业银行的不良率大幅下降。

在前期资产负债表重组的基础上，中国政府提出商业银行改革“四部曲”的设想，即实行股份制改造、加快处置不良资产、充实资本金和创造条件上市。2003 年 12 月 30 日，中国政府通过中央汇金投资公司向中国银行、中国建设银行注资 450 亿美元。2004 年 6 月，中央汇金公司向交通银行注资30亿元人民币。2005年，中央汇金公司和财政部共同向中国工商银行注资300亿美元（各占50%）。同时，自2004年以来，中国工商银行、中国建设银行、中国银行、交通银行再次剥离不良资产1万亿元左右。经过财务重组，四大国有商业银行的财务负担大大减轻，资产质量明显提高，资本实力大幅提升，为下一步设立股份公司和上市创造了条件。2015年，国家开发银行、中国进出口银行也分别获得480亿美元和450亿美元注资，进一步健全以资本充足率为核心的市场化约束机制。

2005年6月，交通银行在香港联交所挂牌上市，2007年在境内A股上市。中国建设银行于2005年10月在香港上市，2007年9月在上海A股上市。中国银行于2006年6月和7月分别在香港和上海上市。2006年10月，中国工商银行通过“A+H”模式同时在上海和香港上市，创全球有史以来IPO最大规模。

从“技术性破产”到如今走上良性发展轨道，中国银行业的整体实力、盈利能力和竞争力有了大幅提升。

一是资产规模不断增长。截至2015年底，中国银行业总资产达到199.3万亿元，是1978年（1876.5亿元）的1062倍，比2003年（27.7万亿元）增长了7.2倍；银行业负债规模184.1万亿元，比2003年（26.6万亿元）增长了6.9倍。（图2.4）

二是经营效益显著提高。2015年，中国银行业实现净利润1.97万亿元，其中商业银行实现净利润1.6万亿元，而1978年则亏损16.6亿元。资产回报率（ROA）为1.1%，2003年则为0.1%；资本回报率（ROE）为14.3%，2003年仅为3%；成本收入比下降到30.6%，比10年前有了大幅下降。

图 2.4　中国银行业资产负债总量（2003—2015 年）①

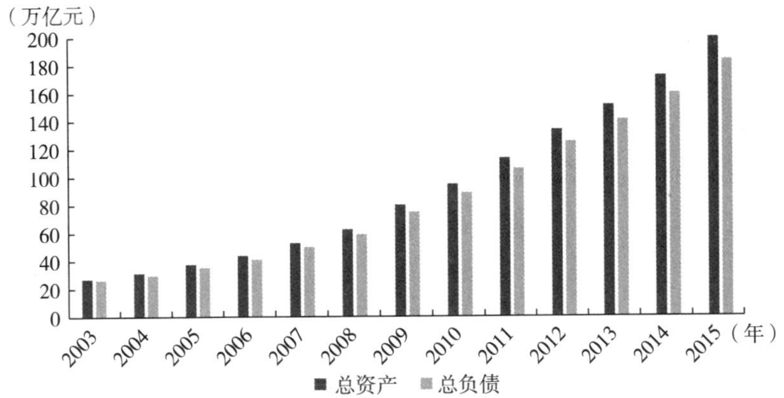

三是资产质量根本好转。不良资产“双降”，不良贷款余额和不良率从 2003 年末的近 2 万亿元和近 20%，持续下降到 2013 年末的 1.17 万亿元和不到 1.5%（其中商业银行不良率仅为 1%）。近三年来，由于经济下行等原因，银行业不良规模和不良率有所上升，但总体稳定，不良率依然较低。（表 2.3）截至 2015 年末，中国银行业不良贷款余额为 1.96 万亿元，不良率为 1.9%，从国际比较来看，依然处于较低水平。

表 2.3　银行业金融机构不良贷款情况表②

机构 / 年份	2010 年	2011 年	2012 年	2013 年	2014 年	2015 年
不良贷款余额（亿元）	12437.0	10533.4	10746.3	11762.7	14334.7	19624.4
次级（亿元）	5852.5	4784.3	5270.6	5649.4	7295.2	9678.1
可疑（亿元）	4967.8	4400.9	4386.7	4899.4	5639.3	7987.9
损失（亿元）	1616.7	1348.1	1089.0	1213.9	1400.2	1958.4
不良贷款率（%）	2.4	1.8	1.6	1.5	1.6	1.9
次级（%）	1.1	0.8	0.8	0.7	0.8	1.0
可疑（%）	1.0	0.7	0.6	0.6	0.6	0.8
损失（%）	0.3	0.2	0.2	0.2	0.2	0.2

① 资料来源：《中国银行监督管理委员会 2015 年报》
② 资料来源：《中国银行监督管理委员会 2015 年报》

四是风险抵御能力大幅提高。商业银行资本充足率从2003年的微不足道上升到2015年的11.5%。商业银行拨备余额2.3万亿元，拨备覆盖率从20年前的不足30%提高到2012年的295.5%，尽管2015年有所下降（181.2%），但依然处于历史较高水平，商业银行抵御风险的能力有了很大的提高。

2. 国际地位不断提高

中国银行业不断推进改革开放，并经受住了国际金融危机的冲击，综合实力不断提高，国际竞争力显著提升。在短短十几年的时间里，中国的各大银行已经迅速发展成为世界级的金融机构，并以很快的速度采用了国际标准。不论从资本实力、盈利状况、流动性水平，还是信贷风险和准备金对损失的覆盖情况等各项指标衡量，中国的银行业已经成为全球最大最好的银行业。

（1）资产排名据前三

全球前20大银行中，1996年，中国只有一家银行即中国工商银行（Industrial and Commercial Bank of China）入选，排在第10位，其资产规模（3736亿美元）是第一大银行即德意志银行的74%；到了2016年，前5位中，中国的四大国有商业银行——中国工商银行、中国建设银行（China Construction Bank）、中国农业银行（Agricultural Bank of China）、中国银行（Bank of China）全部入选。中国工商银行是全球最大的银行，其资产规模（34222亿美元）是德意志银行的1.9倍。（表2.4）

表2.4 按资产全球前20大银行排名变化（1996年和2016年）①

1996				2016年			
排名	银行	国家	资产（亿美元）	排名	银行	国家	资产（亿美元）
1	Deutsche Bank	Germany	5034	1	ICBC	China	34222

① 资料来源：英国《银行家》，http://www.thebankerdatabase.com

续表

1996				2016年			
排名	银行	国家	资产（亿美元）	排名	银行	国家	资产（亿美元）
2	U Bank	Japan	5010	2	China Construction Bank	China	28273
3	Sumitomo Bank	Japan	4999	3	Agricultural Bank of China	China	27414
4	Dai-Ichi Kangyo Bank	Japan	4986	4	Mitsubishi U Financial Group	Japan	26485
5	Fuji Bank	Japan	4873	5	Bank of China	China	25910
6	Sakura Bank	Japan	4781	6	HSBC Holdings	UK	24097
7	Bank of Tokyo-Mitsubishi	Japan	4750	7	JP Morgan Chase & Co	US	23517
8	Norinchukin Bank	Japan	4295	8	BNP Paribas	France	21676
9	Crédit Agricole Group	France	3864	9	Bank of America	US	21474
10	ICBC	China	3736	10	Credit Agricole	France	18466

（2）资本排名居全球前五位

在英国《银行家》2016年发布的全球1000家大银行榜单[①]中，按照一级资本排名，中国共有119家入围全球1000家大银行排行榜，其中17家跻身前100名。在全球前20家大银行中，中国有5家入选，其中中国工商银行、中国建设银行、中国银行和中国农业银行均在前5中。与此形成鲜明对比的是，在1996年的1000家大银行排名中，前20名中就没有中资银行的名字，最靠前的中国银行排在第26位，中国

① 英国《银行家》杂志每年7月1日左右发布的全球银行1000强榜单，是当今国际最主流、最权威的全球银行业排名之一，具有极高的专业性与公信力。榜单完全打破国家和地域的限制，对全球绝大多数国家、地区银行发布的上年度经营数据进行评定。全球银行1000强排名主要考虑巴塞尔协议中规定的银行核心资本实力，通过衡量银行资本充足状况反映银行利润增长和抗风险能力。商业银行的一级资本是综合衡量业务发展能力和风险承受能力的重要指标，也是实现可持续发展的重要保障。

工商银行排在第28位。在1985年的排行榜中，还未有中资银行入选。（表2.5）

表2.5　中国银行业在全球1000家大银行的排名情况[①]

	1985	1987	1990	1995	2000	2005	2010	2016
进入1000家大银行的数量	0	1	8	5	9	19	84	119
进入前25名银行的数量	0	0	1	1	3	2	3	5
进入前10名银行的数量	0	0	0	0	1	0	1	4
最高排名位次	0	51	16	23	10	11	7	1

（3）世界最赚钱的银行

1996年，最赚钱的前20家大银行中，中国只有一家银行即中国银行入选，且仅排在第17位，利润18.6亿美元，为当时最赚钱的银行——汇丰银行利润（56.9亿美元）的1/3左右。在前20家最赚钱的银行中，中国银行的利润占比仅为3.2%。到了2016年，最赚钱的前20家大银行中，中国有9家大型银行入选，几乎占了一半，中国工商银行成为全球最赚钱的银行。中国银行的利润（356.8亿美元）是汇丰银行的1.9倍；中国9大银行利润所占比重接近54%，超过了一半。（表2.6）

表2.6　按利润全球前20大银行排名变化（1996年和2016年）[②]

1996				2016年			
排名	银行	国家	利润（亿美元）	排名	银行	国家	资产（亿美元）
1	HSBC Holdings	United Kingdom	56.9	1	ICBC	China	559.7
2	Citigroup	US	56.1	2	China Construction Bank	China	459.7
3	Banco do Brasil	Brazil	45.8	3	Bank of China	China	356.8
4	Bank of America Corp	US	45.7	4	Agricultural Bank of China	China	355.7

① 资料来源：英国《银行家》，http://www.thebankerdatabase.com/，1987年以前为500家大银行

② 资料来源：英国《银行家》，http://www.thebankerdatabase.com/

续表

1996				2016 年			
排名	银行	国家	利润（亿美元）	排名	银行	国家	资产（亿美元）
5	Barclays Bank	United Kingdom	32.3	5	Wells Fargo & Co	US	336.4
6	NationsBank（see Bank of America）	US	29.9	6	JP Morgan Chase & Co	US	308.1
7	Chemical Banking Corp	US	29.8	7	Citigroup	US	248.0
8	National Westminster Bank	United Kingdom	27.2	8	Bank of America	US	221.5
9	Lloyds TSB Group	United Kingdom	25.6	9	HSBC Holdings	UK	188.7
10	Deutsche Bank	Germany	24.9	10	Mitsubishi UFJ Financial Group, Inc	Japan	133.1

二、迅猛发展的资本市场

1. 股票市场从无到世界第二大

相比银行业，中国的股票市场发展起步较晚。1986 年 11 月 14 日，上海飞乐音响股份有限公司[①]公开向社会发行股票，这是中国改革开放后第一张真正意义上的股票，标志着中国揭开了资本市场改革的序幕。1987 年，深圳特区证券公司在深圳成立，这是改革开放以后中国第一家证券公司，主要办理各种有价证券买卖和转让业务，以及为证券投资提供咨询服务。1988 年，中国人民银行陆续成立了 33 家证券公司。

20 世纪 90 年代后，中国证券市场的基础设施建设明显加快。1990

① 根据相关报道，该公司于 2014 年实行重大资产重组，2015 年 12 月成功收购国际照明品牌喜万年，由上海亚明照明有限公司、北京申安投资集团有限公司、喜万年国际照明集团、上海亚尔光源有限公司和专业从事汽车车灯研发生产龙头企业——上海圣阑实业有限公司五大实体企业构成。目前，公司已发展成为集绿色照明产业、IC 卡产业、电子部件产业、计算机系统集成与软件开发于一体的多元化产业公司，产品远销世界 40 多个国家和地区。

年11月，第一家证券交易所——上海证券交易所（简称“上交所”）成立。上海证券交易所市场交易采用电子竞价交易方式，所有上市交易证券的买卖均需通过电脑主机进行公开申报竞价。同年12月，深圳证券交易所（简称深交所）成立。深圳交易所是为证券集中交易提供场所和设施，组织和监督证券交易，实行自律管理的法人。自此，中国证券市场进入快速发展阶段。2004年，深交所在主板市场内设立中小企业板块，对推动创业板市场建设发挥了重要作用。

1992年10月，国务院证券委员会和中国证券监督管理委员会（简称“证监会”）成立，标志着中国证券市场的统一监管体系开始形成。国务院证券委是中国对证券市场进行统一宏观管理的主管机构，中国证监会是国务院证券委的监管执行机构，依法对证券市场进行监管。随着市场的发展，国务院证监委和中国证监会的职权范围逐步扩展。1993年11月，中国政府决定将期货市场管理交由国务院证券委负责，中国证监会具体执行。1997年8月，上海、深圳证券交易所统一由中国证监会监管；同年11月，中国政府决定对证券管理体制进行改革，理顺证券监管体制，对地方证券监管部门实行垂直领导。1998年，国务院证券委和中国证监会合并组建新的中国证监会。经过一系列改革，中国证监会的职能明显加强，全国集中统一的证券监管体制基本形成。目前，中国证监会机关、派出机构和系统单位共同构成了统一的全国证券期货监管体系。

从1996年开始，随着证券业制度基础设施的不断完善和经营环境的改善，证券公司业务经营增长迅速。但由于体制、机制上存在缺陷，证券公司在发展过程中积累了许多矛盾和问题。特别是在2003年到2004年，一批证券公司多年积累的风险集中爆发，一批公司的资金链随时可能断裂；行业信用大幅下降，增量资金急剧减少，存量资金不断流失，经营环境持续恶化。为从根本上解决这些问题，2004年8月，中国政府决定对证券公司实施综合治理。经过三年的努力，到2007年，证券公司综合治理取得了成功，历史遗留风险得到彻底化解，财务状况显著改善，合规经营意识和风险管理能力明显增强。截至2015年，中国全国有证券公司125家，比1998年增加了35家；证券公司总资产（不含客户资产）4.4万亿元，同比增长54.92%。

经过20多年的发展，中国的股票市场从无到有、从小到大、从区域到全国，相关法律法规体系和会计规则日益完善，上市公司数量快速增长，交易所交易和登记结算体系不断提高，二级市场交易日益活跃。截至2015年底，中国内地上市公司总数量达到2827家，是1993年的15倍；股票总市值达到53.1万亿元，相当于当年GDP的78.54%（表2.7），比1998年提升了55.4个百分点，居全球第二位；流通市值占总市值的73.3%。与此同时，“新三板”、区域性股权市场挂牌公司和融资数量继续扩张。2015年末，全国股转系统挂牌公司总数达到5129家，新增3557家；总股本达到2960亿股，同比增长3.5倍；37家区域性股权市场共有挂牌股份公司3375家，展示企业4.15万家。

表2.7　1993—2015年中国股票市场情况一览表①

年份	上市公司家数（家）	投资者客户数（万户）	股票市值（亿元）	流通市值（亿元）	成交金额（亿元）	股票筹资额（亿元）
1993	183	835	3531	832	3627	245
1995	323	1294	3474	938	4036	99
2005	1381	7189	32446	10638	31664	339
2010	2063	13391	265422	193110	545633	9799
2015	2827	21478	531304	417925	2550538	20609

数据显示，1992年中国股票市值占GDP比重为4%；到了2015年，这一比重大幅上升到了79%，提高了75个百分点。（图2.5）同期，德国股票市值占GDP的比重从15.5%上升到51.5%，提高了35.5个百分

① 资料来源：《中国金融年鉴2015》《中国统计摘要2016》、Wind

点；印度从 22.2% 上升到 73.1%，提高了 51 个百分点。（表 2.8）

图 2.5 沪深两市股票总市值与 GDP 比值变化（1992—2015 年）①

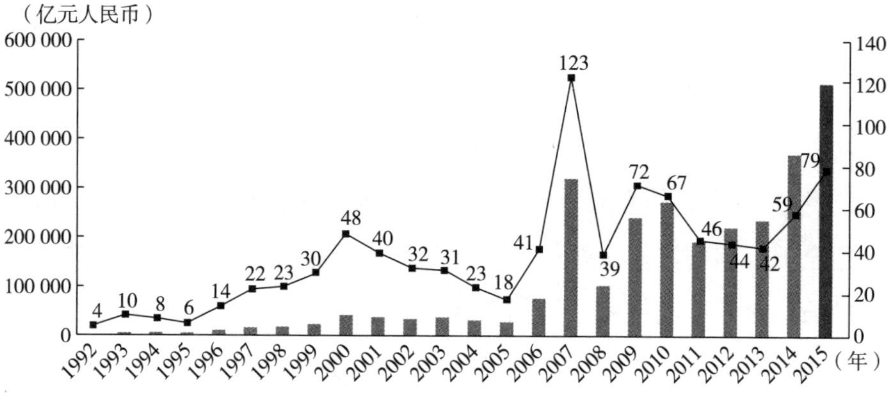

表 2.8 股票总市值与 GDP 比值（%）国际比较②

国家	1992	2000	2010	2015	2015 年比 1992 年提高
美国	69.1	146.9	115.5	139.7	70.6
英国	81.0	165.7	129.0	106.5	25.5
德国	15.5	65.1	41.8	51.1	35.5
日本	58.5	66.7	69.6	118.7	60.2
印度	22.2	31.0	95.5	73.1	50.9
中国	4	48	67	79	75

随着各项功能的完善和发展，股票市场对中国经济和社会的影响日益增强。首先，融资功能不断凸显，优化了社会融资结构。2015 年，中国内地股票筹资额达到 2.1 万亿元，是 2010 年的 2.1 倍、2005 年的 60.8 倍、2000 年的 136 倍；非金融企业股票融资在社会融资总量中的比重由 2002 年的 3.1% 提升到 2015 年的 4.9%。其次，推动了居民投资理财模式的多元化，从早期单一的储蓄，扩展到股票、债券、基金、期货等多种投资渠道。第三，为保险公司、社保基金、企业年金等机构提供了资产保值增值的渠道，间接为社会保障体系的完善提供了有力支持。

① 资料来源：《中国银行监督管理委员会 2015 年报》

② 资料来源：世界银行、Wind

2. 证券市场国际地位和国际比较

根据世界交易所联合会的统计，截至 2015 年，中国大陆股票交易所总市值 81880 亿美元，位居世界第二位，仅次于美国；上海证券交易所和深圳证券交易所跻身全球前十大交易所，分列第四、第五位。（表 2.9）

表 2.9　2015 年底世界交易所市值排名表[①]

国家或地区排名			
排名	国家或地区名称	所属区域	交易所市值（亿美元）
1	美国	北美洲	250 675
2	中国	亚洲	81 880
3	日本	亚洲	48 949
4	法国	欧洲	33 059
5	中国香港	亚洲	31 849
6	德国	欧洲	17 158
7	加拿大	北美洲	15 919
8	瑞士	欧洲	15 193
9	印度	亚洲	14 851
10	瑞典	欧洲	12 680

交易所排名		
名次	中文名称	交易所市值（亿美元）
1	纽约泛欧证券交易所（美国）	177 868
2	纳斯达克证券交易所	72 808
3	日本交易所集团	48 949
4	上海证券交易所	45 493
5	深圳证券交易所	36 387
6	纽约泛欧证券交所（欧洲）	33 059
7	香港证券交易所	31 849
8	法兰克福证券交易所	17 158
9	多伦多证券交易所集团	15 919
10	瑞士证券交易所	15 193

1993 年，中国上市公司总市值仅为 20 亿美元；到 2015 年增加到了 8.2 万亿美元，增长了 4000 多倍，占全球上市公司总市值的比重也由 1993 年的近乎为零大幅提高到了 13.3%。与此同时，作为全球最大的股票市场，美国上市公司总市值从 1993 年的 5.3 万亿元增长到 25.1 万亿美元，增长了 3.8 倍，但占全球的比重从 1993 年的 37.5% 上升到 2015 年的 40.6%；日本上市公司总市值增长了 68%，但占全球的比重从 1993 年的 20.7% 下降到 2015 年的 7.9%，英国占比也从 1993 年 8.2% 下降到 5.2%。（表 2.10）

① 资料来源：世界交易所联合会

表 2.10　上市公司总市值[①]

（单位：亿美元）

	美国	英国	日本	中国	全球	中国占全球比重（%）
1993	52511	11503	29063	20	140169	0.0
1995	69520	13299	35453	421	177881	0.2
2005	170008	30582	47529	4018	432097	0.9
2010	172835	31070	38278	40278	514529	7.8
2015	250675	31826	48949	81880	617811	13.3

3. 从既无内债又无外债到债券市场蓬勃发展

（1）债券市场从零起步

1978 年中国没有债券市场，中国的债券市场是从 1981 年政府发行国库券时开始的。此后 10 年，中国政府陆续发行了财政债券、国家建设债券、特种国债、保值公债等多种国债，并且这一时期的国债发行基本上是依靠政治动员和行政分配相结合的办法来实现的。市场交易方面，1985 年允许国库券在银行抵押贷款，个人购买的国库券可以在银行贴现。1988 年 4 月，在沈阳、上海等 7 个城市开办了国库券转让试点。到了 1988 年，在全国有 60 多个城市开办了国库券转让业务。除了国库券外，从 1984 年开始，企业债也开始进入金融领域。1993 年，为了调节地区和金融机构的资金平衡，发挥资金调剂功能，中国人民银行开始发行央行票据。1994 年，随着三大政策性银行成立，政策性金融债券应运而生。至此，中国债券市场债券品种主要由国债、央行票据、金融债券和非金融企业公司债等组成。

从交易来看，债券交易主要由场外交易为主向交易所集中。1993 年，国债期货开始在上海证券交易所进行试点，1994 年深交所也开通了债券交易。这样，国债交易逐步集中到上海和深圳两个交易所进行。

① 资料来源：世界银行

但由于大量银行资金通过各种渠道进入股市，从1997年开始，中国人民银行要求商业银行通过全国银行间同业拆借中心提供的交易系统进行回购和现券交易。2012年以后，中国债券发行市场和流通市场不断完善，建立了银行间市场为主、交易所市场和银行柜台为辅，场内和场外市场相互融合的债券流通市场体系。

经过20多年的发展，中国的债券市场取得了三个方面的快速发展：

一是交易量显著增长，市场格局发生变化。1990年，中国债券发行额仅为323亿元；2015年增加到165799亿元，是1990年的513倍。债券托管量也由1997年末的4184亿元，增长到2015年末的350421亿元，增长了8.4倍。（表2.11）2000年以前，中国债券市场是场内交易和场外交易并存的局面；2000年以后，随着市场交易主体的急剧增加、债券产品的日益丰富，银行间债券市场日益活跃，逐渐成为债券交易的主体。2001年以后，银行间债券市场一般保持70%以上的市场份额，到2015年，其市场份额约为76%。

表2.11　1990—2015年中国债券市场基本情况①

年份	债券发行额（亿元）	债券成交金额（亿元）	年末托管额（亿元）	国债（亿元）	央行票据（亿元）	金融债券（亿元）	非金融企业公司债券（亿元）
1990	323	—	—	197	—	—	126
1995	1811	—	—	1510	—	—	300
2000	6385	16363	16746	4657	—	1645	83
2005	44129	228457	73402	7042	27882	7159	2047
2010	97320	1522585	205108	19778	46608	14122	16811
2015	165799	—	350421	59408	—	102095	67205

二是债券产品和交易工具极大丰富。2005年前，中国债券市场主要是以国债、政策性金融债、央行票据、企业债四大类产品为主。2005

①资料来源：《中国金融年鉴2015》、中国人民银行《中国金融稳定报告2016》

年以后，中国银行间债券市场不断创新产品，推出了一般性金融债券、商业银行次级债券和混合资本债券，以及资产支持债券、短期融资券和分离交易可转债等。目前，中国证券市场的交易工具包括现券交易、质押式回购、买断式回购、债券借贷、债券远期等，绝大多数债券市场交易工具都是2004年以后发展起来的。银行间债券交易包括了上述所有的债券交易工具，交易所债券市场的交易工具类型依然较少，只有现券买卖和债券回购两种。

三是国债占比下降，企业债占比呈"倒U"型走势。起初，国债发行在中国债券市场发行总额中的比重较高，随后呈下降趋势。1990年国债占比为60.1%，1996年提升到87%，此后一路下行，到2014年下降到18%左右。1990年企业债券占比为39%，但在1997—2007年间，其占比不超过10%。自2008年国际金融危机以来，受货币政策宽松、利率市场化推进、债券市场快速发展等因素影响，非金融企业公司债券发行占比不断提高，2014年达到43%，比2008年提升了30个百分点。金融债券起初占比较大（34%左右），但在2002年到2010年间，其占比总体下降（2010年为14.5%）；近几年占比又有所提升，2014年为39%左右，比2010年提高了约24.5个百分点。央行票据是特定历史条件下的产物，其随外汇占款增加而增加，随外汇占款减少而减少。2002年，占比为17%左右，到2010年提高到48%；但近几年其占比一路走低，2013年仅为6%左右。

（2）国际上增长最快的市场

比较中国与美国、日本、菲律宾等国家债券市场的发展变化，2000年中国的债券市场规模为2020亿美元，到2015年达到6.2万亿美元，增长了约30倍；同期，美国债券市场规模由17.3万亿美元增加到40万亿美元，增长了1.3倍；韩国增长了3.9倍，菲律宾增长了4.1倍。（表2.12）可以看出，在这些经济体中，中国债券市场发展是最迅速的。

表 2.12　债券规模国际比较[①]

国家	2000 年（亿美元）	2005 年（亿美元）	2010 年（亿美元）	2015 年（亿美元）	2015 年比 2000 年增长（%）
中国	2020	8990	30540	62480	2993.1
美国	173215	264232	353861	400655	131.3
日本	45520	70450	117180	89300	96.2
新加坡	440	830	1691	2400	445.5
韩国	3540	7530	11490	17200	385.9
印度尼西亚	520	540	1060	1270	144.2
菲律宾	200	420	730	1020	410.0
泰国	310	790	2246	2905	837.1

4. 保险业全面市场化发展

中国保险业改革基本上和中国整体改革同步，是中国金融业开放时间最早、发展最为迅速的行业之一。中国保险业发展取得了有目共睹的成就，为保障人民群众财产和生命安全、提供多层次储蓄投资产品发挥了重要作用，成为国民经济中最具活力的行业之一。

（1）市场化发展迅猛

自改革开放以来，中国保险业发展大致可分为两个阶段：

第一阶段（1979—2001 年）：中国保险业的恢复和发展阶段。早在 1979 年 4 月，中国人民银行就决定恢复中国人民保险公司，明确中国人民保险总公司是中国人民银行领导下的企业单位，在全国各省、市、自治区设立分公司并接受总公司和当地中国人民银行的双重领导。1988 年，第一家股份制保险公司平安保险公司在深圳成立。1991 年，太平洋保险公司在上海成立。1995 年 6 月，新中国第一部保险法《中

① 资料来源：美国数据为债券市场未偿还余额，其他数据来自亚洲开发银行（ADB），两者统计口径不尽一致。

华人民共和国保险法》颁布实施，标志着中国保险业迈进了法制建设的新时期。1996年，泰康、新华、华泰、天安等保险公司相继成立。1996年，中国人民保险公司一分为三，即中保财产保险有限公司、中保人寿有限公司、中保再保险公司。

1998年11月18日，中国政府成立中国保险监督管理委员会，专门负责保险业监督管理职能。

第二阶段（2002年至今）：中国保险业的快速发展阶段。2002年后，中国保险业进入加入WTO后对外开放的过渡期，国有保险公司改革全面启动，新修订的《保险法》开始实施，中国保险业重新迎来重大发展机遇期。这个阶段是中国保险业发展迅速、行业面貌发生最大变化的时期，最突出的变化是保险市场规模扩张快、市场主体逐步多元化，监管体制逐步健全。2003年以后，为解决保险业发展过程中存在的深层次问题，提高保险公司内部活力和外部竞争压力，保险业不断推进体制改革。中国人民保险公司、中国人寿保险公司和中国再保险公司三家国有保险公司先后完成重组改制工作。2004年，外资保险经营地域限制取消，合资保险经纪公司外资股比可升至51%。2006年，外资保险经纪被允许独资。其后，中国保险业进入快速发展时期，呈现如下发展态势。

第一，保险业资产规模不断扩大，保险密度和深度显著提高。截至2015年末，中国保险业总资产达到12.4万亿元，是2002年的61.7倍。（图2.6）2015年，保费收入2.4万亿元，是2002年的8倍，以保费收入衡量，中国已经成为全球第三大保险市场。2015年，全国保险密度为1770元/人，是2002年的7.4倍；保险深度是3.59%，比2002年提高了1.07个百分点。（图2.7）

图 2.6　中国保险业总资产及其增长情况（2004—2015）[①]

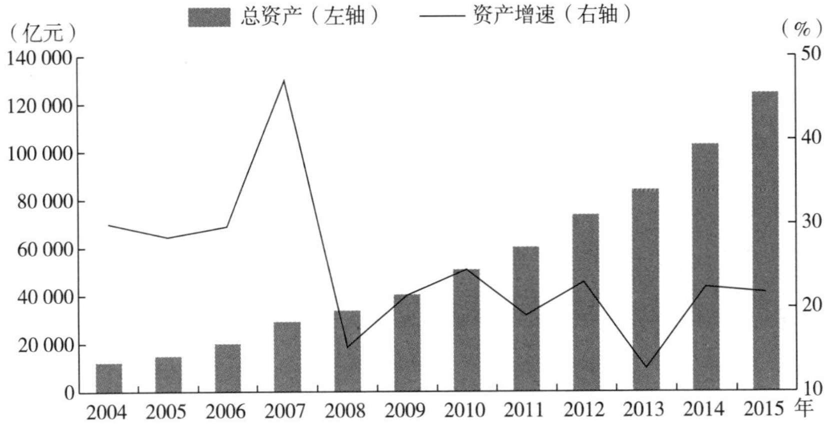

图 2.7　中国保险深度及保险密度（2000—2015）[②]

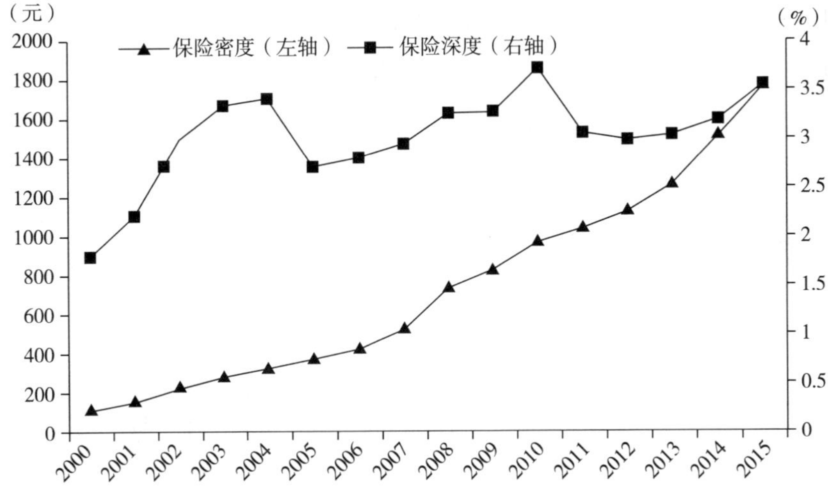

第二，保险业市场主体不断丰富。截至 2015 年末，全国共有产寿险保险公司 147 家（不包括集团公司、再保险公司、资产管理公司等）。其中，财产保险公司 72 家，人身保险公司 75 家；按中外资分类，中资保险公司 97 家，外资保险公司 50 家。在 72 家财产保险公司中，中资公司 50 家，外资公司 22 家；在 75 家人身保险公司中，中资

① 资料来源：中国人民银行《中国金融稳定报告 2016》

② 资料来源：作者根据《中国金融年鉴 2015》整理

公司 47 家，外资公司 28 家。经过 30 多年的发展，中国的保险业已经形成了国有控股（集团）公司、股份制公司、政策性公司（中国出口信用保险公司）、专业性公司（健康、养老、农业、责任、汽车）、外资保险公司等多种组织形式、多种所有制充分并存，公平竞争、共同发展的市场格局。

第三，保险公司赔款及给付快速增长，保障功能优势发挥。2015 年，保险公司赔款及给付 8674 亿元，比 2003 年增长 10.3 倍。（图 2.8）贷款保证保险支持小微企业及个人获得融资金额 1015.6 亿元，短期出口信用保险为 6.3 万家出口企业提供了近 3900 亿美元的风险保障。同时，保险业继续发挥长期投资优势，累计发起设立各类债权、股权和项目资产支持计划 499 项，合计备案注册规模 1.3 万亿元，为国家重大工程建设、棚户区改造、城镇化等提供资金支持。

图 2.8　中国保险业总赔付及增长（2004—2015）①

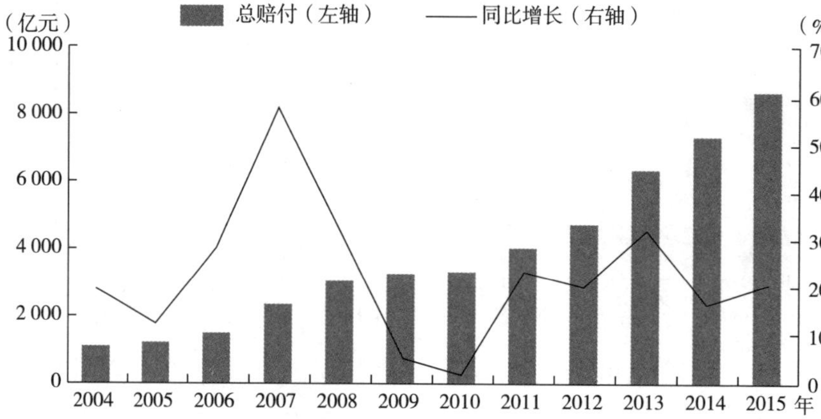

第四，资金运用收益大幅增长，行业经营效益显著提升。2015 年，保险资金配置变化明显，定期存款和债券投资占资金运用余额的比率分别下降 6.0 个和 3.7 个百分点，而证券投资基金、股票（股权）、其他投资（主要是另类投资）占比分别增长 2.9 个、2.4 个和 3.9 个百分

① 资料来源：中国人民银行《中国金融稳定报告 2016》

点。2015 年全年，保险资金运用收益 7804 亿元，同比增长 45.6%，平均收益率 7.56%，是 2008 年国际金融危机以来最高水平；其中对上市公司股票的投资对提升资金运用收益率的贡献最大。

（2）国际地位和国际比较

从国际比较来看，改革开放之初，中国的保险业只有中国人民保险公司一家，规模很小，市场化程度很低，占全球的地位可以忽略不计。经过近 40 年的蓬勃发展，中国保险业在全球保险业中的地位显著上升，保费收入位居世界前列，保险密度和保险深度显著增加。突出表现在三个方面：一是总量发展迅速。2015 年，中国保费收入为 2107.6 亿美元，排全球第 4 位，增幅超过 20%，是保费增长最快的经济体之一。中国保费收入占全球保费收入的比重从零增加到 2015 年的 4.6%。二是保险密度显著增加。1995 年，中国的保险密度即人均保险仅为 6.1 美元，美国高达 2343 美元；到了 2015 年，中国的保险密度增长到 280.7 美元，已经提高到美国的 6.8%，为世界平均水平的 45%。三是保险深度有了很大提高。2015 年中国的保险深度为 3.57%，尽管显著低于日本、美国等发达国家，但与 1995 年（1%）相比有了很大提高。（表 2.13、表 2.14）

表 2.13　1995 年部分国家 GDP、保费收入、保险密度和保险深度等指标[①]

国家 / 地区	GDP（亿美元）	保费收入（亿美元）	保险密度（人均保费，美元）	保险深度（保费占 GDP 百分比）
中国（内地）	7345	74	6.1	1.00
美国	76641	6240	2343.3	8.14
日本	54491	6373	5080.2	11.69
德国	25916	1551	1898.3	5.98
法国	16099	1316	2210.8	8.18

① 资料来源：根据世界银行的 GDP 和人口数据、瑞士再保险公司 Sigma（1997）的保费收入测算得到保险密度和保险深度数据

续表

国家 / 地区	GDP（亿美元）	保费收入（亿美元）	保险密度（人均保费，美元）	保险深度（保费占 GDP 百分比）
荷兰	4465	353	2281.8	7.90
韩国	5593	600	1330.3	10.73
墨西哥	3438	37	39.3	1.08
印度	3666	60	6.3	1.64

表 2.14　2015 年全球主要经济体 GDP、保费收入和保险密度及排名①

国家 / 地区	GDP(亿美元)	保费收入（百万美元）	排名	保险密度（人均保费，美元）	保险深度（保费占 GDP 百分比）
全球	730497	4553785		621.2	6.23
美国	180899	552506	1	4095.8	7.28
中国（内地）	108114	210763	4	280.7	3.57
日本	46561	343816	2	3553.8	10.82
德国	33543	96725	8	2562.5	6.24
英国	28491	214492	3	4763.1	9.97
法国	24228	150143	5	3392.0	9.29
印度	20868	56675	10	54.7	3.44
意大利	18147	124848	6	2580.5	8.68
巴西	17723	37106	16	332.1	3.9
韩国	13452	98218	7	3034.2	11.42
俄罗斯	12364	2129	42	117.1	1.36

5. 基金市场从无到有

（1）市场发展从无到有、从封闭到开放、从管制到竞争

改革开放以来，中国的基金业经历了从无到有、从封闭到开放、从严格管制到鼓励竞争的变化过程，具体可以分为三个阶段：

第一阶段（1998—2003）：建立市场和规范监管阶段。在此期

① 资料来源：瑞士再保险经济研究及咨询部；开曼群岛 GDP 总量很小，但保险密度和保险深度均位居全球第一

间，市场主体逐渐成熟，市场开放程度不断提高，产品创新也由政府引导转向市场驱动。1997 年 11 月，《证券投资基金管理暂行办法》颁布实施。1998 年 3 月，国泰基金管理公司和南方基金管理公司正式成立。同时，由于开放式基金和合资公司的引入，市场得到了较大发展。截至 2003 年，基金管理公司数量达到 34 家，管理基金 110 只，净值 2561 亿元。但是有效的市场竞争机制和监管机制并未建立，在一片赞誉声中，2000 年爆发了“基金黑幕”事件。2000 年 8 月，一些研究机构和媒体对证券基金本身是否具有稳定股市的功能、是否具有分散股市风险的功能、证券基金的投资收益是否一定高于股民投资的平均收益、发展机构投资者是否就是发展证券基金等四大问题全部给出了否定的答案，同时有媒体还披露了证券基金存在对倒、倒仓等大量违规行为。“基金黑幕”事件严重打击了行业声誉和市场信任，也促成了后来基金业监管制度的重大调整。

第二阶段（2004—2009）：市场快速发展和强化监管阶段。2004 年 6 月 1 日，《证券投资基金法》正式颁布实施，该法奠定了基金业监管的基石，对此后基金业的发展产生了重大影响。一是建立了监管组织框架。2005 年，中国证监会发布《证券投资基金监管职责分工协作指引》，基本确立了由证监会基金部、地方证监局、证券交易所和证券业协会等构成的基金业监管组织框架。二是建立了内控监管体系。根据 2004 年《证券投资基金管理公司管理办法》，证监会对基金管理公司形成了现场检查、独立第三方事务所检查、公司内部监察稽核“三位一体”的监管体系。三是规范人员监管。2004 年《证券投资基金行业高级管理人员任职资格管理办法》对高管人员、董事及基金经理的行为规范作了具体规定，2006 年出台了《证券投资基金管理公司督察长管理规定》和《基金管理公司投资管理人员管理指导意见》，更加具体地规定了关键人员的行为规范。

第三阶段（2009年以后）：加强监管阶段。进入2009年之后，中国的基金行业发展遭遇了内外两方面的困境。从行业自身看，基金持有人利益与股东、员工的利益未能有效一致，行业自身未能有效实现维护持有人利益的机制。行业内部竞争加剧，两极分化严重，公司高度同质化，未能实现差异化、多元化发展。从行业外部看，其他财富管理机构发展迅速，商业银行、信托公司、保险公司、证券公司以及其他私募基金纷纷推出理财产品。这些产品借鉴了基金的制度设计，发行日益公募化，对基金具有较强的替代性。基金公司在财富管理业务中的优势地位受到严峻挑战，影响力不断下降。在这种背景下，监管机构提出了“放松管制、加强监管”的政策方向，放松管制就是减少行政性管理，加强监管则是通过立法、经济等手段规范市场行为。近年来，随着合格境外机构投资者（QFII）试点资格审批，人民币合格境外机构投资者（RQFII）试点范围扩大（2015年已扩大至16个国家和地区，总投资额超1.21万亿元），中国目前的基金业管理正呈现多元化发展态势。

截至2015年末，全国105家基金管理人共管理2683只公募基金，管理公募基金资产净值8.4万亿元，较2005年底增加17.9倍。（表2.15）资产结构的分散化与均衡化，使得基金行业的发展呈现多元、互补的态势。

表2.15　中国公开募集证券投资基金概况①

年份	基金只数（只）	基金资产规模（亿元）	成交金额（亿元）
1990	0	0	0
1995	22	—	510.2
2000	36	847	2801.8

① 资料来源:《中国证券投资基金业年报（2015）》

续表

年份	基金只数（只）	基金资产规模（亿元）	成交金额（亿元）
2005	218	4691	773.2
2010	704	25040	8996.4
2015	2722	83971	—

（2）国际地位和国际比较

从国际比较来看，2015 年，中国共同基金资产净值为 12631 亿美元，比 2010 年增长了 2.5 倍；而同期美国增长了 50%，日本增长了 70%，巴西下降了 24%，德国增长了 4.4 倍。（表 2.16）从全球排名来看，中国开放式基金资产规模排在全球第 9 位，占全球共同基金总规模的比重为 3.4%，较 2014 年末提升了 1.1 个百分点。美国共同基金资产规模占到全球总规模的 47.7%，卢森堡为 9.6%。（图 2.9）与中国世界第二的经济总量相比，共同基金发展仍处于较低水平，发展潜力巨大。

表 2.16　部分国家共同基金资产净值[①]

（单位：亿美元）

年份	美国	德国	日本	巴西	中国
2010	118313	3337	7855	9804	3650
2015	177524	17998	13286	7453	12631
2015 年比 2010 年增长（%）	50	439	69	−24	246

① 资料来源：本书课题组整理

图 2.9　2015 年共同基金资产规模全球排名前 10 位的国家 ①

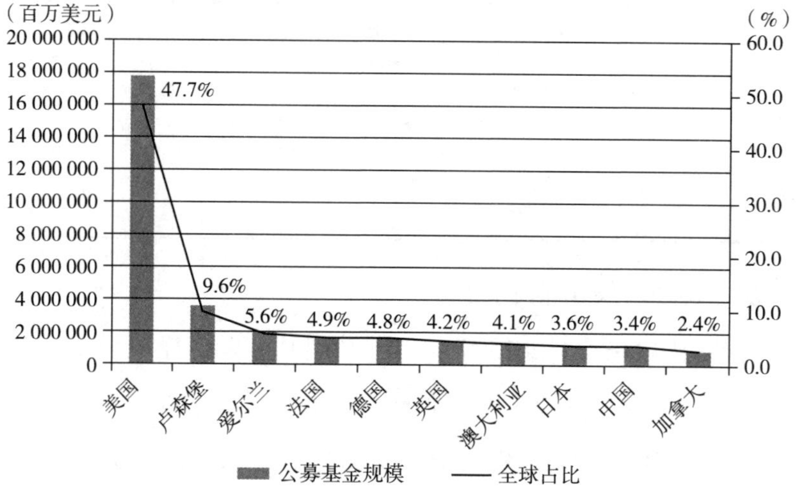

第三节　“数字金融”在中国的爆发性发展

21 世纪以来，中国互联网和金融快速融合，推动以大数据、云计算、移动支付等新一代互联网技术为基础的互联网金融飞速发展，正在重塑着中国人的生活。王先生是一位西安的微型企业主，35 岁。他急需借贷 3 万元来拓展他的汽车零件生意，然而他却不能从银行获得贷款，3 万元对银行贷款而言数目太少，他也没有个人的信用档案。此外，王先生没有亲戚或朋友能借他这一大笔钱，他除了放弃拓展生意，似乎别无选择。他对地下借贷敬而远之，因为其利率太高。正当王先生即将半途而废时，他从朋友处知晓了 P2P 借贷（个人对个人借贷），并造访了一处 P2P 的分支机构。一位销售员了解了王先生基本背景信息，作为初步信用审查。王先生顺利通过初步审查后，又被邀请完成一份详细的贷款申请，并被告知最快 3 个工作日内便可收到回复。与

① 资料来源：美国投资公司协会（ICI）

此同时，上海的张先生有15万元存款，希望以此投资。他对低利率的银行储蓄不感兴趣，而是联系了同一家P2P的南京分支，请其协助自己投资。了解了张先生的风险意愿后，P2P平台认为张先生的偏好与王先生的借贷需求吻合，因而推荐张先生借钱给王先生以赚取较高的回报。这样，经过P2P平台的沟通、审查和撮合，远在西安的王先生顺利获得了上海张先生的贷款，解了燃眉之急；同时上海的张先生也获得了较高的投资回报。这种通过P2P满足个人借贷双方的金融需求的事情，在以前是不可想象的，普惠金融在互联网金融兴起之后得到了大发展。

今天，大多数85后、90后的生活已无法远离互联网金融，缴电话费、水费、电费、煤气费只要点击鼠标或手机按键就完成；打车软件上叫快车，手机支付就可以完成；想吃美食就在APP上点好餐，手机支付可以瞬时完成；看在线支付大片，手机支付完成；想炒股、投资P2P网贷，动动鼠标或手机也可以。这些年来，互联网金融在中国大地上异军突起，有助于改善小微企业的融资环境，优化金融资源配置，提高金融体系包容性。而发展普惠金融的同时也需要处理好鼓励创新与消费者权益保护、风险防范之间的关系。

一、中国互联网金融迅速崛起

互联网金融就是传统金融行业与互联网企业利用互联网技术和通信技术实现资金融通、支付、投资和信息中介服务的新型金融模式。互联网金融有三个特征：一是以大数据、云计算、移动互联、社交网络和搜索引擎为基础，实现客户信息挖掘、风险管理和精准营销。互联网金融利用电子商务平台、社交平台等产生的客户信息，通过搜索引擎和数据挖掘技术对信息进行组织、排序和检索，通过云计算处理信息，有针对性地满足用户在信息挖掘和信用风险管理上的需求。二是以点对点直接交易为基础进行金融资源配置。资金和金融产品的供需信息在互联网上发布并匹配，投融资双方依托互联网平台可以直接联系和达成交易，交易环境更加透明，大大降低了金融活动的交易费用，进一步拓宽了金融服务的边界。三是通过互联网完成以第三方支付为基础的资金转移，便利高效，第三方支付机构在连接消费场景和支付场景方面的纽带作用日益突出。

中国人民银行《中国金融稳定报告 2014》指出，中国互联网金融的发展可以分为三个阶段：

第一阶段：2005 年以前。这个阶段互联网与金融的结合主要体现为互联网为金融机构提供技术支持，帮助银行“把业务搬到网上”，这个阶段还没有出现真正意义上的互联网金融业态。

第二阶段：2005 年后到 2012 前。网络借贷开始出现，第三方支付快速成长，互联网与金融的结合从技术领域深入到金融业务领域。这一阶段的标志性事件是 2011 年中国人民银行开始发放第三方支付牌照。

第三阶段：从 2012 年至今。2013 年被称之为互联网金融“元年”，是互联网金融迅猛发展的一年。自此，P2P 网络借贷平台快速发展，众筹融资平台开始起步，一些银行、券商也以互联网为依托，对业务模式进行重组改造，加速建设线上创新型平台，互联网金融的发展进入了新的阶段。

数字金融的各种形态百花齐放。中国人民银行发布的《中国金融政策报告 2016》中，把互联网金融分为八种业态，即网络银行、P2P 网贷、众筹、互联网配资、消费金融、移动支付、BAT（百度、阿里巴巴和腾讯）、互联网保险等。

1. 互联网支付领先全球

互联网支付是指通过计算机、手机等设备，依托互联网发起支付令、转移货币资金的服务，其实质就是新兴支付机构作为中介，利用互联网技术在付款人和收款人之间提供的资金划转服务。典型的互联网支付机构是支付宝。中国人过去习惯于现金支付的传统正在改变，不仅是电信缴费、商场购物，就是在大街上买个水果、蔬菜以及在外用餐也可以通过支付宝、微信等移动手段支付。越来越多的人选择用手机支付取代银行卡或现金支付。

互联网支付近年来在中国的迅猛发展，不仅国人能切身体会到，数据统计也印证了这个事实。截至2015年，中国第三方互联网支付交易规模达到11.9万亿元，比2012年（3.66万亿）增长了225%。（图2.10）中国的互联网支付业务的应用范围也从网上购物、缴费等传统领域，逐步渗透到基金理财、航空旅游、教育、保险、社区服务、医疗卫生等。目前，中国已经是全球第一大第三方支付市场。以蚂蚁金服旗下的支付宝为例，成立短短13年时间，现已拥有实名用户超过3亿，单日手机支付量超过4500万笔。根据英国《金融时报》报道，随着金融科技的蓬勃发展，中国移动支付已经远超过美国。2016年中国第三方移动支付金额达到5.5万亿美元，同期美国仅为1120亿美元，中国的移动支付规模是美国的近50倍。

图2.10 第三方互联网支付交易规模与增速[①]

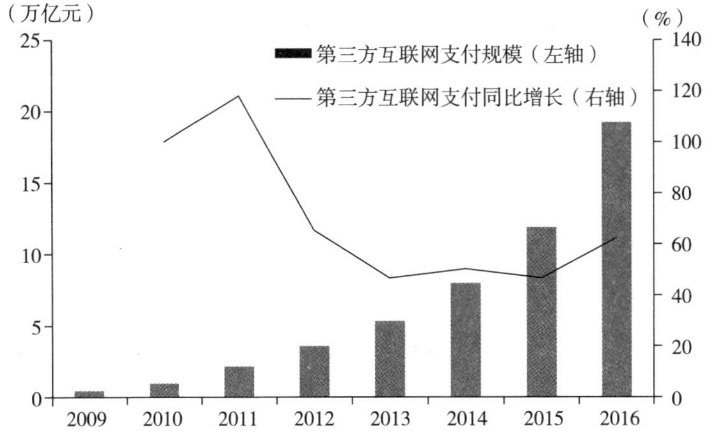

① 资料来源：中国银行国际金融研究所、Wind

特别值得关注的是，近两年来移动支付呈爆发增长态势。2014 年是移动支付的元年，2015 年是移动支付的爆发年，移动支付端的新产品、新服务、新营销手段和新玩法可谓层出不穷，深刻影响着人们的金融生活。以微信支付为例，2015 年以来，微信支付火遍全国，微信“发红包”活动迅速占领了各大社交圈，“支付 + 社交”模式更是引燃了移动支付的年度发展潮流，彻底改变了中国人过春节有发红包的传统习惯。不仅年轻的“90 后”“00 后”热衷于“发红包”“抢红包”，60 岁甚至 70 岁以上的老年人也学会了用微信给晚辈们发红包、接收红包。微信支付打通了不少线下商户，微信公众号、APP 也开始大量接入微信支付。目前，微信支付的活跃用户已经超过 1 个亿。

2. P2P 网络贷款红遍村落城角

P2P 网络借贷是个体与个体之间通过互联网平台实现的直接借贷。P2P 网络借贷平台为借贷双方提供信息流通交互、撮合、资信评估、投资咨询、法律手续办理等中介服务，有些平台还提供资金移转和结算、债务催收等服务。在中国，典型的 P2P 网贷平台机构有宜信和人人贷。

传统的 P2P 网贷模式中，借贷双方直接签订借贷合同，平台只提供中介服务，不承诺放贷人的资金保障，不实质参与借贷关系。当前，又衍生出“类担保”模式，当借款人逾期未还款时，P2P 网贷平台或其合作机构垫付全部或部分本金和利息。垫付资金的来源包括 P2P 平台的收入、担保公司收取的担保费，或是从借款金额扣留一部分资金形成的“风险储备金”。中国的 P2P 网贷从 2006 年起步，截止到 2015 年，全国范围内活跃的 P2P 网贷运营平台 2595 家，比 2013 年（350 家）增加了 2245 家；P2P 贷款规模达到 8302 亿元，比 2013 年（600 亿元）增长了 12.8 倍（图 2.11）；截至 2015 年底，历史累计成交量已达 13652 亿元。从规模和经营状况看，平台公司的门槛较低，注册资本多为数百万元，从业人员总数多为几十人，单笔借款金额多为几万元。

图 2.11　P2P 贷款规模与增长[①]

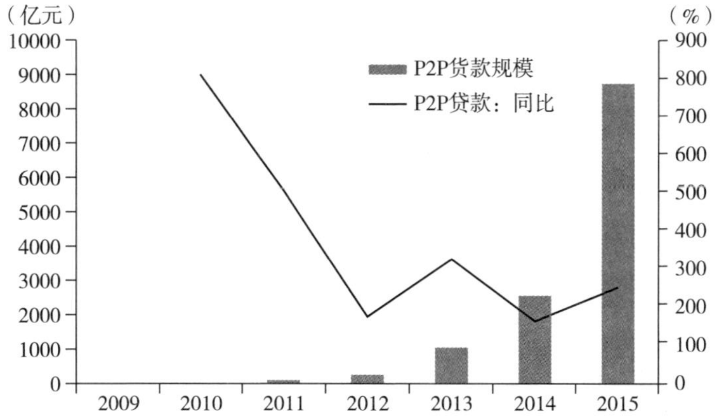

3. 非 P2P 网络小额贷款发展活跃

非 P2P 的网络小额贷款是指互联网企业通过其控制的小额贷款公司，利用旗下的电子商务平台客户提供的小额贷款。典型代表是阿里金融旗下的小额贷款公司。

网络小贷凭借电商平台和网络支付平台积累的交易和现金流数据，评估借款人资信状况，在线审核，提供方便快捷的短期小额贷款。例如，阿里巴巴所属的网络小贷向淘宝卖家提供小额贷款，旨在解决淘宝卖家的短期资金周转问题。蚂蚁小贷已相继开发出阿里信用贷款、网商贷、淘宝信用贷款、淘宝订单贷款等多种小贷产品。另外，互联网金融负债业务也蓬勃发展。阿里巴巴旗下的余额宝，规模由 2013 年初的 42 亿元增长到 2016 年末的逾 8000 亿元。

4. 众筹融资走向大众

众筹融资（Crowd Funding）是通过互联网平台为项目发起人筹集从事某项创业或活动的小额资金，并由项目发起人向投资人提供一定回报的融资模式。典型代表如“天使汇”和“点名时间”。众筹融资平台扮演了投资人和项目发起人之间的中介角色，使创业者从认可其创

---

① 资料来源：中国银行国际金融研究所、Wind

业或活动计划的资金供给者中直接筹集资金，具有融资成本低、资金碎片化、参与者分散度高等特点。

众筹融资起步相对较晚。2013 年，全国约有 21 个众筹融资平台；2015 年以后众筹融资发展迅速，众筹融资平台至少有 365 家，其中正常运营的有 281 家。北京、广东、上海、浙江和江苏等地众筹融资平台数较多，均超过 20 家。根据零点研究《中国互联网众筹年度报告》，截至 2015 年底，中国互联网众筹融资累计筹款超过 30 亿元。

5. 互联网基金和互联网保险急剧扩张

按照网络销售平台的不同，基于互联网的基金销售可以分为两类：一是基于自有网络平台的基金销售，实质是传统基金销售渠道的互联网化，即基金公司等基金销售机构通过互联网平台为投资人提供基金销售服务。二是基于非自有网络平台的基金销售，实质是基金销售机构借助其他互联网机构平台开展的基金销售行为，包括在第三方电子商务平台开设“网店”销售基金、基于第三方支付平台的基金销售等多种模式。互联网基金销售规模扩大。2015 年，互联网基金规模达到 7.8 万亿元，比 2012 年的 1.37 万亿元增长了 5.7 倍。

互联网保险是新兴的一种以互联网为媒介的保险营销模式，有别于传统的保险代理人营销模式。2015 年 10 月，《互联网保险业务监管暂行办法》落地实施。数据显示，2012 年中国的互联网保险收入为 106 亿元，到了 2015 年增加到 2234 亿元，增长了 21 倍；互联网保险收入占总保费收入的比重也由 2012 年的 0.7% 提高到 2015 年的 9.2%；经营互联网保险的公司数 2012 年为 34 家，2015 年增加到 110 家。

二、中国互联网金融监管的挑战

互联网金融的蓬勃发展，促进了中国金融业的包容性发展，满足了小微企业、中低收入者投融资需求，提升了金融服务质量和效率。但自 2014 年以来，在 P2P、移动支付、股权众筹、互联网理财等互联网金融创新遍地开花的同时，由于行业扩张过快、创新过度、监管不足，互联网金融领域开始出现非法集资、跑路、违约、挤兑等相关事件，比如“e 租宝”、中晋系非法集资等全国性风险事件就是典型。

为解决互联网金融领域存在的一些突出问题，中国政府不断探索对互联网金融的监管。2015 年 7 月，中国人民银行等十部委联合发布了《关于促进互联网金融健康发展的指导意见》(简称“指导意见”)，被称之为是互联网金融的“基本法”。《指导意见》指出，加强互联网金融监管，是促进互联网金融健康发展的内在要求。同时，互联网金融是新生事物和新兴业态，要制定适度宽松的监管政策，为互联网金融创新留有余地和空间。通过鼓励创新和加强监管相互支撑，促进互联网金融健康发展，更好地服务实体经济。

未来，中国对互联网金融的监管将遵循五个原则：一是互联网金融创新必须坚持金融服务实体经济的本质要求，合理把握创新的界限和力度。二是互联网金融创新应服从宏观调控和金融稳定的总体要求。三是要切实维护消费者的合法权益。四是要维护公平竞争的市场秩序。五是要处理好政府监管和自律管理的关系，充分发挥行业自律的作用。

三、中国互联网金融方兴未艾

从发展趋势看，中国互联网金融方兴未艾，还处在快速发展阶段，未来或将呈现三大趋势：

1. 以客户为中心，更加尊重用户体验与需求。由于开放式平台、大数据和云计算的广泛应用，互联网的开放性、共享性和交互性特征，决定了网络环境中的每个个体都有可能根据自己的意愿，构建更加个性化和差异化的金融产品和服务。这些新变化将进一步推动金融市场、金融机构、金融产品和服务发生革命性变革，更加重视用户体验与需求，大大拓展金融服务的广度和深度。

2. 以专业为本，行业融合日渐深入。在互联网技术的推动下，互联网业、金融业和电子商务业之间的界线日渐模糊，行业融合日渐深入，形成新的更大的互联网金融“蓝海”。未来互联网金融将主要依托互联网新技术，建立跨界金融生态圈，实现银行向基于互联网经营模式的转型，再造全新的网络银行。

3. 以风险控制为保障，防范系统性风险与违法违规行为。尽管互联网金融具有单笔业务成本低、效率高，网络覆盖范围广，时间空间限制小等优势，但其面临的风险也是十分明显的。未来互联网金融发展的规范化将不断提高，针对互联网金融的监管也将不断加强和完善。

四、在国际舞台后来居上

中国的互联网金融起步较晚，事实上早在20世纪90年代，互联网金融就在美、英等发达国家诞生并且较快发展，但中国的互联网金融后来者居上，现已走在世界的前列。（表2.17）据统计，在TOP50金融科技公司（Fintech）中，美国公司占了半壁江山，有25家公司上榜；中国排名第二，占有7席；英国排名第三，有5家公司入围。（图2.12）以支付宝和Paypal对比来看，2015年，支付宝交易额达到9310亿美元，而Paypal为2821亿美元，前者是后者的3.3倍。（图2.13）

表2.17　海外与中国互联网金融企业成立时间对比[①]

	海外	中国
电子支付	Paypal（美国，1998年）	支付宝（2004年） 财付通（2005年）

① 资料来源：公开资料

续表

	海外	中国
互联网基金	Paypal 货币市场基金（美国，1999 年）	余额宝（2013 年）
互联网保险	Directline（英国，1985 年） INSWEB（美国，1995 年）	安众保险（2013 年）
非股权众筹	Angellist（美国，2010 年） Wefunder（美国，2012 年）	天使汇（2011 年） 天使客（2014 年）
网络银行	SFNB（美国，1995 年） Egg（英国，1998 年） 乐天银行（日本，2009 年）	深圳前海微众银行（2014 年） 浙江网商银行（2014 年）
P2P	Zop（美国，2005 年） LendingClub（美国，2006 年）	拍拍贷（2007 年） 91 金融（2011 年） 宜人贷（2012 年）

图 2.12　TOP 50 金融科技公司地域分布①

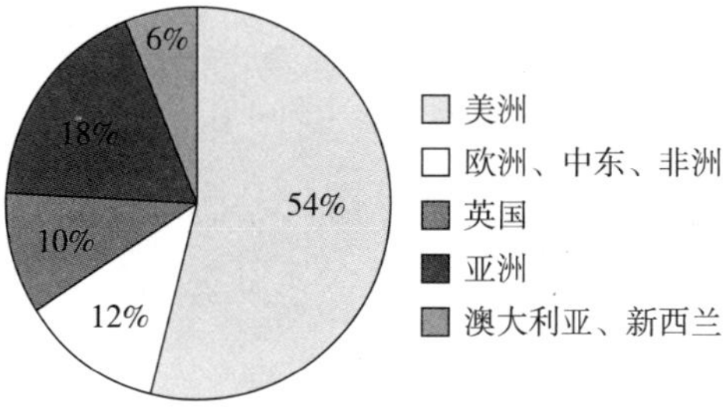

图 2.13　2015 年支付宝与 Paypal 交易额比较（单位：10 亿美元）②

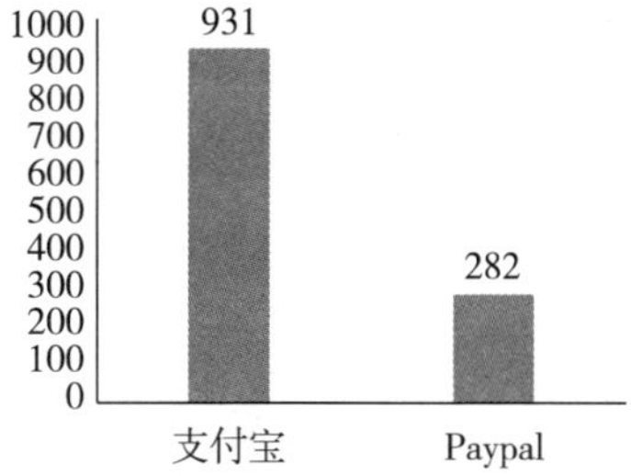

① 资料来源：川财证券研究所

② 资料来源：36 氪研究院

2016年6月2日，玛丽·米克尔在美国Code大会上发布了2016年的互联网趋势报告，指出中国已经成为全球互联网市场领导者，中国互联网用户总数已经达到6.88亿人。互联网金融是基于拥有广大的用户群的互联网平台，所以，互联网金融的可服务人群规模庞大，为互联网金融的“普惠”奠定了坚实的基础。

第四节　中国金融“走出去”

一、中国金融对外开放

1979年，中国批准设立了第一家外资银行代表处——日本输出入银行北京代表处，拉开了中国金融业对外开放的序幕。同年7月，中国政府决定在深圳、珠海、汕头、厦门和海南创办经济特区，并从1981年7月开始，允许外资金融机构在经济特区设立营业性机构试点。此后，中国金融业对外开放的地域逐步从经济特区扩展到沿海城市和中心城市。

1994年4月1日，中国政府颁布《外资金融机构管理条例》，规定外资银行在中国经营的市场准入条件和监管标准，标志着外资银行在中国经营逐步进入法制化、规范化的发展道路。1996年12月，中国人民银行允许符合条件的外资金融机构在上海浦东试点经营人民币业务，进一步向外资银行开放了对外资企业及境外居民的人民币业务。1999年1月，中国取消了设立外资银行的区域限制，外资银行可以在中国所有中心城市设立营业性机构。同年7月，中国进一步扩大了上海、深圳外资银行经营人民币业务的范围，并允许外资银行加入全国银行间同业拆借市场，增加了外资银行人民币资金来源。随着金融领域对外开放的扩大，外资金融机构在华业务发展迅速。2001年12月，中国颁布《外资银行管理条例》，允许满足一定条件的外国金融机构申请在华设立外商独资银行、中外合资银行和外国银行分行。2006 年 12 月起，鼓励具备一定条件并准备发展人民币零售业务的外资银行分行转制为在中国注册的法人银行。

业务范围方面，加入 WTO 后，中国取消了外资银行经营外汇业务的地域和客户限制，外资银行可在中国全国范围内对中资企业和中国居民办理外汇业务。人民币业务方面，对外资银行经营人民币业务的限制也不断放松。2006 年 12 月起取消了外资银行吸收人民币存款的期限要求，外资银行允许经营全面的人民币业务。

截至 2015 年底，外资银行在华设立 40 家外资法人机构、114 家分行和 174 家代表处。从经营情况过来看，截至 2015 年底，外资银行资产规模达到 2.68 万亿元人民币，比 2003 年增长了 5.4 倍，占中国银行总资产的比重为 1.3%；利润为 152.9 亿元人民币，比 2003 年增长了 8.2 倍，占中国银行业总利润的 0.8%。（表 2.18）

表 2.18　在华外资银行经营情况[①]

	年份	2003	2005	2010	2015
资产	规模（亿元人民币）	4160	7155	17423	26808
	占中国银行业总资产比重（%）	1.5	1.9	1.8	1.3
负债	规模（亿元人民币）	3751	6530	15569	23298
	占中国银行业总负债比重（%）	1.4	1.8	1.7	1.3
利润	规模（亿元人民币）	16.6	36.6	77.8	152.9
	占中国银行业总利润比重（%）	5.1	1.4	0.9	0.8

① 资料来源：《中国银监会年报》

在股票市场，为了吸引国际资本，中国在1991年底推出了人民币特种股票（即B股）试点，投资者为境外法人或自然人，这标志着中国证券业开始对外开放。1993年，境外企业开始试点在中国香港市场上市，境外上市拓宽了中国境内企业直接融资的渠道。2001年2月，证监会决定境内居民可投资B股市场。鉴于香港市场的便利，开始允许内地企业到香港上市。由于香港的英文拼写以H开头，这个市场便被称为H股市场。1993年7月，青岛啤酒股份有限公司在香港联合交易所上市，成为中国首家境外上市企业。

加入WTO后，外国证券机构驻华代表处可以申请成为中国债券交易所的特别会员，允许外资机构设立合资证券投资基金公司。2002年，允许外资机构参股证券公司。2007年6月，人民银行和证监会联合发布了《合格境内机构投资者境外证券投资管理试行办法》，实施允许经批准的境内机构投资于境外证券市场的QDII制度。这标志着中国证券业境外投资迈出了关键的一步。截至2007年底，有15家证券投资基金管理公司和5家证券公司获得QDII资格，总额度为245亿美元。

2003年，中国保监会取消对外资非寿险公司在华设立机构形式的限制，并且向外资非寿险业务放开所有业务。2004年底，取消外资保险公司机构设立的地域限制，且向外资参股/合资寿险公司开放所有业务。2007年，保监会批准了三家境外保险公司的市场准入申请，其中一家来自中国香港，两家来自中国台湾。2012年5月，向外资保险公司开放“交强险”法定保险业务。截至2012年，共有15个国家和地区的境外保险机构在中国境内设立了55家外商独资、合资保险公司，占中国保险公司总数的31%。

2012年后，中国金融业对外开放驶入“快车道”。一是设立自由贸易试验区（简称“自贸区”）。2013年9月，上海自贸区正式挂牌成立，在试验区内有关利率市场化和人民币资本项目可兑换先行先试。2014年后又设立了广东、天津、福建、辽宁等10个自贸区。二是推进资本项目可兑换。2013年5月，中国政府提出人民币资本项目可兑换操作方案的设想后，资本项下放开搞活、有序管理成为趋势。2015年，中国实现部分可兑换以上的资本交易项目达37项，占资本账户项目92.5%；不可兑换项目仅剩3项。同时，连接境内外资本市场的沪港通于2014年正式开通，深港通于2016年底正式开通。三是推动人民币国际化和人民币加入SDR，主动参与国际金融监管改革和标准制定。在“一带一路”倡议的基础上，中国发起设立亚洲基础设施投资银行和丝路基金。2015年7月，金砖国家开发银行开业。2016年10月，人民币正式加入SDR货币篮子，人民币成为国际储备货币的重要补充。

二、金融机构引入战略投资者

与加入WTO之前相比，外资金融机构在中国的发展方式发生了很大的变化。外资银行、证券公司从过去的业务合作转变为以参股、入股的名义进行股权合作的形式进入中国金融市场。在此期间，中国的金融机构纷纷引进境外机构投资者。截至2008年底，中国工商银行、中国银行、中国建设银行和交通银行四家实施股份制改造的大型商业银行先后引进九家境外机构投资者，24家中小商业银行引进33家境外机构投资者，三家农村合作金融机构引进三家境外机构投资者，共引进资本327.8亿美元。（表2.19）26家非银行金融机构引进25家境外机构投资者，引进境外资本11.2亿美元。中国的金融机构通过引进境外机构投资者，有效地改善了公司治理结构，提高了经营管理水平和风险控制水平，加快了金融创新步伐。

表 2.19　部分中资银行引进国外战略投资者情况 ①

类别	时间	中资银行	外资	持股比例（%）
国有商业银行	2005.8	中国建设银行	美国银行	5.52
	2005.8	中国银行	苏格兰皇家银行	10.0
	2005.12	中国银行	亚洲金融控股（私人）有限公司	5.0
	2005.12	中国工商银行	美国高盛集团、德国安联、美国运通公司	10.0
股份制银行	2003.9	浦东发展银行	花旗集团	4.62
	2003.9	中国民生银行	国际金融公司	1.22
	2004.8	交通银行	汇丰银行	19.9
	2004.9	深圳发展银行	美国新侨投资集团	17.89
城市商业银行	1999.9	上海银行	国际金融公司	5.0
	2001.11	南京市商业银行	国际金融公司	5.0
	2005.3	北京银行	荷兰 ING 银行	19.9
	2005.4	杭州市商业银行	澳洲联邦银行	19.9

三、中国金融走向世界

现代中国金融业最早的走出去可以追溯到 1929 年，中国银行在英国设立了伦敦分行，成为第一家海外分支机构。为了满足中国经济全球化和企业“走出去”的需要，近年来中国金融业纷纷扬帆起航，“走出去”步伐明显加快。近 10 年来，中国金融企业在海外市场发展逐步加快，外汇管理体制改革不断深化，为产品创新创造更加宽松的政策环境，为“走出去”的中国企业提供全方位、专业化的金融服务。

1. 中国银行业海外扩张速度迅猛

以中行和工行为代表的国有商业银行走在国际化道路前列。在中资银行的国际化方面，目前中国银行处于首位；中国工商银行正在加快海外业务扩张；中国建设银行、交通银行国际化步伐也较快。在开展国际化经营的中小银行中，招商银行是国际化程度最高的。中信银行、浦东发展银行、北京银行也在除港澳地区以外的国家或地区设立

① 资料来源：王广谦、应展宇、江世银著，《中国金融改革：历史经验与转型模式》

了分行或代表处。截至 2014 年末，20 多家中资银行开设了 1200 多家海外分支机构，覆盖全球 53 个国家和地区。2014 年，工、农、中、建、交五大国有商业银行的海外资产、营业收入及税前利润分别达 8.65 万亿元、1724 亿元及 929 亿元，对集团的贡献分别为 8.7%、7.2% 和 7.7%。

2. 银行参与国际项目融资快速发展

截至 2015 年二季度末，中国银团贷款余额达 5.37 万亿元，与 2014 年同期相比增加 5191 亿元，同比增长 11%。在并购项目上，中国银行业金融机构帮助完成了一大批重大海外收购和融资项目。中国银行作为牵头行以 1 亿欧元贷款帮助中国光明食品集团完成了对以色列最大食品企业 Tnuva 公司 76.7% 股权的收购等。2015 年 8 月，中国银行牵头筹组国际银团，为山东电建承建的赞比亚曼巴火电站项目融资 1.5 亿美元，成为中资银行牵头在非洲所做的首笔项目融资。2016 年 3 月，中国银行向俄罗斯天然气工业股份公司（Gazprom）发放 20 亿欧元（约合人民币 143 亿元）五年期贷款，这是其历史上从单个银行获得的最大一笔贷款。中国银行协调境内重庆分行和法兰克福、巴黎等铁路沿线地区的 10 家海外分行，组成了“1+1+10”联动工作组，为“渝新欧”国际铁路沿线发展提供配套金融服务。中国工商银行支持了中海油收购加拿大尼克森公司、三峡集团收购葡萄牙电力、五矿收购秘鲁铜矿等项目。

3. 中资银行的国际化程度不断提高

根据联合国贸易和发展会议（UNCTAD）2001 年提出的跨国公司国际化指数（即对海外收入占总收入比率、海外资产占总资产比率、海外当地员工数占总员工数比率三者赋予相同的重要性，然后取平均数）计算方法衡量，2013 年中国银行的国际化指数为 17.6，中国工商银行为 5.3，交通银行为 4.8，中国建设银行为 2.2，中国农业银行为 1.3。

4. 政策性、开发性金融机构也在服务“走出去”方面发挥着极其重要的作用

2014 年末，国家开发银行的外汇贷款规模高达 3200 亿美元，远超世界银行，成为全球最大的开发性金融机构。中国进出口银行通过出口卖方信贷、对外承包工程贷款、“两优”贷款、一揽子互惠合作贷款等，加强与银行同业、租赁、保险、信托等机构合作。中国出口信用保险公司中长期出口信用保险承保金额和海外投资保险承保金额均创历史新高，有力支持了中国企业“走出去”。

四、人民币国际化

近些年来人民币国际化的步伐不断加快，主要体现为人民币作为国际货币在支付结算、金融交易以及国际储备等方面的职能全面扩展。

1. 人民币作为支付结算货币

到 2015 年，跨境贸易人民币结算金额 7.23 万亿元，同比增长 10.7%。（图 2.14）自 2009 年试点以来，跨境贸易人民币结算金额累计突破 27 万亿元。根据全球金融电信协会（SWIFT）统计，人民币国际支付份额由 2011 年 12 月的 0.29% 上升至 2016 年 12 月的 1.68%。人民

图 2.14　跨境贸易人民币结算情况 ①

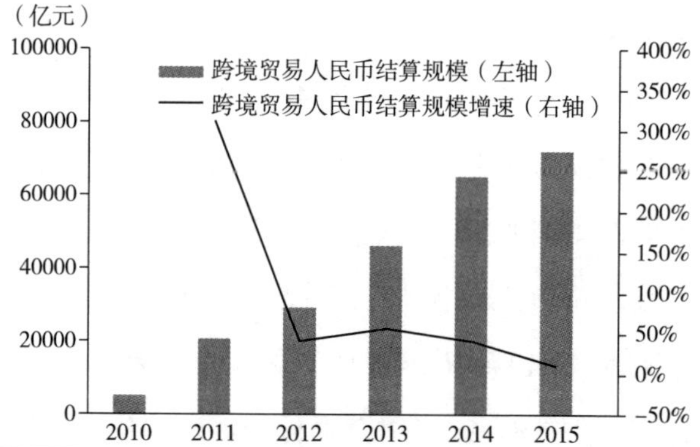

① 资料来源：中国人民银行

币已由第 17 位快速上升，稳居全球第五大支付货币，仅次于美元、欧元、英镑和日元。

2. 人民币作为金融交易货币

新时期，中国对海外投资稳步增加，企业加快“走出去”，掀起海外布局与并购浪潮。2016 年上半年，人民币外商直接投资与对外直接投资分别达 6766 亿元与 5226 亿元，同比增长 39.05% 和 212.93%。人民币合格境外投资者（RQFII）覆盖 17 个国家和地区，授予额度总计 1.46 万亿元。人民币国际债券市场扩容。2015 年上半年，人民币国际债券与票据发行规模为 169.2 亿美元，全球占比为 0.89%；人民币国际债券与票据未偿余额为 984 亿美元，全球占比为 0.48%，同比增长 29%。人民币外汇交易快速增长。2016 年 4 月，全球人民币日均外汇交易量为 2020 亿美元，同比大幅增长 69.0%，增幅在所有 38 种列明货币中为第二高（增幅最高为沙特里亚尔的 189.7%）；占所有货币交易量的比例为 4.0%（所有货币总和为 200%），较 2013 年的 2.2% 大幅上升。人民币外汇交易量在所有货币的排名从 2013 年的第 9 位升至第 8 位，超过墨西哥比索成为交易量最大的新兴市场货币。

3. 人民币作为储备货币

伴随人民币国际贸易与金融计价交易功能的完善，人民币正在向国际储备货币大步迈进。截至 2015 年 4 月末，境外中央银行或货币当局持有债券、股票、存款等人民币资产余额约为 6667 亿元，人民币已成为全球第七大国际储备货币。韩国、马来西亚、白俄罗斯、俄罗斯、南非、尼日利亚、澳大利亚、英国、沙特阿拉伯、哥伦比亚等 30 余国货币当局已宣布将人民币纳入其官方外汇储备。

4. 双边本币互换网络不断扩容

目前，中国人民银行已与 35 个国家及地区的货币当局签署或续签

双边本币互换协议。[1] 截至 2016 年 9 月末，人民币货币互换规模达 3.48 万亿元。（图 2.15）

图 2.15　人民币货币互换规模（单位：亿元）[2]

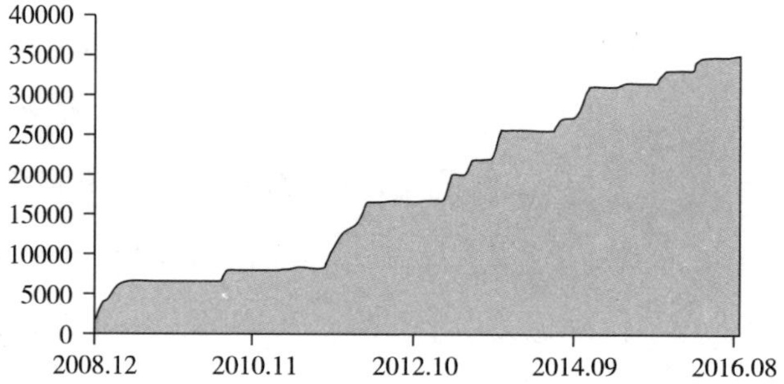

5. 人民币加入 SDR。2016 年 10 月 1 日，人民币已经正式纳入 SDR 货币篮子，成为 SDR 货币篮子中除美元、欧元、日元与英镑以外的第五种货币。从权重看，人民币占 SDR 篮子货币的比重为 10.9%，超过英镑和日元成为 SDR 篮子内的第三大货币。（图 2.16）人民币加入 SDR，是保持 SDR 竞争力和提升 SDR 影响力的客观需要，同时也表明改革开放以来人民币等中国金融改革得到了国际货币基金组织（IMF）的认可。

图 2.16　人民币占 SDR 篮子比重[3]

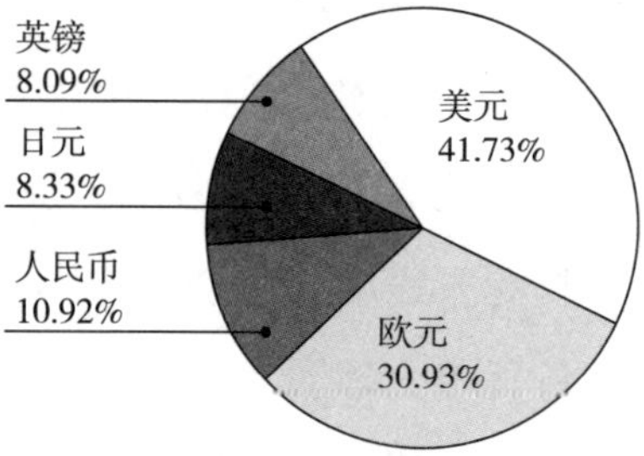

① 具体包括韩国、中国香港、马来西亚、白俄罗斯、印度尼西亚、阿根廷、冰岛、新加坡、新西兰、乌兹别克斯坦、蒙古国、哈萨克斯坦、泰国、巴基斯坦、阿联酋、土耳其、澳大利亚、乌克兰、巴西、英国、匈牙利、阿尔巴尼亚、欧央行、瑞士、斯里兰卡、俄罗斯、卡塔尔、加拿大、苏里南、亚美尼亚、南非、智利、塔吉克斯坦、摩洛哥和塞尔维亚等。

② 资料来源：中国人民银行、国家外汇管理局

③ 资料来源：媒体公开报道

第五节　中国金融改革、开放和发展的经验道路与未来之路

金融业的蓬勃发展对支持中国经济发展和优化资源配置发挥了重要作用，同时也充满艰难和曲折。梳理和总结这些经验和教训，对指导下一步中国金融自身改革、更好地服务实体经济具有重要意义，也对世界其他发展中国家的金融改革发展和经济成长具有重要的借鉴意义。

一、中国金融发展的历史经验总结

1. 坚持“小步慢跑”的渐进原则

回顾历史，我们发现，坚持试点是中国金融改革的主要特征，也是中国金融改革能够成功的密匙。在“摸着石头过河”思想的指导下，中国政府将有把握的改革通过“试点—成功—推广”或“试点—失败—取消”的路径来推动。在集中推出某项改革之前，一般先在某个地区或系统先行先试，待时机成熟后再全面推开。这种做法能够很好地防控风险，将改革中的风险控制在一定范围或降到最小，减少了改革对整个金融体系的冲击。这与苏联解体后独联体国家按照所谓“华盛顿共识”采取的“休克疗法”的做法完全不同。独联体国家采取“休克疗法”，在短期内大规模采取私有化、市场化措施，目的是实现“一步到位”，这对原有体制带来了巨大冲击，新机制尚未建立，旧机制被打破，导致经济金融陷入混乱和无序，经济增长大幅下滑，失业增加，通胀高企，许多人的生活陷入困境。两相对比，在没有十足把握的情况下，采取先行先试和渐进式改革，把改革对市场的冲击降到最低，这是中国金融改革得出的一条宝贵经验。

2. 坚持“先易后难”的市场化大方向

改革开放以来，尽管不同时期阶段性目标有所不同，但中国金融发展的大方向始终是市场化，即让市场在资金资源配置过程中发挥基础性和决定性作用，这一路经与大多数转轨国家基本一致①。比如商业银行股改上市、保险业改革以及利率市场化、汇率形成机制等，尽管在推进的过程中有快有慢，有的顺利有的曲折，有成功也有失败，但大方向是既定的、一致的。中国金融改革另一重要特征和经验是“先易后难”，即对容易改的、把握性大的、可能对市场冲击小的先改，难改的、把握小的、对市场可能带来较大的冲击的后改。比如，利率市场化改革，就采取“先长期后短期、先贷款后存款、先大额后小额、先定期后活期”的策略，最终在 2015 年完成。回过头来看，对市场的冲击是比较小的。在资本流动方面，早在 1996 年就实现了经常项目可兑换。此后，为了给资本项目可兑换创造条件，2003 年推出了 QFII 制度，2005 年又推出了 QDII 制度。截至 2015 年，中国实现部分可兑换以上的资本交易项目达 37 项，占资本账户项目 92.5%，不可兑换项目仅剩 3 项。“先易后难”还意味着改革始终要把握好契机，包括经济增长、通胀水平等宏观经济环境，以及其他配套条件比较健全等等。

3. 坚持中国实际，不“照抄照搬”

中国的改革开放，起步于“一穷二白”，很多初始条件与成熟市场经济国家完全不同。从发展阶段看，人均 GDP 才 156 美元，属于典型的低收入国家。从城镇化水平来看，农业人口占比高，城镇化率很低，城乡二元结构突出，属于典型的农业社会。从经济体制看，土地、劳动力、资金等重要生产要素都由政府计划配给，市场作用微乎其微，

① 在过去 20 多年时间里，大多数转轨国家都实施了以市场为基础的金融自由化措施，比如减少或取消国与国之间的金融机构活动范围的限制，放松或结束外汇管制，放宽对金融机构业务活动范围的限制，放宽或取消利率管制，金融机构准入与退出机制的建立等。

属于典型的计划经济。另外，中国还是一个人口大国，各地区资源、气候、人口、文化和产业等情况千差万别。因此，这么多的特征决定了包括金融改革在内的各项改革要紧密结合中国的实际，不能“照抄照搬”。显然，与发达经济体的制度已经比较成熟、制度环境和外生变量基本稳定不同，中国面临着发展和转型（即经济现代化和体制转轨）的双重任务。由于制度变迁巨大，在发达市场经济国家既定的变量在中国就不是，甚至变化很快。所以紧密结合中国实际就显得至关重要。这一条，对现在和未来要实现经济“起飞”的其他发展中国家来说，也同样适用。这对于中国金融业而言，一方面，要实现自身的改革、转型和发展，从“大一统”的计划体制起步，谋求多元化、市场化和国际化发展，另一方面，更要支持整个国民经济的改革和发展，比如为各行业发展提供资金、提高资金配置效率、管理市场风险、支持产业结构调整等等。这更加增大了金融改革和发展的复杂性和艰巨性，要求金融改革发展更要结合中国实际。

4. 坚持服务实体经济，抑制“脱实向虚”

实体经济和金融是皮和毛的关系，实体经济是金融发展的土壤，其稳定健康发展是金融发展的前提和基础。金融发展要与实体经济发展相适应，发展不足就会产生“金融抑制”，发展过度就会“脱实向虚”，资金就会在金融体系中打转。这一方面导致企业“融资难、融资贵”，另一方面导致流动性泛滥，资产价格过度膨胀。经济过度虚拟化、金融化，就会导致制造业等实体经济萎缩，尤其是低附加值、低盈利的制造业将被淘汰。近几年，随着房价持续上涨和金融业快速发展，中国经济出现了“脱实向虚”的现象，引起了中国政府的高度重视，并已经出台了许多政策试图解决这些问题。

5. 妥善把握改革、发展和风险之间的平衡

当代经济金融危机一个重要特征是先有金融危机，再有经济危机，这与早期资本主义的经济危机有很大不同。金融是现代经济的核心，对经济发展的影响越来越大，金融要加快发展，但不能无序发展，更不能乱。特别是对于发展中经济体而言，要发展金融，解除金融抑制和压抑，促进经济发展。但当风险太大时，改革步伐宁可稍微放缓一点，不贸然行事，金融改革和发展始终要以促进实体经济健康良好发展为根本。如亚洲金融危机期间，泰国过快地放开资本项目，导致资本外流和泰铢大幅贬值，成为亚洲金融危机的导火索；2015 年，中国引入和实施“熔断机制”，引起股市剧烈波动等等。改革是方向，发展是目的，控风险是前提。在中国金融改革发展中，出现过不良率高企、“三角债”“股灾”和“钱荒”等问题，有些问题解决得好，有些却不尽如人意。根据近年来金融风险不断积聚、金融市场波动更加频繁的大背景，第五次金融工作会议把防范化解系统性金融风险放在了核心位置；党的十九大报告提出要“健全金融监管体系，守住不发生系统性金融风险的底线”。总之，中国金融改革和发展，一路走来，不论是成功经验还是失败教训，都将为未来的中国和其他国家金融改革提供宝贵的经验。

二、未来中国金融发展趋势展望

中国“十三五规划（2016—2020）”清晰勾勒出下一阶段中国金融改革的总体框架与路线图，特别提出要加快金融体制改革，提高金融服务实体经济效率。

1. 构建与“创新驱动”相适应的金融体系是改革的逻辑起点

创新是引领发展的第一动力，要实现创新驱动发展关键是要构建与创新相适应的金融体制框架。从国际经验看，创新驱动的发展必然要求减少管制，加快市场化改革，以促进金融资源的优化配置。未来几年，中国金融改革主要包括开放性金融体制建设、金融机构完善、金融市场建设、金融工具创新、利率汇率市场化改革、宏观审慎监管、互联网金融发展等。可以看出中国金融改革的总目标是构建与“创新驱动”发展相适应的金融体系，即通过放松管制、加快市场化改革，以促进创新经济主体的形成。

2. 构建与开放经济新体制相适应的金融体系是重要内容

未来几年，中国金融业面临的突出任务已由过去几年重在应对国际金融危机转变为构建开放型经济新体制，加快“一带一路”倡议、上海自贸区战略等的实施。在具体政策安排上，包括参与亚洲基础设施投资银行等的建设，吸引国际资金共建开放多元共赢的金融合作平台；扩大金融业和资本市场双向开放；建立走出去金融支持体系；扩大人民币跨境使用；完善汇率形成机制和外汇管理制度等等。

3. 构建更加安全的金融监管体系是前提保障

经济发展进入新常态，必然要求金融监管体制更加主动适应经济金融转型发展的需要。近年来中国金融业发展明显加快，形成了多样化的金融机构体系、复杂的产品结构体系、信息化的交易体系和更加开放的金融市场，特别是综合经营趋势明显，这给现行的分业监管体制带来重大挑战。未来几年，中国将加强金融宏观审慎管理制度建设，以构建更加安全的金融体系。一是放松管制和加强监管并存不悖。在加快金融改革、放松行政性管制（例如市场准入、利率汇率）的同时，更加注重运用市场化手段强化监管；二是更加注重与国际监管规则的接轨，未来将加快全覆盖、逆周期、功能导向型的监管体系构建；三是更加注重金融基础设施的统筹建设，为实现监管全覆盖创造条件。

三、未来政策取向

1. 坚持金融服务实体经济的宗旨不会动摇

中国工业化发展已经进入中后期，经济正在迈向以创新驱动为主的新阶段。未来，中国金融发展将坚持服务实体经济，进一步提升服务实体经济能力，促进更多资金资源流入实体经济。一是构建与小微、初创型企业相适应的金融机构体系，将与实体经济的密切程度作为金融改革的指引方向。二是合理确定金融机构定位，制定监管指引和管理制度，提升金融产品、服务与资金需求的匹配度。三是引导好金融创新对实体经济的支持，降低企业融资成本。四是加紧建立覆盖所有金融机构和交易行为的综合统计监测体系，准确把脉金融支持实体经济力度，防止资金“脱实向虚”。

2. 有序推进金融市场化改革

资金高效配置既要求准确的价格信号引导，也要求运作规范的机构参与。进一步完善金融机构的治理水平，积极引入社会资本，培育多元化金融市场主体。通过改革使金融市场运作更为有效，使市场利率形成更加合理，更能真实地反映市场供求。进一步健全货币政策传导机制，提升基准利率在包括货币、信贷和债券等金融市场中的导向作用。进一步做大债券市场规模，更好发挥资本市场的筹资功能。

利率和汇率作为最基础的货币资金价格，关系到金融系统配置资源的效率，是当前金融改革的核心。近年来，中国相继在利率、汇率领域相机推出一系列改革举措，金融要素价格市场化改革取得重大进展。目前，金融机构的贷款利率已经基本实现了市场化，存款利率开始出现差异化定价。人民币汇率开始呈现双向波动，基本接近均衡水平，汇率弹性显著增强。利率市场化改革对机构的利率定价和风险管理能力提出了更高的要求，促进了金融机构加快创新，加强资产负债管理。人民币较大的双向波动性也在倒逼银行创造更多的风险管理工具来满足企业的对冲需求，例如货币远期、互换、期权以及其他金融衍生品。下一阶段，中国将从以下方面推进利率市场化：一是提高上海银行间同业拆借利率（SHIBOR）的使用范围和影响力；二是形成完善的债券收益率曲线，引导政策金融债、地方债和企业债券的利率定价与国债收益率挂钩，提高国债收益率在长期资金市场的影响力。

未来将从以下方面推进汇率形成机制市场化改革：一是继续扩大人民币汇率波动区间，进一步增强人民币汇率弹性；二是完善人民币汇率中间价形成机制，反映市场供需状况；三是进一步扩大外汇市场参与主体和交易品种。

3. 更加注重防范金融风险、维护金融稳定

今后货币政策更重要的一项任务是要维护金融稳定。未来各类金融风险可能积聚和暴露，防范系统性金融风险将不再是一般性的预防，而应成为系统性任务。互联网金融、影子银行、国际资本流动等比想象中更加复杂。要加强金融综合统计等基础性工作，将各类金融创新和影子银行体系纳入政策关注视野，同时预先制定处置预案，提高处理能力。

4. 扩大金融业双向开放，提高金融机构全球服务能力

中国经济参与全球化竞争，需要金融业的双向开放。作为实施新一轮高水平对外开放的重要抓手，扩大金融业开放有利于运用好国际国内两个市场、两种资源，更好地服务。值得注意的是，资本项目开放仍是“渐进有序”，即重在通过优化外汇管理体制，破除“引进来”环节的各种障碍，从正面清单转变为负面清单。

同时，要统筹设计中资金融机构“走出去”的政策框架和策略步骤，加强与国际机构、外国监管机构的协调沟通，支持有条件的大型金融机构加快“走出去”。

5. 持续提升人民币在对外开放中的作用

近年来，中国在稳步推进资本项目开放的同时，也加快了人民币国际化步伐。未来进一步推进人民币国际化，要做到：第一，积极推进使用人民币进行跨境贸易结算。亚洲地区将作为扩大人民币跨境贸易结算规模的主要市场。同时，在欧洲、北美、非洲地区，要加强政府间、金融机构间的合作。第二，积极推动人民币离岸金融中心的建设。在境外开辟人民币投资渠道，提高境外市场持有人民币的意愿。继续拓展中国香港人民币离岸市场的深度，在伦敦、巴黎、新加坡等国际金融中心开展人民币业务，发挥各中心的优势，逐步扩大人民币离岸市场的布局。第三，推动大宗商品以人民币定价。探索人民币在大宗商品上的定价权，能够带动人民币在全球金融市场的交易规模，提高人民币的影响力。

6. 推进金融市场环境和社会信用体系建设

金融法律法规的有效执行，有赖于金融市场环境和社会信用体系的完善。中国政府将按照2020年社会信用体系发展目标和任务，加强金融信用信息基础设施建设，扩大信用记录覆盖面，强化金融业对守信者的激励作用和对失信者的约束作用。一方面，针对非法集资借贷案件、银行卡欺诈案件高发，特别是利用互联网进行的金融犯罪案件持续增多等情况，依法严厉打击金融犯罪案件。另一方面，针对债权担保机制等，继续完善应收账款质押、保证金质押等担保物权方面的立法及司法解释，出台针对性、可操作性强且符合实际的规定，推进借贷及担保业务的稳健发展。此外，针对债务人恶意逃废银行债务、胜诉判决执行难等问题，进一步加强执法力度，优化债权保护环境。

7. 完善金融监管体系和金融立法工作

市场环境变化对金融监管提出了新的挑战。从风险控制看，将健全宏观审慎监管、金融机构退出等制度建设，形成以市场原则为基础的市场退出机制和破产法律制度。完善对互联网金融等新型金融业态的监管。加强金融立法的针对性、时效性与可操作性，避免多头立法甚至是立法冲突。

主要参考文献

[1] 朱民，蔡金青，艾梅霞. 中国金融业的崛起：挑战及全球影响 [M]. 北京：中信出版社，2010.

[2] 张健华. 中国金融体系 [M]. 北京：中国金融出版社，2010.

[3] 吴晓灵，何海峰. 中国金融政策报告 2016 [M]. 北京：中国金融出版社，2016.

[4] 中国金融四十人论坛，上海新金融研究院. 中国金融改革报告（2013）：十年回顾与展望 [M]. 北京：中国经济出版社，2013.

[5] 中国人民银行金融稳定分析小组. 中国金融稳定报告 2016 [M]. 北京：中国金融出版社，2016.

[6] 中国人民银行金融稳定分析小组. 中国金融稳定报告 2014 [M]. 北京：中国金融出版社，2014.

[7] 瑞士再保险公司. 2015 年度世界保险业：保费稳定增长，区域发展不平衡 [J]. Sigma.

[8] 中国证券监督管理委员会. 中国证券监督管理委员会年报（2015）[M]. 北京：政治经济出版社，2016.

[9] 陈元，钱颖一. 资本账户开放：战略、时机与路线图 [M]. 北京：社会科学文献出版社，2014.

[10] 中国金融年鉴杂志社. 中国金融统计年鉴（2007—2015）[M]. 北京：中国金融年鉴杂志社，2016.

[11] 易纲. 中国金融改革思考录 [M]. 北京：商务印书馆，2011.

[12] 夏斌，陈道富. 中国金融战略 2020 [M]. 北京：人民出版社，2011.

[13] 张杰. 中国金融制度的结构与变迁 [M]. 北京：中国人民大学出版社，2011.

[14] 中国银行业监督管理委员会. 中国银行业监督管理委员会 2015 年报 [M]. 北京：中国金融出版社，2016.

[15] 36 氪研究院. 科技炼金，融汇未来——金融科技（FinTech）行业研究报告 [R]. 2016（07）.

[16] Moody's Investors Service. Banks-Global-2017 Outlook: Challenging Macro Environment and Constrained Profitability Will Further Test Improved Solvency, December 2016.

[17] The Banker. http://www.thebankerdatabase.com/.

第三章

焕然一新的居民生活和社会面貌

伴随着改革开放以来的经济增长，中国社会的方方面面发生了翻天覆地的变化。过去，中国在教育、卫生医疗、基础设施、环境等一系列社会发展指标上明显低于世界平均水平，人们对生活的期待和现实的贫穷形成巨大反差。如今，中国不仅主要社会指标都已反超世界平均水平，而且大部分指标达到或超过中高收入国家水平；一些指标如基础教育生师比、麻疹疫苗接种率等已经与美国这样的高收入国家相仿；高速铁路与公路里程、移动电话与互联网用户数等总量指标更是位居世界第一。教育是各社会领域的人力基础，也是折射中国社会发展的一面镜子。春秋末期思想家、教育家孔子在两千多年前就提出“有教无类”，希望无论贫穷富裕谁都能有机会享有基本的教育服务。但直到20世纪七八十年代，中国仍有超过一半的适龄人口没有接受相应的中等教育。2015年，中国中等教育毛入学率已超过94%，初步实现了“有教无类”的千年夙愿。类似的巨大进步同样也是中国居民生活、卫生医疗、基础设施、环境等领域的重要发展特征。

中国居民生活和社会面貌的巨大进步不仅是中国的成就，更为世界发展做出了重大贡献。中国是世界上最大的发展中国家，用不到世界1/10的耕地养活了占全世界近1/5的人口，中国的社会发展成就就是世界的发展成就。《纽约时报》刊文称：“世界极端贫困人口的大幅减少主要应归功于中国取得的进步。”联合国千年计划办公室主任Mitchell Toomey表示：“中国对联合国千年发展目标的贡献有目共睹，没有中国的鼎力支持，目标不可能达到，我深表震撼和敬佩。”

中国的贡献不仅在于解决了世界1/5人口的发展问题，更在于对世界提供了有益的参考经验。把发展当作第一要务，通过居民生活和社会面貌发展促进经济发展的理念在中国深入人心。走遍中国农村，“发展才是硬道理”“要想奔小康、电话来帮忙”“要致富、先修路”“绿水青山就是金山银山”这样的标语随处可见。中国政府重视社会发展与经济发展的有机结合，持续制定以五年为周期的国民经济和社会发展规划，立足国情不断创新发展规划，并把规划的落实作为考核各级政府的重要依据，充分调动了各方积极性和各种资源，最终实现了社会发展与经济发展的良性互动，这一经验对推动世界发展具有重要参考价值。

第一节　人民生活水平如芝麻开花节节高

改革开放之前，中国老百姓的生活用“贫穷”来形容是不为过的。中国自古有句俗语叫作“民以食为天”，但那个时候能吃饱就是一件不容易的事。1978 年，中国人均每年消费的粮食、肉食、水果分别仅为 127 公斤、10 公斤和 6 公斤，消费品严重不足所以都是凭票限量供应，好东西都是父母让给孩子吃、哥哥姐姐让给弟弟妹妹吃，到了重要节日才能大家吃点鱼肉珍果等美食。在商品欠缺的环境中，成品服装要么买不起要么买不到，大多数妇女都娴熟地掌握裁剪缝纫编织衣物技能，老老少少一家人的穿衣温暖全靠这一双巧手和缝纫机来解决。但也有很多家庭住宅面积太小以至于无处放置缝纫机，1978 年城市人均住宅建筑面积不足 7 平方米，五口之家挤在 30 多平方米面积的住宅里很常见，两个四口之家共处一套 50 多平方米面积的两居室的情况也很多。拥挤的不仅仅是住宅，还有风雨天时的公交汽车，因为那时候人们没有摩托车更没有家用汽车，自行车是主要的交通工具，只是天气不佳时便只能纷纷挤上公交汽车。家用电器也是同样短缺，冰箱、洗衣机、空调属于昂贵的时尚电器，都买齐了对于大多数家庭是奢望。在这样物质贫乏的环境下，大家的精神生活也是相对匮乏，交通工具落后限制了出行旅游，饭后茶余没有电视只能听收音机，逛公园成了很多居民的唯一休闲方式。

“贫穷不是社会主义”“人民生活水平不是改善而是后退能叫制度优越性吗？”为了改善人民生活水平，邓小平的这些重要论断指向了改革开放，改革开放也确确实实让老百姓的生活过上了芝麻开花节节高的好日子。如今，在中国人最重视的节日春节里，很多家庭的子女都是开着家用汽车回到父母身边，年轻人往往通过互联网不仅可以订到春节特色大餐，还能足不出户买到国内外各式各样的服装等日用消费品。办公楼和家庭住宅中随处可见的空调让人们感受到了冬暖夏凉，广泛普及的洗衣机让人们有了更多闲暇时间来休闲娱乐，冰箱作为各家必备电器往往都塞满了食物，电视节目和国内外同步上映的电影也成为大家茶余饭后的主要话题。

一、从贫穷走向富裕

1. 贫困人口总量急剧减少

1949 年成立的新中国，是当时世界上最贫穷的国家之一，可以说是一穷二白，数以亿计的老百姓均处于未得温饱的贫困状态，每天为柴米油盐酱醋茶发愁，连最基本的生活水平都达不到。按照世界银行 1.90 美元每日的贫困标准，1981 年，中国贫困人口已达到 8.77 亿，占世界总贫困人口的 46%。（图 3.1）改革开放之后，中国经济迅速发展，贫困人口总数急剧减少，2013 年中国贫困人口总数为 0.25 亿，仅占世界总贫困人口的 3%。（图 3.2）中国对世界脱贫做出了巨大贡献，甚至在某种程度上全球在消除极端贫困领域所取得的成绩主要归功于中国。

图 3.1　1981 年中国贫困人口总量（单位：百万）及占世界比重[①]

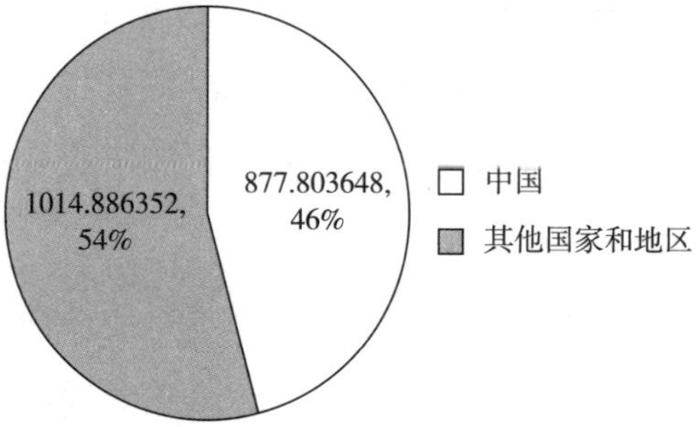

① 资料来源：世界银行

图 3.2　2013 年中国贫困人口总量（单位：百万）及占世界比重 ①

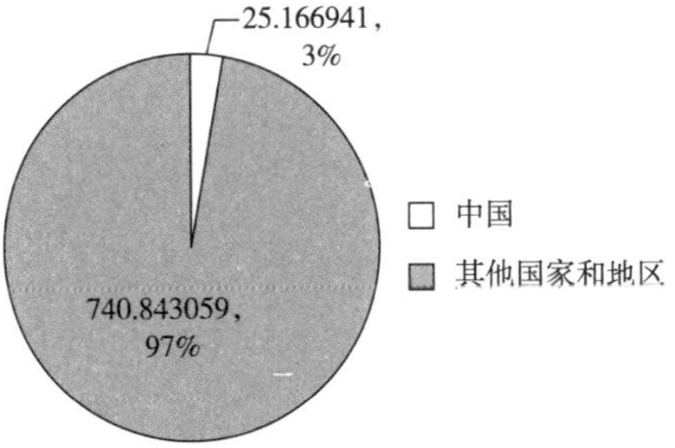

2. 贫困人口比例急剧下降

1981 年，按照世界银行 1.90 美元 / 日的贫困标准，中国贫困人口占全国总人口的比例为 88.3%，远高于世界平均水平（42.2%），甚至也远高于低收入国家水平（65.1%），贫困问题极其严重。1981 年至今，中国贫困人口比例下降速度惊人，早在 1987 年就已低于低收入国家水平。1994 年，国务院制定并颁布实施《国家八七扶贫攻坚计划》，中国脱贫计划更上一层楼，2005 年已低于世界平均水平。至 2013 年，中国贫困人口占比剧减至 1.9%，远低于世界水平（10.7%）和低收入国家水平（46.2%）。（图 3.3）可见中国扶贫工作的成绩显著，为全球减贫事业提供了重要参考。

图 3.3　贫困人口比例 ②

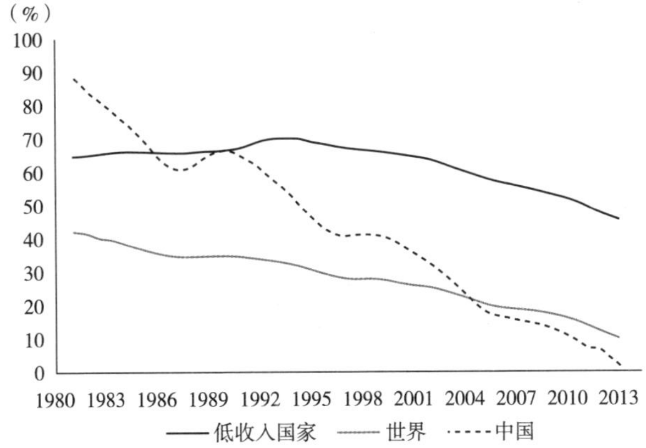

① 资料来源：世界银行

② 资料来源：世界银行

3. 贫富差距日渐缩小

贫富差距水平也是衡量国家贫困水平的重要指标，穷人和富人生活冰火两重天，必然意味着社会收入分配不均，这对本身处于贫困的人民来说更是雪上加霜。20 世纪 80 年代初，中国贫富差距严重。1981 年，中国贫困差距率为 43.19%，远高于世界平均水平（17.96%），也高于中等收入国家水平（22.81%）和低收入国家水平（30.55%）。20 世纪 90 年代，“先富带动后富，走向共同富裕”深入人心，中国贫富差距逐渐缩小。2013 年，中国贫困差距率剧减到 0.35%，已经远低于世界平均水平（3.23%）、中等收入国家水平（2.51%）以及低收入国家水平（18.4%）。（图 3.4）

图 3.4　贫困差距率[①]

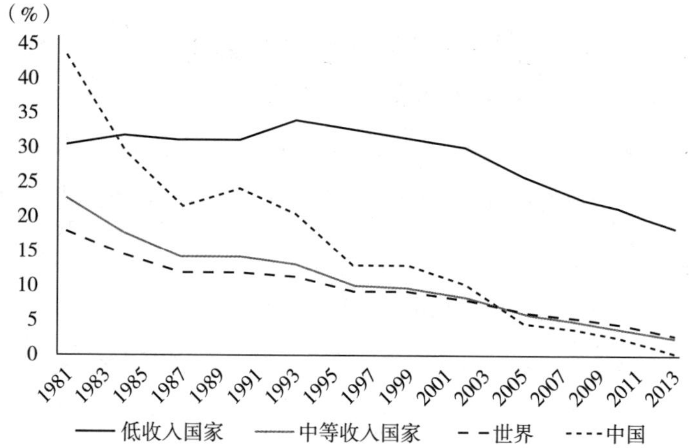

4. 从脱贫走向致富

“脱贫致富”曾经是中国广大城乡最常见的口号和标语。新中国成立初，根据联合国亚洲及太平洋经济社会委员会的统计，中国人均国民收入 27 美元，还不足印度 57 美元的一半，那时候人们辛辛苦苦劳累一年也挣不了多少钱。1981 年，中国人均国民收入为 101 美元，已

① 资料来源：世界银行

经接近印度人均国民收入（105 美元），但是仍然远低于中等收入国家水平（172 美元）和世界平均水平（694 美元）。20 世纪 80 年代后，改革开放给中国带来了巨大的经济契机，中国经济飞速发展，人均国民收入也开始进入加速增长阶段。2013 年，中国人均国民收入达到 6419 美元，已是印度人均国民收入（1392 美元）的五倍，远超中等收入国家水平（4267 美元），但仍低于世界平均水平（8963 美元）。（图 3.5）

图 3.5　人均国民收入[①]（单位：美元）

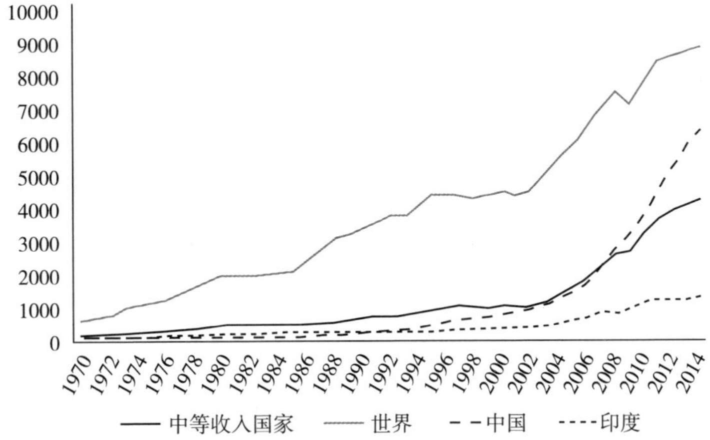

党的十九大报告提出，让贫困人口和贫困地区同全国一道进入全面小康社会是我们党的庄严承诺。要动员全党全国全社会力量，坚持精准扶贫、精准脱贫，坚持中央统筹省负总责市县抓落实的工作机制，强化党政一把手负总责的工作责任制，坚持大扶贫格局，注重扶贫同扶志、扶智相结合，深入实施东西部扶贫协作，重点攻克深度贫困地区脱贫任务，确保到 2020 年我国现行标准下农村贫困人口实现脱贫，贫困县全部摘帽，解决区域性整体贫困，做到脱真贫、真脱贫。[②]

① 资料来源：世界银行

② 参见习近平．决胜全面建成小康社会，夺取新时代中国特色社会主义伟大胜利——在中国共产党第十九次全国代表大会上的报告［M］. 北京：人民出版社，2017：44—48.

二、从吃不饱到吃得好

1. 粮食消费从吃不饱到倒 U 型发展

小麦、大米是人们重要的食物来源。由于不同国家有不同食物偏好，有的以小麦为主，有的以大米为主，所以本文将小麦和大米合并计算粮食消费量。根据发达国家发展经验，粮食消费往往经历一个先上升后下降的倒 U 型过程。在 20 世纪 70 年代，中国的粮食人均每年消费仅为 112 公斤，比韩国少 60 公斤，比东南亚少 15 公斤。改革开放以后中国的粮食人均每年消费迅速增长，到 20 世纪 90 年代达到顶峰水平时（155 公斤），反超东南亚 18 公斤。如今中国已经像韩国一样，粮食消费走入倒 U 型的下降阶段，在 140 公斤左右稳中趋降。（图 3.6）

图 3.6　每人每年粮食消费量[①]（单位：公斤）

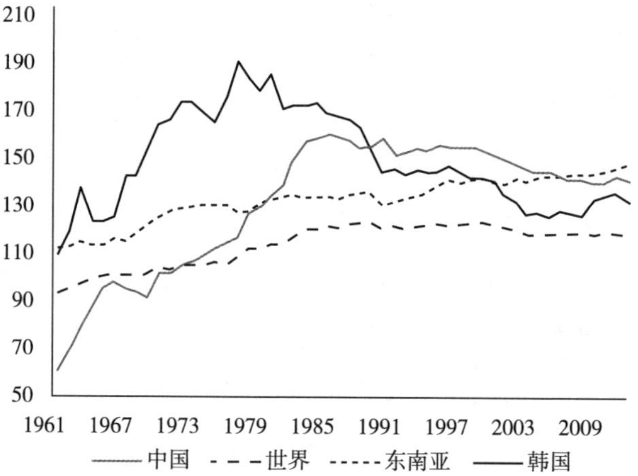

2. 肉食消费从严重稀缺走向持续快速增长

从 1966 年到 1977 年的 10 年间，中国人均每年肉食消费量长期在 9 公斤左右徘徊，很多人只能等到春节等重要节日才能吃到肉。这样的肉食消费量水平远远不能满足人民正常需求，仅相当于同期世界

① 资料来源：联合国粮食及农业组织

平均水平的1/3、不足欧洲水平的1/6，甚至还低于非洲水平。改革开放以后中国人均肉食消费进入稳定增长轨道，1982年超过了非洲水平，1997年超过了世界平均水平，2013年达到人均每年61公斤，已经是非洲水平的3倍，比世界水平高42%，但仍然比欧盟水平（81公斤）有一定差距。（图3.7）

图3.7　每人每年肉食消费量[①]（单位：公斤）

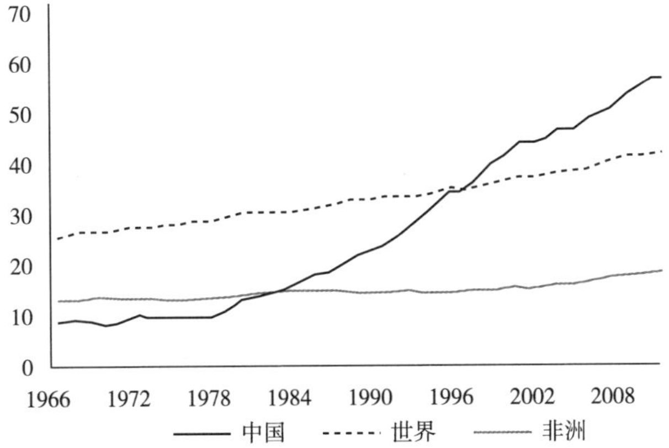

3. 水果从“奢侈品”变成了日常食物

20世纪80年代中期以前，中国人均每年水果消费量长期都不足10公斤，吃水果这样对其他国家平常的事情对于中国人民而言则是一种奢望。这样的水果消费量远远低于其他国家，欧洲曾经是中国的20倍以上，连非洲也是中国10倍的消费量水平。20世纪80年代以后中国水果消费量快速攀升，在2007年、2009年分别超过了非洲和世界平均水平，2013年达到人均每年消费93公斤，与欧洲（94公斤）水平相仿，可以说真正成了日常食物。（图3.8）

① 资料来源：联合国粮食及农业组织

图 3.8 每人每年水果消费量[①]（单位：公斤）

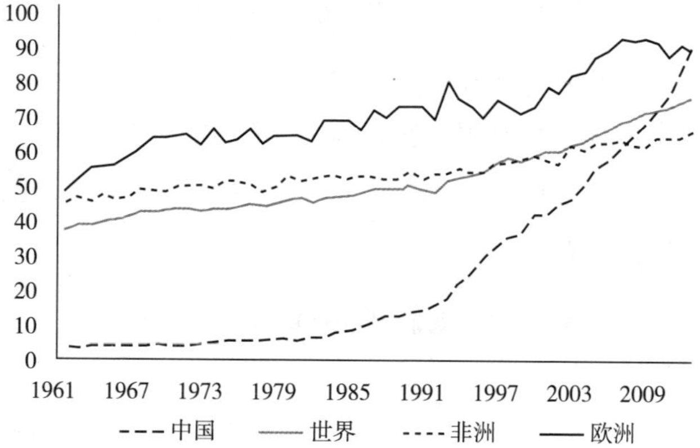

三、居住条件走向现代化

1. 从“鸽子笼”到“居者有其屋”

改革开放以来，中国人民经历了从平房到楼房、从福利分房到商品房、从密集的单位宿舍到宽敞舒适的现代居住社区的改变，人均住房面积也翻倍式改善。1978 年，中国城市人均住宅建筑面积仅为 6.7 平方米。考虑到楼梯间等公摊面积的存在，实际使用面积可能不足 6 平方米，人称“鸽子笼”。这就意味着一张床就占据了三分之一甚至一半的空间，再考虑到生活必需品的摆放，没什么剩余空间能摆放太多家电和家具。在 20 世纪 70 到 80 年代，一家五六口人住在四五十平方米的一居室属于常态，三代人和亲戚们勉强挤在一起的情况下也没有太多隐私和独立空间可言。1998 年，中国政府宣布全国城镇停止福利分房，商品房和房地产市场迅速发展。从 1998 年到 2011 年，中国每年新开工住宅面积都保持了两位数以上的增速，2015 年新开工面积高达 10.7 亿平方米。2012 年，中国城市人均住宅建筑面积已经达到 32 平

① 资料来源：联合国粮食与农业组织

方米，是1978年的4.8倍。（图3.9）三代人和亲戚们终于不再挤在一起而是有了各自的住宅。新建住宅中一居室少了，两居室、三居室甚至别墅多了起来，很多家庭的住宅都有了单独的书房、茶室、影音室，持有多套房产已经成为富裕家庭的标志。

图3.9　城市人均住宅建筑面积[①]（单位：平方米）

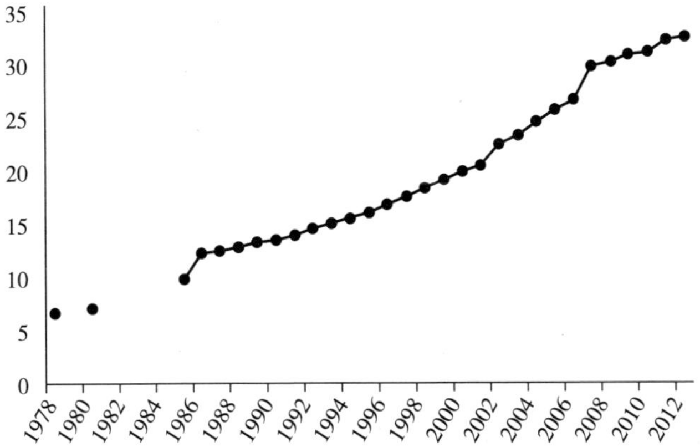

2. 当年的“三大件”变为今天的日常电器

“三大件”指的是中国年轻人结婚的时尚电器，随着人民生活水平的提高，“三大件”的内涵也发生相应改变。20世纪70年代，手表、缝纫机、自行车是当时人们结婚时追求购齐的时尚“三大件”，电冰箱、彩色电视机、洗衣机几乎不会出现在家庭生活之中。但是到了20世纪90年代这“三大件”就变成了电冰箱、空调、洗衣机。再到2000年这“三大件”已经几乎是家家户户拥有的电器产品，每百户城镇家庭平均彩色电视机、洗衣机、电冰箱拥有量分别达到117、91和80台。如今，电冰箱、彩色电视机、洗衣机、空调器等电器每百户城镇家庭拥有量都已经达到100台左右，人民生活也随之发生了很大变化。（图3.10）

① 资料来源：中华人民共和国国家统计局

图 3.10　每百户城镇家庭平均主要电器拥有量[①]（单位：台）

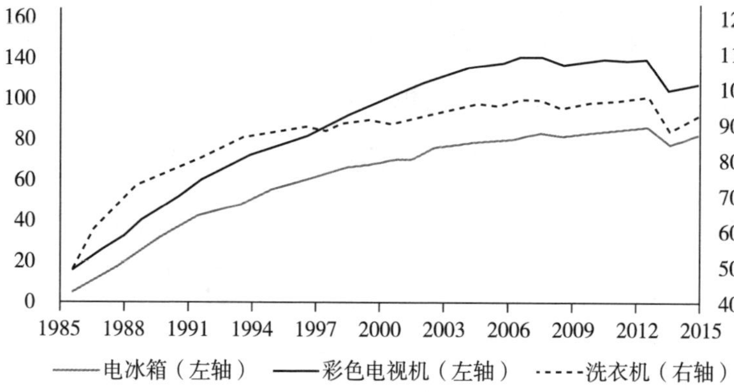

四、出行旅游随心而动

1. 摩托车和家用汽车接连走入人们的生活

在进入 2000 年以前，人们骑着色彩单调的自行车在街道上穿行，这也导致了为数不多的公交车每到风雨天便常常人满为患。这时无论是摩托车还是家用汽车代步都是大多数人想都不敢想的事情。2000 年，每百户城镇家庭平均摩托车拥有量不足 20 辆，意味着超过 80% 的家庭没有摩托车，就更不用说汽车了，同期拥有量仅为 0.5 辆。此后摩托车拥有量迅速提升，在 2006 年达到 25.3 辆的顶峰后开始下滑，主要原因是被汽车所取代。（图 3.11）从 2006 年到 2015 年，全国每百户城镇家庭平均汽车拥有量从 4.3 辆上升到 30 辆，其中北京每百户家庭拥有 63 辆，广州、成都等大城市每百户家庭拥有超过 40 辆。（图 3.12）

① 资料来源：中华人民共和国国家统计局

图 3.11　每百户城镇家庭平均摩托车和家用汽车拥有量①（单位：辆）

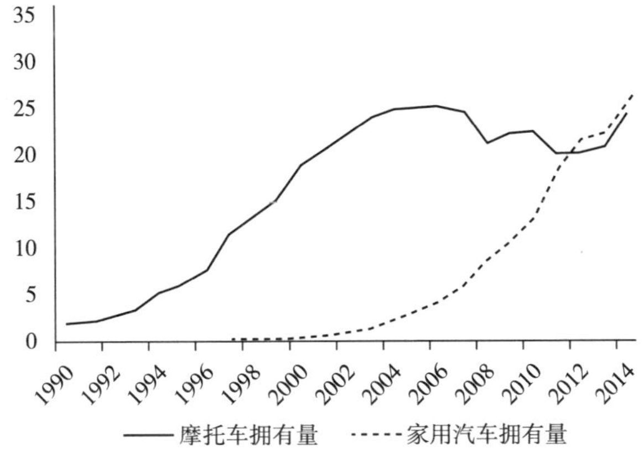

图 3.12　每千人机动车保有量②（单位：辆）

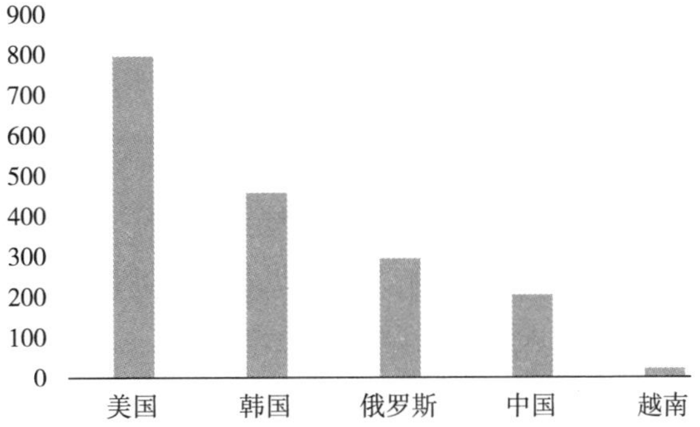

2. 从旅游空白国家到世界旅游大国

改革开放初期，中国居民基本没有多少旅游消费，旅游市场以接待海外入境游客为主，国内仅有小规模的公务和差旅活动，更不存在严格意义上的出境旅游。1995 年中国开始实行双休日制度，1999 年开始将春节、“五一”“十一”假期的休息时间与前后的双休日拼接，从而形成 7 天的“黄金周”长假。居民闲暇时间增多、收入水平提高、

① 资料来源：中华人民共和国国家统计局

② 资料来源：维基百科，机动车范畴包括汽车（automobiles）、运动型多用途车（SUVs）、货车（trucks）、厢式货车（vans）、公共汽车（buses）、营业性车辆（commercial vehicles）、货运机动车辆（freight motor road vehicles）

出行条件改善，国内旅游开始迅速增长。从 1994 年到 2016 年，全国旅游人数从 5.2 亿人次增长到 45.8 亿人次（图 3.13），家用汽车的普及也让自驾游成为重要出游方式。其中，从 2002 年到 2016 年，“十一”黄金周出游人数从 8071 万人次增长到 59300 万人次，春节黄金周旅游人均支出从 441 元增长到 1209 元。1994 年到 2016 年，中国出境旅游人数从 374 万人次增长到 13513 万人次，2011 年中国出境旅游人数超过美国成为世界第一大出境旅游客源国。（图 3.14）

图 3.13　全国每年旅游人次[①]（单位：亿人次）

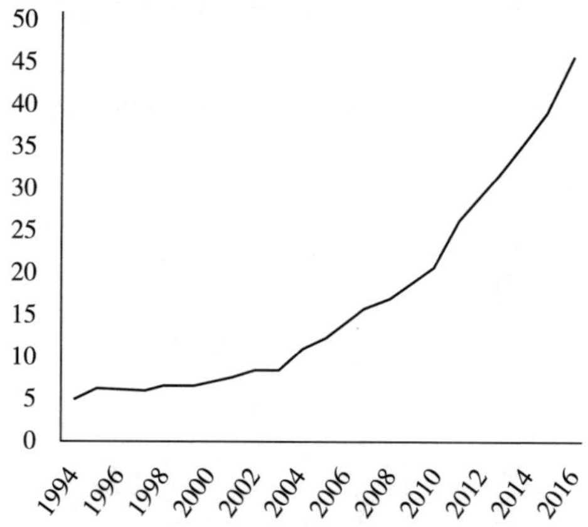

图 3.14　居民出境旅游人数（单位：万人次）[②]

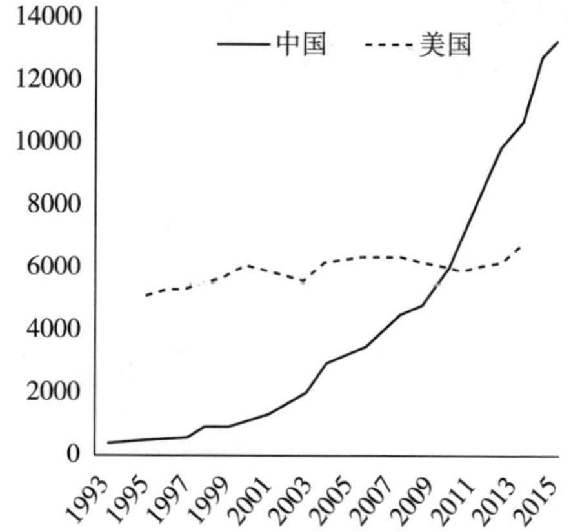

① 资料来源：中华人民共和国国家统计局

② 资料来源：世界银行

五、文化娱乐的精神食粮更加丰富

1. 从黑白时代变成电视剧世界第一大国

20 世纪 80 年代初，中国居民还很少拥有彩色电视，总体以黑白电视居多，屏幕大小比现在笔记本电脑大不了多少，而且只有几个频道。但看电视也是当时十分重要的娱乐方式。富裕些又比较热情的人家会招呼朋友邻居来家里看电视，有好节目的时候能挤满一屋子的观众。经过 15 年的快速发展，2000 年的电视覆盖率突破了九成，彩色电视机全面普及，尺寸也随着住房面积一起变大，频道不断增多，节目种类也愈加丰富。截至 2015 年，全国居民家庭平均可接收电视频道数已有 67.7 个，比 2007 年的 25.6 个增加了 1.6 倍。（图 3.15）新闻时事、体育文娱、各类题材的电视节目百花齐放。技术的发展也使得人们可以随时点播或回看喜欢的内容，不再受到播放时间表的约束。中国还保持着电视剧年产量世界第一、电视剧年播出量世界第一、电视剧观众总量世界第一的世界领先地位。

图 3.15　电视剧和电视频道[①]

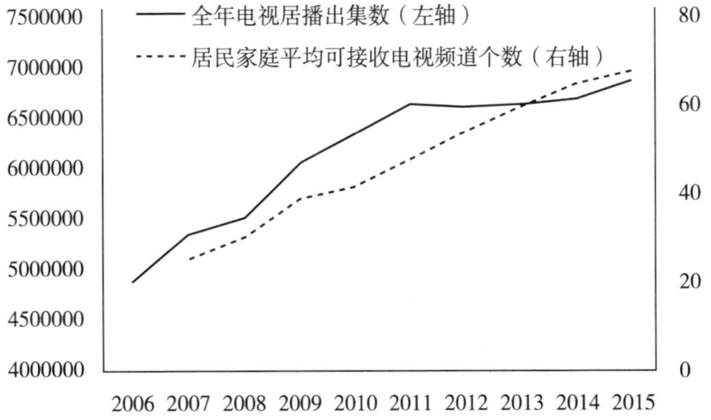

① 资料来源：中华人民共和国国家统计局

2. 电影消费渐成流行热点

改革开放后人民群众的观影需求得到充分释放，许多中外影片陆续重新上映，电影院火爆到一票难求，电影放映员成为当时风光的职业。1994 年中国开始尝试引入国际电影大作，1998 年《泰坦尼克号》席卷全国票房成为热点话题，此后随着人们文化消费需求不断提高，中国电影市场的国际地位也发生显著变化。从 2006 年到 2016 年的 10 年间，中国电影院银幕数量增长了 12 倍，成为世界上电影院银幕最多的国家；中国城镇人均电影票支出增长了 11 倍，成为世界第二大电影消费市场。（图 3.16）

图 3.16　电影院银幕数量和电影票消费[①]

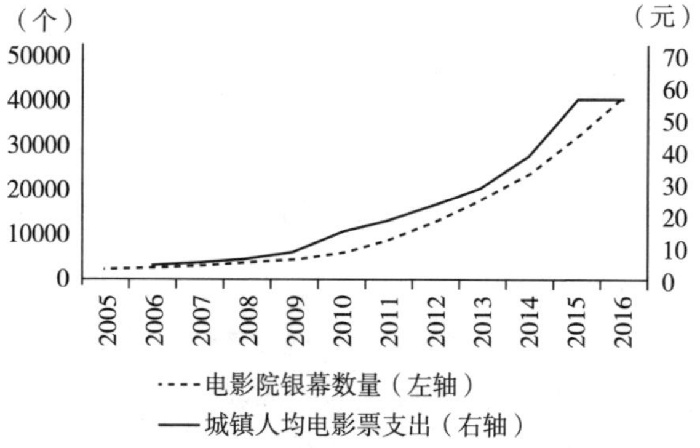

第二节　在孔子的家乡重振教育

一、高等教育跨越式发展

1968 年一个大雪纷飞的早上，杨洪清的初中学业因为“上山下乡”号召而中断，他挑着行李步行 20 多公里回到老家，不知未来会

---

① 资料来源：中华人民共和国国家统计局

怎样。杨洪清这样的故事在中国还有千千万万。从1968年到1976年，1400多万年轻人在中学毕业后无法继续接受高等教育，在号召下开始了“上山下乡”的农村生活，中国高等教育体系也随之全面陷入瘫痪。

恢复高等教育成为中国改革开放之风的先声。高等学校招生全国统一考试（即“高考”）从1966年中断，所有高等院校均停止招生。直到1976年，中国政府重新把教育列在了重要优先事项上。1977年，中国政府发布《关于1977年高等学校招生工作的意见》，宣布中断了11年的高考在局部范围内紧急恢复，这比确立改革开放里程碑的党的十一届三中全会还要早一年，可见中国政府对教育的重视程度。

1977年的冬天，杨洪清参加了紧急恢复后第一届高考。在大堰中学的考场上他以“学雷锋的故事”这一具有鲜明时代特征的题目写下了语文作文。后来，杨洪清收到了一所师范大学的录取通知书，欣喜若狂的他不仅能够重返校园，而且从农村回到了城市。如今，他已是十堰市重点中学一名受人尊敬的教师。

1. 恢复高考开启报国之旅

恢复高考后中国压抑已久的人才喷薄而出。在1977年冬季从局部范围内紧急重启高考后，1978年在全国范围开始正常开展高考，恢复了夏季考试的惯例并延续到今天。中断了11年的高考突然恢复，让盼望已久的学子争相涌入考场。对于很多“上山下乡”的年轻人而言，这是改变命运和报效祖国的重要机会。1977、1978两年参加高考的考生分别为570万和610万人，合计1180万人，两届考生总数甚至超过了当时希腊或者葡萄牙的总人口水平。

恢复高考带来了很多人生轨迹转折的动人故事。2008年，《纽约时报》评论中国恢复高考三十年的文章写道：很多人通过恢复高考进入大学，带着理想主义、带着改变自身和改变国家的渴望努力学习，30年后凭借知识和毅力成为社会精英。中国电影导演张艺谋有三部电影获得奥斯卡奖最佳外语片提名，在恢复高考前他却在陕西省咸阳棉纺织厂当了七年的搬运工，后来才抓住了恢复高考的机会进入北京电影学院。1978 年同在海南省下乡的陈伟荣、黄宏生还互相并不认识，恢复高考让他们和李东升在华南理工大学结识为无线电专业同班同学，此后他们分别创办了康佳、创维、TCL 三家彩色电视机制造企业，后来还收购了法国汤姆逊、德国美兹等国际彩电同行。这样的动人故事还有成千上万，但是很难想象，如果没有恢复高考，这些人的命运又会是怎么样。

2. 高等教育毛入学率大幅提升，接近中高收入国家水平

（1）20 世纪 90 年代初的高校毛入学率尚在较低水平

高等教育的毛入学率是指高等教育在学人数与适龄人口之比，其中适龄人口是指 18 岁 ~22 岁年龄段的人口数。1990 年中国高等教育的毛入学率只有 3%，这仅仅略好于非洲国家喀麦隆（2.8%），相当于印度（6.0%）的一半，低于世界水平（13.7%）的 1/4，近乎墨西哥（15.1%）的 1/5，远落后于美国的 70.75%。

（2）“扩招”使高等教育毛入学率接近中高收入国家水平

中国政府在 1999 年决定大幅扩大高校招生计划，高等教育毛入学率从略好于撒哈拉以南非洲国家提高到接近中高收入国家水平。从每十万人高等教育在校人数这一指标来看，中国从 1978 年到 1999 年这 21 年间增加了 505 人；自 1999 年启动扩招后，中国从 1999 年到 2015 年这 16 年增加了 1894 人。根据中国政府 1998 年出台的《面向 21 世纪教育振兴行动计划》，中国计划于 2010 年实现高等教育毛入学率达到 15% 的目标。但实际上在 2003 年，中国高校扩招后的毛入学率已经大幅提升至 15%，提前 7 年就完成了该目标。到 2015 年，中国高等教育毛入学率已经提升到 43%，提前 5 年完成原定 2020 年实现的 40% 的目标水平，这远超过撒哈拉以南非洲国家（8.6%）及墨西哥（29.9%）等，略高于世界平均水平（34.5%），接近了中高收入国家水平（43.9%）。① 预计到 2020 年，中国高等教育毛入学率将进一步提高到 50%。（图 3.17）

图 3.17 高等教育毛入学率②

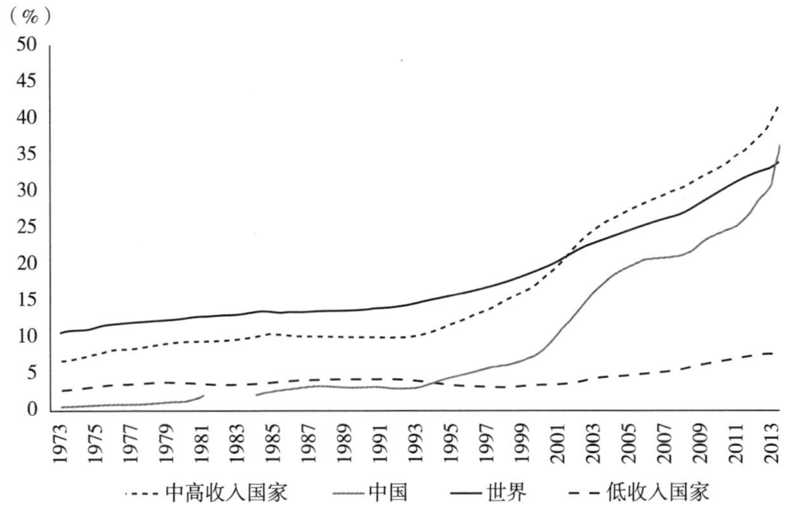

3. 高等教育结构有所调整，研究生教育规模接近美国水平

1978 年，中国研究生招生规模仅 1 万人；经过 21 年的努力，到 1999 年时也才扩大到 9 万人，远远不能满足中国经济社会发展需要。在高校扩招之后，研究生招生规模不仅迅速增长，而且快于本科生增速。从 1999 年到 2014 年，本科生招生规模增长了 3 倍；与之相比研究生招生规模则扩大了近 6 倍，2014 年时中国研究生招生计划已经高达 62 万人。2014 年，中国研究生培养规模达到 233 万人，比英国研究生培养规模多 172 万人，是美国研究生培养规模的 85%，中国已经成为世界研究生教育大国。（表 3.1）

① 除中国外其他国家均为 2014 年数据
② 资料来源：联合国教科文组织

表 3.1 研究生注册人数[①]

	2013	2014	2015
美国	2519113.6	2509358	2520013
中国	1983074	2146656	2213805
意大利	727019	724883	—
日本	338670	333353	—
英国	423592	423518	—
世界	24540510	23884446	—

4. 集中力量提高高校质量，部分高校科研成果数量位居世界前列

1995 年，中国全部高等学校发表的 SCI 论文数仅为 10832 篇，这甚至低于当年美国哈佛大学和麻省理工学院两所学校发表论文数量之和，可见科研水平发展的滞后。在这样的背景下，中国政府启动实施“211 工程”，即面向 21 世纪重点建设 100 所左右的高等学校和一批重点学科。经过 10 年建设，“211 工程”高校科研经费增长了 7 倍，具有博士学位的教师数量增加了近 5 倍，仪器设备数量增长了 4.5 倍，教学科研用房面积增加了 1.6 倍。对比 SCI 论文数量，2005 年清华大学一家高校的发表数量和被引次数已经分别达到 MIT 的 67% 和 53%。到 2015 年，根据 US News 大学排名，清华大学已经在工程类学术文章数、文章总引用次数和前 10% 引用的高水平文章总数这三个总量指标上达到了世界第一。

二、让每一个适龄儿童上学

1991 年 5 月的一天，在安徽省金寨县读小学一年级的苏明娟正在专心听课，她那双渴求知识的大眼睛，闯进了正在学校采访的中国青

① 资料来源：联合国教科文组织

年报记者解海龙的视线。当苏明娟再次抬头时，解海龙迅速摁下快门，一张名为《我要读书》的黑白肖像照片由此传遍全国。苏明娟的父母都是文盲，家里除了一台 12 寸的黑白电视机再无值钱东西，小学学费对很多像苏明娟这样的家庭都是个沉重的负担，“上学难”问题困扰着包括苏明娟在内的很多孩子。

自古以来中国人就非常重视教育，这样一双渴望知识的大眼睛更加让人们意识到基础教育问题的严重。这张照片造就了迄今为止中国受众最为广泛的公益宣传效果，人们由这一张黑白照片记住了一个小女孩渴望上学的大眼睛，也发现中国基础教育距离“普及基础教育”这一目标仍然有很长一段路要走，“上学难”问题十分突出。

1. 整顿恢复基础教育秩序为教育发展奠定了基石

1978 年教育部召开全国教育工作会议，强调把学校整顿好，并提出新时期教育事业的“中心环节是提高教育质量”“要认真从中小学抓起，切实打好基础”。

1980 年底，中国政府发布《关于普及小学教育若干问题的决定》，提出在 20 世纪 80 年代全国应基本实现普及小学教育的任务。这个时期，中国颁发了教学计划和编写了教材；恢复了教师职称，恢复和发展了师范教育；恢复了学校中的正常领导，重新修订颁布了中小学工作条例。

1993 年，中国政府颁布《中国教育改革和发展纲要》，把基础教育作为重中之重提出来。同年，中国全国人大通过了《教师法》，极大地调动了广大教师的积极性。经过上述一系列工作，教育工作秩序逐步恢复正常。

2. 基础教育投入成倍提升

（1）基础教育支出经费翻倍式增加

幼儿园教育、小学教育、中学教育的教育经费分别从 1997 年的 32

亿元、836亿元、770亿元增长到了2011年的1019亿元、6012亿元、6671亿元，14年间分别增长到32倍、7倍、9倍。（图3.18）其中，用于教师工资、学校运转、学校建设的公共财政预算内教育事业费占总经费比重较大，增长较快。在1997年，中国普通小学、普通初中、普通高中的生均教育事业费分别为333元、591元、1155元，到2015年时已经增至8838元、12105元、10820元，18年间分别增加了约25倍、19倍、8倍。用于教师培训、文体活动、设备和图书资料购置的公用经费增幅更为突出。1997年，中国小学、初中、高中的生均公用经费支出分别为34元、93元、229元，到2015年时已经增至2434元、3361元、2923元，18年间分别增加了约70倍、35倍、13倍。

图3.18　基础教育经费翻倍式增加①

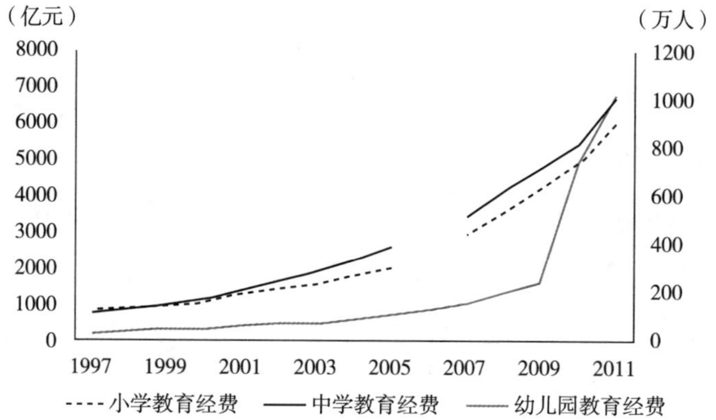

2. 生师比倍数大幅下降，好于中高收入国家水平

生师比指的是在校生人数与专职教师人数之比，是反映教育投入的重要指标。1971年，中国小学教育生师比高达29倍，与菲律宾相仿，略高于世界水平（28∶1），远高于英国水平（22∶1）。到2014年时，中国这一指标已经下降至16.2倍，大大低于菲律宾水平（31∶1），明显低于世界水平（24∶1），接近了英国水平（15.9∶1）、高收入国家水平

① 资料来源：中华人民共和国国家统计局

（14.1∶1）。（图 3.19）与此类似，中国中学教育生师比也发生了巨大变化，在 1971 年时这一指标高达 21 倍，与低收入国家水平相仿，明显高于世界水平（16∶1）和墨西哥水平（14∶1）。到 2014 年中国中学教育生师比已经下降至 14 倍，大大低于低收入国家水平（24∶1），明显低于世界水平（18∶1），并且反超了墨西哥水平（16∶1）、中高收入国家水平（14.8∶1）。（图 3.20）

图 3.19　小学教育生师比①

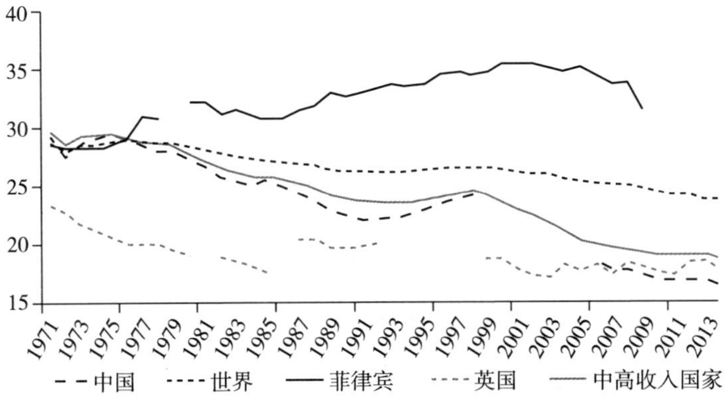

图 3.20　中学教育生师比②

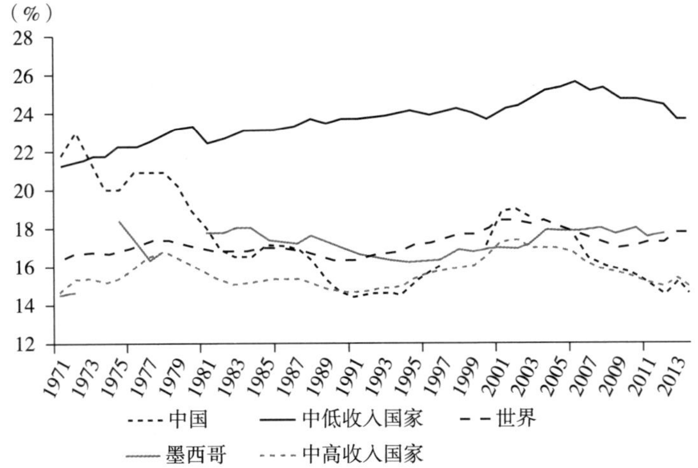

① 资料来源：世界银行

② 资料来源：世界银行

3. 基础教育参与普及度大幅改善，接近高收入国家水平

中国连续提出并完成了基本普及义务教育和全面普及义务教育的两大目标。1992 年，中国政府提出："必须把教育摆在优先发展的战略地位，努力提高全民族的思想道德和科学文化水平，这是实现中国社会主义现代化的根本大计。"1992 年，中国政府设定了到 20 世纪末基本普及包括小学、初中在内的九年义务教育目标。到 2000 年末时，中国顺利完成了在 85% 的人口地区普及九年义务教育的目标。到 2011 年末时，中国又完成了全面普及九年义务教育的目标。

毛入学率的变化充分体现了基础教育的全面普及。1980 年，中国学前教育毛入学率仅为 9%，与印度尼西亚（11%）相仿，显著低于墨西哥（18%）及世界（20%）水平，远低于经济合作与发展组织（OECD）成员国水平（50%）。到 2014 年，中国学前教育毛入学率已经高达 81%，超过印度尼西亚（58%）、墨西哥（68%）、世界（44%）水平，达到了 OECD 成员国水平。（图 3.21）与此类似，中国中等教育毛入学率也发生了巨大变化。在 1986 年时这一指标仅为 33%，略低于加纳

图 3.21　学前教育毛入学率①

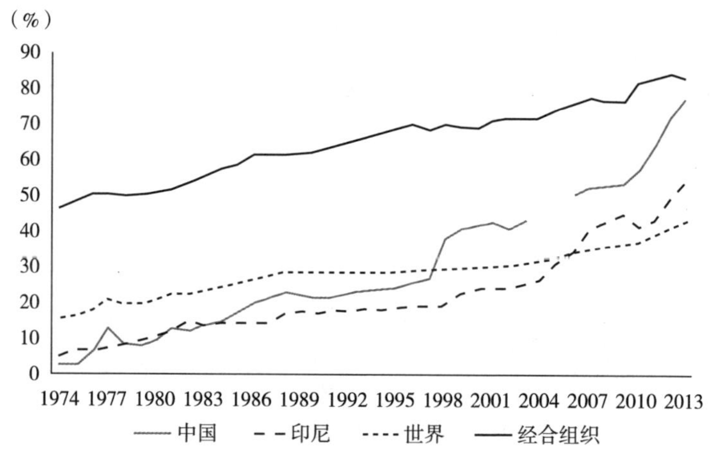

① 资料来源：世界银行

（37%）、印度（37%），明显低于墨西哥（55%）、世界（50%）水平。到 2014 年，中国这一指标已经提高至 94%，大幅超过加纳（67%）、世界（75%）水平，高于中高收入国家水平（93%）、墨西哥（90%），接近美国（98%）。

图 3.22　中等教育毛入学率[①]

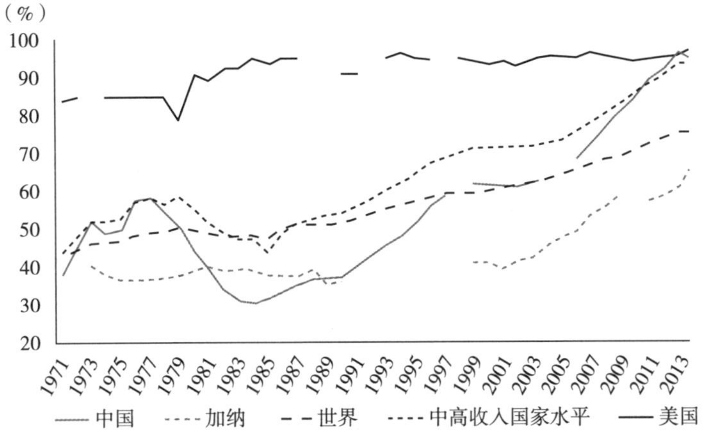

三、国民教育水平全面提升

1. 教师素质水平逐步提升

中小学师资学历合格率显著提高。1990 年，小学专任教师学历合格率为 74%，也就是说有超过 1/5 的小学教师甚至没有接受过完整的高中教育。2015 年，小学专任教师学历合格率达到 99.9%，在 25 年间提高了 34 个百分点。1990 年初中专任教师、高中专任教师学历合格率分别为 46.5%、45.5%，这意味着超过一半的初中教师没有专科或专科以上学历、高中教师没有本科或本科以上学历。2015 年，初中专任教师、高中专任教师学历合格率分别达到了 99.7%、97.7%，较 1990 年实现了翻倍提升。

① 资料来源：世界银行

2. 国民受教育水平明显提高

1980年，中国的预期受教育年限仅为8.4年，这甚至低于初中理论教育年限，也落后于肯尼亚、印度尼西亚、墨西哥等国家。2014年，中国的预期受教育年限提高到13.1年，这意味着已经都能完成高中教育，反超了肯尼亚、印度尼西亚，与墨西哥持平，仅落后日本和美国2—3年。（表3.2）预计到2020年，中国的新增劳动力平均受教育年限将达到13.5年。

表3.2　预期受教育年限①

国家＼年份	1980	1985	1990	1995	2000	2005	2010	2014
中国	8.4	8	8.8	8.8	9.2	10.6	12.4	13.1
墨西哥	10.2	11.1	10.6	10.7	11.6	12.2	12.7	13.1
肯尼亚	9.3	9.2	9.1	8.7	8.4	9.7	11	11
印度尼西亚	8.7	9.9	10.2	10.2	10.7	11.2	12.5	13
日本	13.2	13.2	13.3	14.2	14.6	14.9	15.1	15.3
美国	14.1	14.4	15.2	15.7	15.3	15.9	16.4	16.5

3. 识字率不断提升，超过中等收入国家水平

1982年，中国15岁以上人口识字率为65.51%。1990年中国15岁以上人口识字率上升到77.79%，略高于世界平均水平，但仍低于印度尼西亚、墨西哥等国家水平。到了2015年，中国15岁以上人口识字率为96.36%（相对于1982年增长47%），高于印度尼西亚同期识字率水平（95.44%），墨西哥同期水平（94.55%），中国扫盲有了很大的进展。（图3.23）

① 资料来源：联合国教科文组织

图 3.23 15 岁以上成人识字率[①]

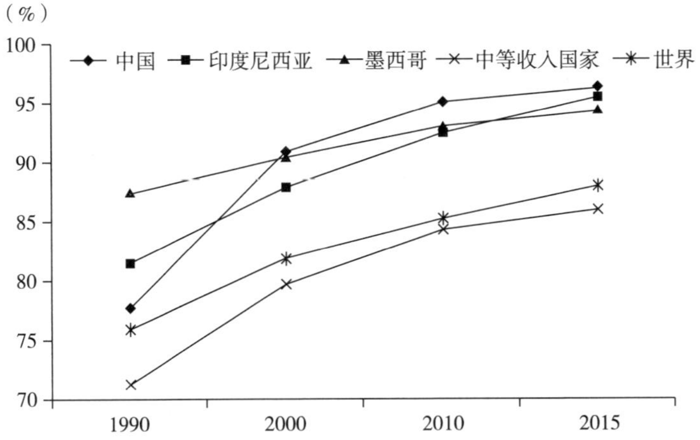

四、教育事业发展的成效、不足和展望

1. 中国教育发展成效

百年大计，教育为本。中国政府充分认识到，教育是国家振兴、社会进步的基石，是提高国民素质、促进人的全面发展的根本途径，寄托着亿万家庭对美好生活的期盼。教育的发展极大地提高了国民素质，推进了科技创新、文化繁荣，为经济发展、社会进步和民生改善做出了不可替代的重大贡献。

中国政府提出并长期坚持教育优先发展，切实保证经济社会发展规划优先安排教育发展，财政资金优先保障教育投入，公共资源优先满足教育和人力资源开发需要，建成了世界最大规模的教育体系，保障了亿万人民群众受教育的权利。

“有教无类”的历史梦想成为现实。两千多年前，中国古代的思想家、教育家孔子就提出“有教无类”的思想。有教无类指的是，无论贫富、无论阶层，人人都可以受教育。但是两千多年来，中国从未像

① 资料来源：联合国教科文组织

今天一样能够给全国人民提供如此完备的教育机会。2015 年，中国小学、初中毛入学率均已超过 100%，达到了美国、德国等发达国家水平，极大地促进了教育公平和社会公平，让每一个孩子都有受教育的机会。故事开头的苏明娟出身农村贫寒家庭，但彻底摆脱了父母那辈人的文盲困境，一路读完了小学、初中、高中，考入安徽大学接受高等教育。如今她已经走出农村，进入安徽省省会合肥市的一家银行工作，并且成为一个小女孩的妈妈。最重要的是，如今苏明娟的孩子再也不用像她小时候一样为能否上学读书而担心，中国实现了“有教无类”的千年夙愿。

高等教育跨越精英阶段，迈入大众化阶段的较高水平。根据美国社会学家马丁·特罗提出的三阶段理论，高等教育在发展历程上可以分为“精英、大众化和普及化”三个阶段，高等教育毛入学率 15% 及以下为精英教育阶段，15% 到 50% 为大众化阶段，超过 50% 时高等教育开始进入普及化阶段。在 1978 年高考全面恢复后很长一个时期内，中国处于精英阶段的较低水平，直到 1993 年以前都不足 15% 分界线的 1/5。但从 1993 年到 2015 年的 22 年间，中国高等教育入学率提升了 40 个百分点，达到了 43%，属于大众化阶段的较高水平，距离迈向普及化阶段仅剩余 7 个百分点。

教育总体发展水平进入世界中上行列。九年义务教育全面普及，进入均衡发展新阶段，学前三年毛入园率提前实现《教育规划纲要》2020 年目标，高中阶段教育基本普及，基本公共教育服务体系和现代职业教育体系基本确立，高等教育大众化水平显著提升，继续教育持续发展，全民终身学习的态势初步形成。教育质量稳步提升，学生在经济合作与发展组织开展的国际学生评估项目中表现良好，一批高校和学科世界排名显著提升。

服务经济社会发展能力显著增强。普通本科高校 5 年累计输送 2000 多万名专业人才。高等学校牵头承担了一大批国家重大科学研究任务和重大工程项目，产出了一大批服务国家战略、具有国际影响力的标志性研究成果，技术转移和成果转化成效明显。职业学校每年输送近 1000 万名技术技能人才，开展培训上亿人次。

教育发展能力显著提升。教育投入实现历史性突破，2012 年首次实现国家财政性教育经费占国内生产总值 4% 的目标，生均拨款制度逐步建立，各级各类学校特别是农村学校办学条件有较大改善，教师队伍素质进一步提高，教育信息化全面推进。教育对外开放水平显著提升，国际影响力稳步增强。

2. 中国教育事业现存问题

中国的教育改革发展虽然取得了显著成就，但尚不能完全适应国民的全面发展和经济社会进步的需要，仍存在一些突出问题，主要表现为：科学的教育理念尚未牢固确立，促进学生全面发展的育人模式与环境有待完善，产教融合、科教融合的协同培养机制尚未形成，学生创新创业能力的培养有待加强；优质教育资源总量不足、布局不合理，学前教育、职业教育、继续教育仍是教育体系中的突出短板，人才培养的类型、层次和学科专业结构与社会需求不够契合；教师队伍素质和结构不能适应提升质量与促进公平的新要求；学校办学活力不强，促进和规范社会力量参与举办教育的法律制度和政策体系亟待完善，多方参与教育治理和评价的体制机制还不健全；教育对外开放的水平不够高；教育优先发展地位需进一步巩固。其中，教育公平和素质教育的问题较为突出，还不能完全适应国家经济社会发展和人民群众接受良好教育的要求。

教育发展还存在不平衡、不协调的问题，城乡、区域之间教育差距仍较大，贫困地区、民族地区教育发展滞后。中西部地区、民族地区和偏远贫困地区，财政自给率低，办学基本条件很难提升，特别是在一些自然条件恶劣的边远地区，群众受教育观念落后，普及教育的难度很大。城乡之间生均拨款水平、办学基本条件、师资质量还存在较大的差距，农村教师队伍不稳定，农村教育整体上还比较落后。根据2011年审计署对农村中小学布局调整情况专项审计，西部地区270个县的初中、小学服务半径平均达到14.4公里和6.1公里。由于就学距离远，增加了走读生交通费负担、寄宿生食宿费负担、校外租房陪读家长负担，导致一些地方出现了新的辍学现象。

中小学生课业负担过重，素质教育推进困难。由于存在片面追求升学率的错误导向，社会和学校存在重智育、轻体育的倾向，造成幼儿教育小学化、中小学生课业负担过重等问题，严重损害了学生的健康成长，导致教育行为的扭曲。2012年上海虽然在PISA测试中保持了“世界第一”的优势，但是上海学生每周平均作业时间为13.8小时，远高于OECD平均的7小时左右，列第1位；每周校外平均学习时间为17小时左右，远高于OECD平均的7.8小时。课业负担过重，导致休息和锻炼时间严重不足，并不利于学生身心健康。2014年北京市对全市中小学生体质健康状况的调查显示，初一学生的肥胖检出率比小学一年级多了11.79个百分点；视力不良检出率居高不下，其中高三学生视力不良检出率达88.79%；目前的一些常见慢性病呈现低龄化趋势，部分初一、高一学生的高血压检出率竟有30.7%。

3. 中国教育事业的发展展望

中国共产党的十九大报告提出，“建设教育强国是中华民族伟大复兴的基础工程，必须把教育事业放在优先位置，加快教育现代化，办好人民满意的教育”。根据中国政府制定的《国家教育事业发展“十三五”规划》，2016—2020年时期教育改革发展的总目标是：教育现代化取得重要进展，教育总体实力和国际影响力显著增强，迈入人力资源强国和人才强国行列，为实现中国教育现代化2030远景目标奠定坚实基础。

全民终身学习机会进一步扩大。形成更加适应全民学习、终身学习的现代教育体系，现代职业教育体系更加完善。学前教育机会显著增加，义务教育普及成果进一步巩固提升，普及高中阶段教育，高等教育发展进入普及化阶段，继续教育参与率明显提升，学习型社会建设迈上新台阶。

教育质量全面提升。教师素质进一步提高，学校办学条件明显改善，教育信息化实现新突破，形成信息技术与教育融合创新发展的新局面，学习的便捷性和灵活性明显增强。教育教学改革取得重要进展，学生的思想道德素质、科学文化素质、身心健康素质明显提高，社会责任感、法治意识、创新精神和实践能力显著增强，学业水平和自主学习、终身学习能力全面提升。

教育发展成果更公平地惠及全民。完成教育脱贫攻坚任务，精准扶贫、精准脱贫的效果充分显现。实现家庭经济困难学生资助全覆盖，困难群体、妇女儿童平等受教育权利得到更好保障。义务教育实现基本均衡的县（市、区）比例达到95%，城乡、区域、学校之间差距进一步缩小，建成覆盖城乡、更加均衡的基本公共教育服务体系。人民群众高质量、个性化、多样化的学习需求得到更好满足。

人才供给和高校创新能力明显提升。创新型、复合型、应用型和技术技能型人才培养比例显著提高，人才培养结构更趋合理。各类人才服务国家和区域经济社会发展、参与国际竞争的能力显著增强。提高高等教育发展水平，若干所大学和一批学科进入世界一流行列，若干学科进入世界一流学科前列，在高校建成一批服务国家战略的创新基地和新型智库，创新服务能力全面提升，涌现一批重大创新成果，促进培育新动能，推动文化繁荣和社会进步，增强国家核心竞争力。

教育体系制度更加成熟定型。教育法律法规体系和执法体制机制更加健全，教育标准、监管、评价、督导、投入保障、教师队伍建设等基础性制度体系更加完善，社会力量举办教育、参与教育改革发展的制度更加完备有效。基本实现管办评分离，形成政府依法管理、学校依法自主办学、社会各界依法参与和监督的格局，教育治理体系和治理能力现代化水平明显提升。

第三节　活得更健康

2016 年 5 月，从中国农村长大的何江走上了美国哈佛大学毕业典礼的演讲台，他在演讲中提到了小时候通过火烤治疗蜘蛛咬伤的经历。小时候有一只毒蜘蛛咬伤了何江的右手，他的母亲并没有带他去看医生，而是把他的手放在火上烤。为了减缓痛苦，何江母亲先用棉花包住受伤的右手，又在棉花上喷撒白酒，再点燃棉花炙烤何江的右手。即便如此，灼烧的疼痛仍然让何江忍不住喊叫。

或许我们会奇怪被毒蜘蛛咬伤为何不去看医生？在那个年代，何江母亲身处湖南省农村，在一个没有电话、没有电的村落里，很难能轻易获得先进的医疗资源，只能依赖于火疗这一简单粗暴的办法。20 世纪八九十年代中国的公共卫生和医疗服务处于一个较为落后的状态，医院少、医生少，与中国人口众多的状况形成鲜明的对比。

现在，何江作为哈佛大学的生物化学博士，已经知道了有更好的治疗方法让蜘蛛咬伤患者不必那么痛苦。如今的中国，接受过现代医疗教育的医生已经越来越多，医疗服务体系发生了根本性的变化，卫生、医疗水平整体大幅提高，国民身体健康面貌焕然一新。

一、健康水平不断提升

1. 人均期望寿命翻倍提高，跨入中高收入国家行列

新中国成立之初，中国国民的平均期望寿命仅为 35 岁，远低于世界水平，不足美国等发达国家的一半。新中国成立后，中国的平均期望寿命水平逐步提高，在 20 世纪 70 年代赶上了世界平均水平。（图 3.24）2015 年，中国居民人均预期寿命达到 76.34 岁（图 3.25），这不仅明显超过了世界平均水平，而且持续多年达到中高收入国家平均水平之上，与美国这样的发达国家差距缩小到 4 年以内。预计到 2020 年人均预期寿命会超过 77.3 岁，2030 年超过 79 岁。

图 3.24　出生时预期寿命①（单位：年）

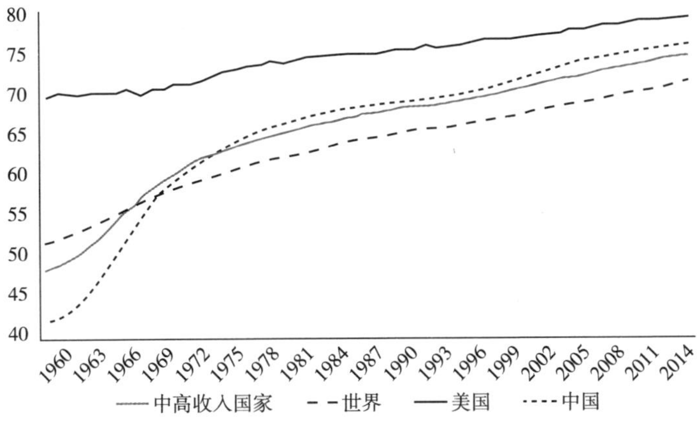

图 3.25　中国人口的出生时预期寿命变化②（单位：岁）

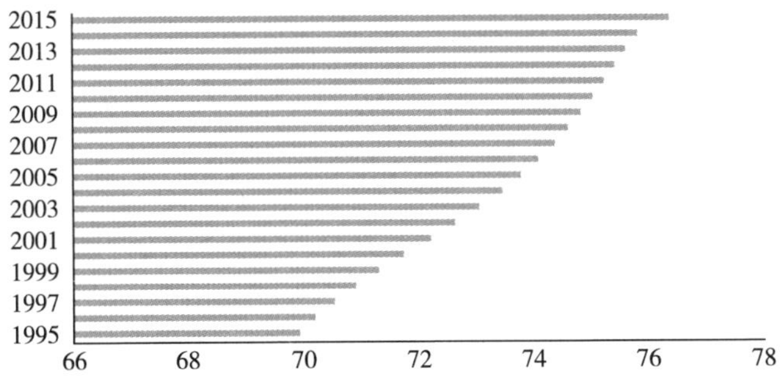

① 资料来源：世界银行

② 资料来源：世界银行

2. 儿童死亡率大幅下降，好于中高收入国家水平

儿童死亡率有两个主要指标，既婴儿死亡率和五岁以下儿童死亡率。婴儿死亡率从 1995 年的 37.7‰下降到 2015 年的 9.2‰；五岁以下儿童死亡率从 1995 年的 47.5‰下降到 2015 年 10.7‰。2005 年之前中国的新生儿死亡率一直高于中高收入国家，2005 年后中国的婴儿死亡率和五岁以下儿童死亡率不断下降，并保持好于中高收入国家水平。（图 3.26）（图 3.27）预计婴儿死亡率和五岁以下儿童死亡率将在 2020 年分别降至 7.5‰、9.5‰，到 2030 年进一步降至 5‰、6‰。

图 3.26　1 岁以下婴儿死亡率 ①

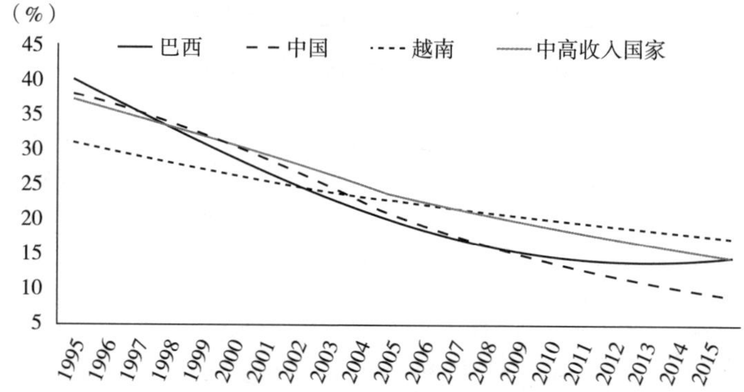

图 3.27　五岁以下儿童死亡率 ②

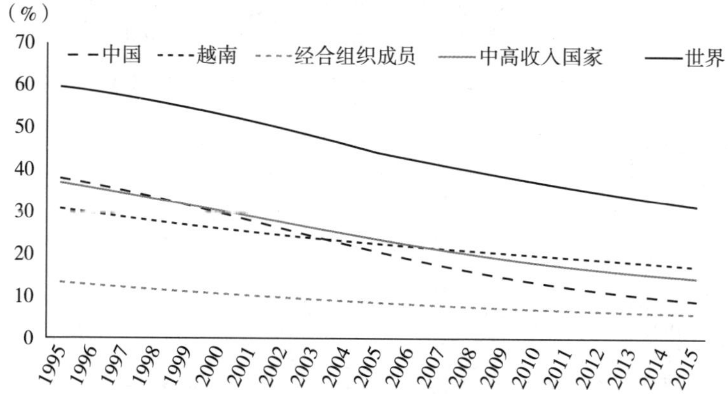

① 资料来源：世界银行

② 资料来源：世界银行

3. 孕产妇死亡率城乡差距缩小，正在向经合组织成员水平趋近

孕产妇死亡率从 1990 年的 120/10 万下降到 2015 年的 20.1/10 万。其中，城市为 19.8/10 万，农村 20.2/10 万，城乡之间孕产妇死亡率差距缩小较快。农村孕产妇死亡率与城市孕产妇死亡率之间的差距由 1995 年的 2.5 倍缩小到了 2015 年的 1.02 倍。（表 3.3）1995—2015 年间，中国的孕产妇死亡率明显好于中高收入国家水平，与经合组织成员水平的差距逐年减小。（图 3.28）预计孕产妇死亡率将于 2020 年降至 18/10 万，到 2030 年进一步降至 12/10 万。

表 3.3　中国孕产妇和儿童死亡率[1]

	合计		城市		农村	
	2014	2015	2014	2015	2014	2015
孕产妇死亡率（1/10 万）	21.7	20.1	20.5	19.8	22.2	20.2

图 3.28　孕产妇死亡率（每 10 万例活产中所占数量）[2]

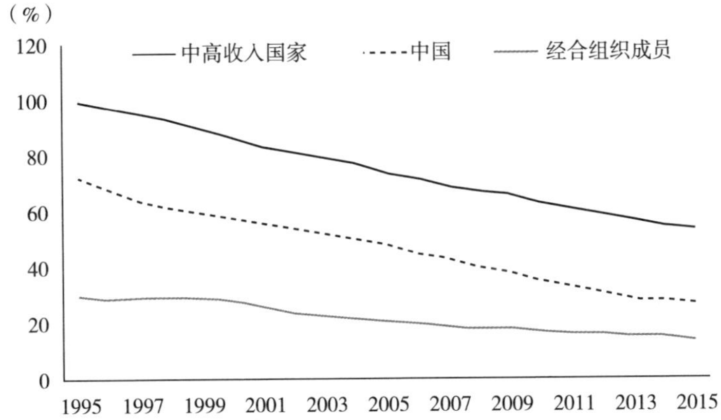

4. 儿童的总体营养情况逐步改善，已好于中等收入国家水平

无论是儿童体重健康还是总体人口营养情况，中国有明显改善。1995 年，中国 5 周岁以下儿童体重过轻发生率为 10.70%，虽然低于世

① 资料来源：《2015 年中国卫生和计划生育事业发展统计公报》

② 资料来源：世界银行

界平均水平（22.62%），但高于中高收入国家水平（9.06%）。2005 年，中国 5 周岁以下儿童体重过轻发生率（4.5%）已经好于中高收入国家水平（4.65%）。（表 3.4）从 1995 年到 2015 年，中国的营养不良发生率不断降低，降幅达 53.73%，已经好于世界平均水平，接近中高收入国家水平。（图 3.29）

表 3.4　5 周岁以下儿童体重过轻发生率[1]

（单位：%）

	1995	2000	2005	2010	2015
中国	10.70	7.40	4.50	3.40	—
越南	—	26.70	22.70	12.00	—
世界	22.62	20.73	18.41	16.09	13.93
中低收入国家	35.98	31.96	28.20	24.71	21.53
中等收入国家	24.56	22.22	19.51	16.82	14.37
中高收入国家	9.06	6.51	4.65	3.29	2.33

图 3.29　总人口营养不良发生率[2]

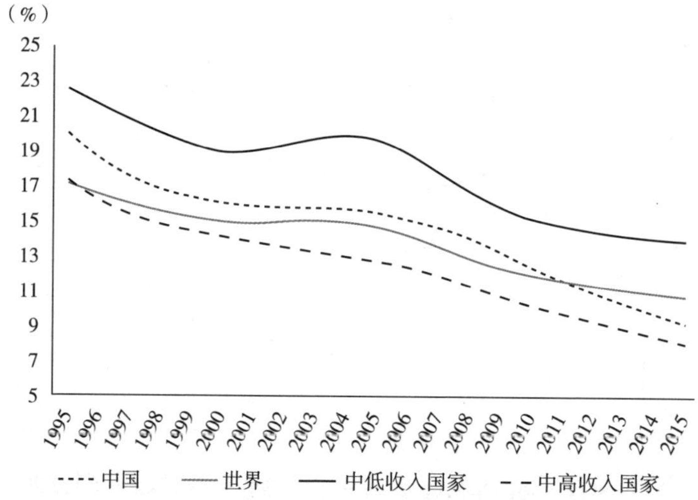

5. 使用改善公共卫生设施的人口比例超过世界水平

1990 年，中国使用改善公共卫生设施的群体占比仅为 48%，尽管

① 资料来源：世界银行
② 资料来源：世界银行

好于中等收入国家水平，但明显低于世界平均水平。经过 15 年的努力，2015 年全国使用改善的公共卫生设施的人口比例值上升为 77%，显著超过了世界水平（65%），接近中高收入国家水平（80%），不过仍然远落后于高收入国家水平（99%）。（图 3.30）

图 3.30　使用改善的公共卫生设施的人口比例[①]

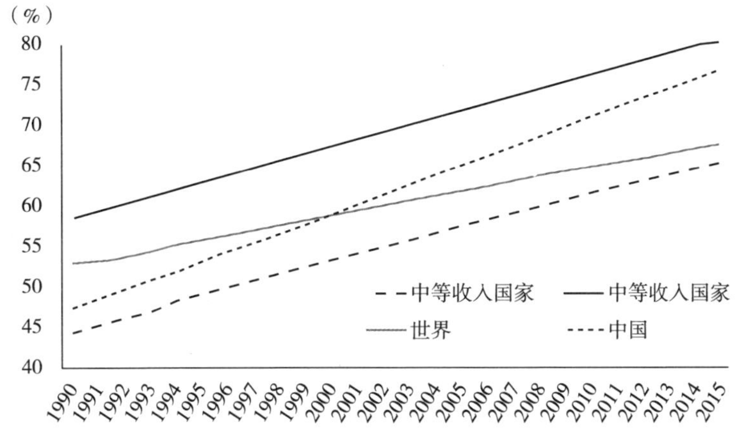

二、公共卫生建设成效显著

1. 卫生总费用大幅增长，个人负担明显减轻

（1）卫生总费用大幅增长，人均医疗卫生支出超过中等收入国家水平

过去中国医疗卫生总支出占 GDP 比重与印度、老挝相仿，如今中国已经明显拉开了差距。（图 3.31）1995 年至 2015 年间，中国的卫生总费用增长了 18.83 倍，卫生总费用占 GDP 比例从 3.5% 增长到 6.0%。中国的人均医疗卫生支出逐步上升，从 1995 年的 21.02 美元上升到 2014 年的 419.73 美元，1995 年中国的人均医疗卫生支出仅处于中低收入国家水平，2009 年一举超过中等收入国家水平，并逐渐缩小与中高收入国家的差距。（图 3.32）

① 资料来源：世界银行

图 3.31　医疗卫生总支出占 GDP 的百分比[①]

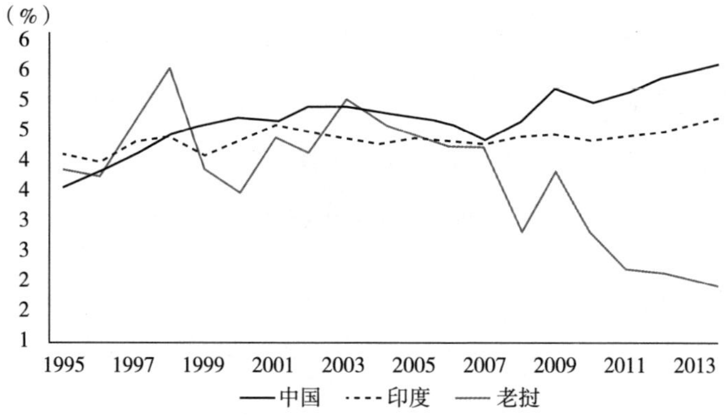

图 3.32　人均医疗卫生支出[②]（单位：现价美元）

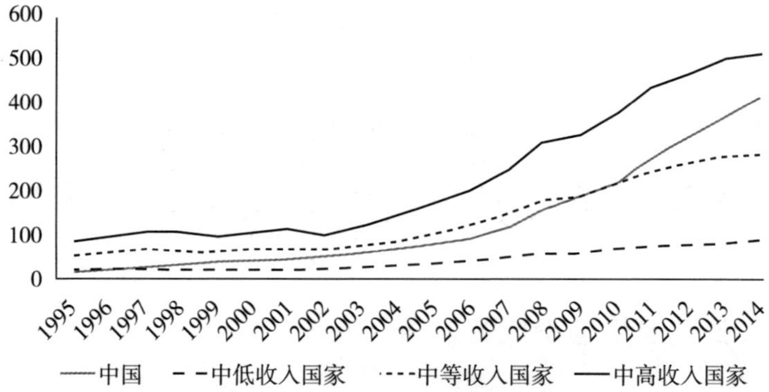

（2）卫生支出多元化，个人负担明显减轻

医疗保险制度的建立正逐步解决“看病贵”的问题，通过政府、个人、社会三方面共同筹资，个人支付占卫生总费用的比例大幅降低。随着中国新型农村合作医疗制度、城镇居民基本医疗保险制度、城镇职工基本医疗保险制度等各项医疗保险制度的试点、改革和完善，中国已经形成了覆盖所有人口的基本医疗保险体系。

中国个人现金支付占卫生总费用的比例在 2000 年达到 59% 后开始逐年下降，2015 年已经下降到 30%，15 年下降了近一半的负担比例。2015 年，政府财政支出占卫生总费用的比例为 30.9%，社会卫生支出占 39.2%。

---

① 资料来源：世界银行

② 资料来源：世界银行

2. 重大疾病的预防和防治取得显著进步

（1）麻疹免疫接种率位居世界前列

在 1995—2014 年间，中国的麻疹免疫接种率呈现不断上升的态势。1995 年中低收入国家麻疹免疫接种率（占 12—23 个月年龄组的百分比）为 69.60%，中国的麻疹免疫接种率（占 12—23 个月年龄组的百分比）为 80%；2007 年，中国（94%）超过经合组织成员（93.53%）的麻疹免疫接种率水平；2014 年中国达到 99%，高于中高收入国家（94.24%）同期水平，并且高于美国、日本等发达国家。（图 3.33）

图 3.33　12—23 个月年龄组麻疹免疫接种率[①]

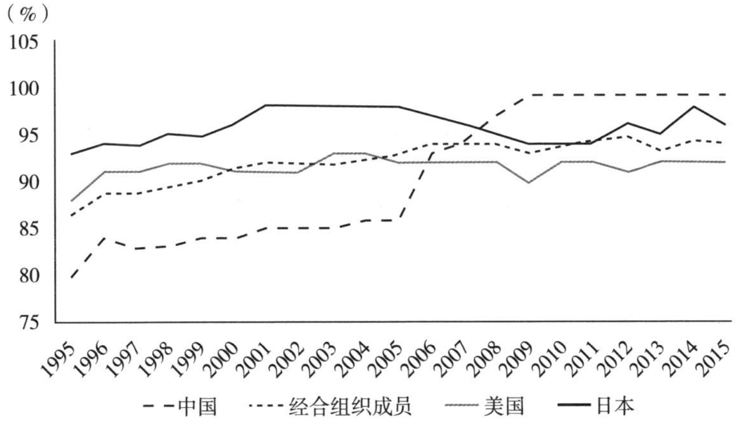

（2）结核患病率明显低于中高收入国家水平

中国结核患病率（每 10 万人）在 2000—2015 年间逐年降低。2000 年世界上患有结核病的就有 172/10 万人，中国约为 109/10 万人，稍优于世界水平。2015 年中国患有结核病的人数已经降为 67/10 万人，降幅达 38.53%；而世界结核患病率为 142/10 万人，中高收入国家结合患病率为 81/10 万人，中国明显优于世界水平，并优于中高收入国家水平。（图 3.34）

① 资料来源：世界银行

图 3.34　每 10 万人结核患病率[①]

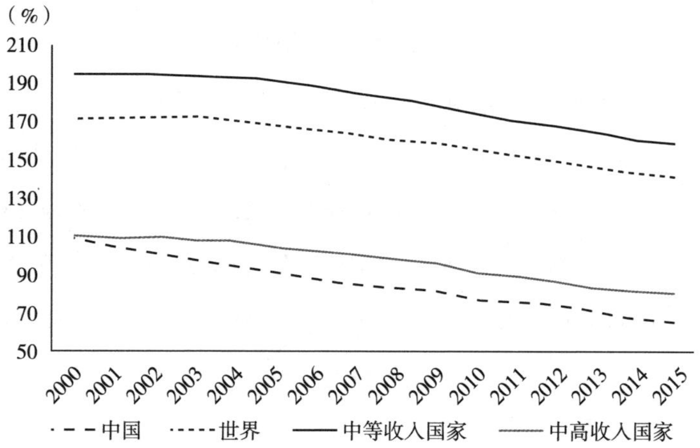

三、医疗服务提供能力全面提高

1. 床位数指标已超经合组织成员水平，各类医疗卫生机构建设齐头并进

（1）床位数在波动中增长，已经超过经合组织成员水平

2015 年末，全国医疗卫生机构床位 701.5 万张，其中医院 533.1 万张（占 76.0%），基层医疗卫生机构 141.4 万张（占 20.2%）。医院中，公立医院床位占 80.6%，民营医院床位占 19.4%，每千人口医疗卫生机构床位数 5.11 张，与 1995 年比较增加 2.5 张，增幅达 95.79%。1995 年，经合组织每千人医院床位数为 6.30 张，中国为 2.61 张，仅为经合组织每千人床位数的 41.43%。此后差距逐渐缩小，到 2009 年中国已经达到经合组织每千人床位数的 80.46%。2011 年中国每千人床位数已达 3.80 张，超过经合组织（3.77 张）。（图 3.35）

---

① 资料来源：世界银行

图 3.35　每千人医院床位数量的国际对比[①]（单位：张）

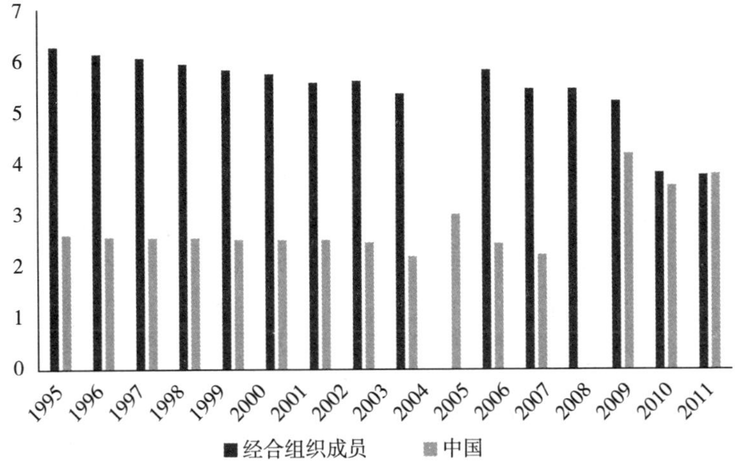

（2）各类医疗卫生机构建设齐头并进

2015 年末，全国医疗卫生机构总数达 98.35 万个，比 2014 年增加 2096 个。其中医院 27587 个，基层医疗卫生机构 92.08 万个，专业公共卫生机构 3.19 万个。医院中，公立医院 13069 个，民营医院 14518 个。基层医疗卫生机构中，社区卫生服务中心（站）34321 个，乡镇卫生院 36817 个，诊所和医务室 195290 个，村卫生室 640536 个。政府办基层医疗卫生机构 117503 个。专业公共卫生机构中，疾病预防控制中心 3478 个，卫生计生监督机构 2986 个。2005 年公立医院占有明显优势，民办医院微乎其微，到 2012 年民办医院与公立医院的数量已显著缩小，各类医疗卫生机构多元发展。（图 3.36）

① 资料来源：世界银行

图 3.36　不同性质医院数量变化①

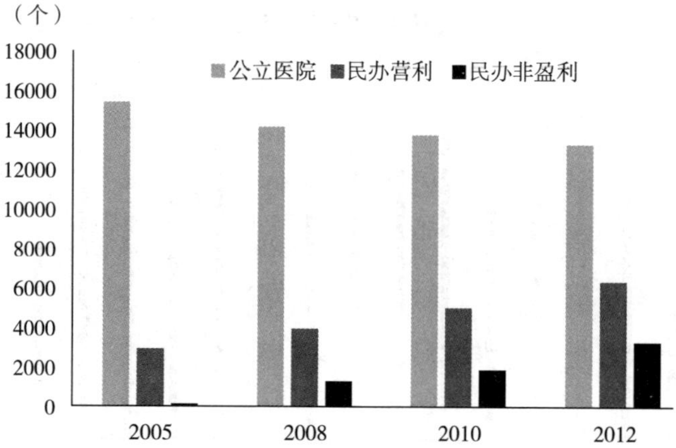

2. 中国卫生人员总量总体保持上升趋势

20 世纪 60 年代，中国卫生人员数量停滞不前，在 180 万人上下波动。20 世纪 70 年代至 80 年代快速发展，每年递增约 15 万人，90 年代后递增速度放慢。2001 年至 2003 年卫生人员数量出现负增长。2005 年以后，卫生人员数量再次快速增长，每年递增均超过 20 万。2015 年末，全国卫生人员总数达 1069.4 万人。2015 年末卫生人员总数中包括卫生技术人员 800.8 万人，在卫生技术人员中包括执业（助理）医师 303.9 万人，注册护士 324.1 万人。与周边或其他类似国家相比，中国的每千人口医生数少于日本，但明显多于越南、南非等国家。（图 3.37）相比之下，中国的护理人员数量相对不足，远低于菲律宾和日本。预计到 2020 年，每千人口医生数、每千人口护士数将分别超过到 2.5、3.14，其中每千人口护士数比 2011 年近乎翻倍。（图 3.38）

① 资料来源：《中国卫生和计划生育统计年鉴》2013 卷

图 3.37　各个国家和地区每千人口医生数[①]（单位：人）

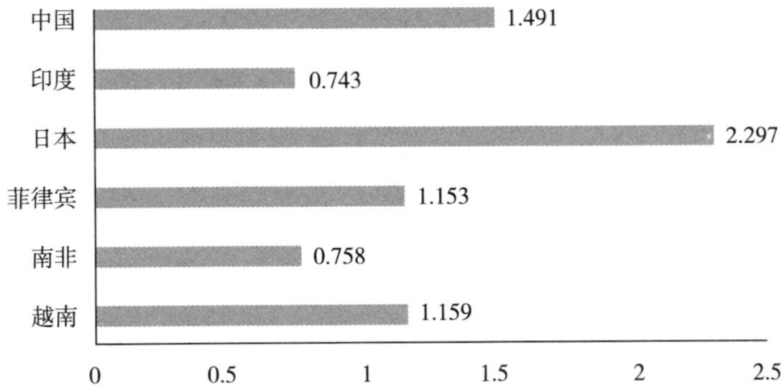

图 3.38　每千人口护士数[②]（单位：人）

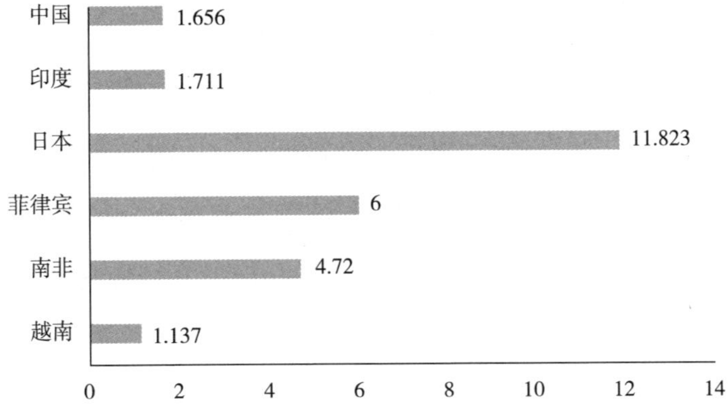

四、卫生、医疗和健康事业发展的成效、不足和展望

1. 卫生、医疗和健康事业发展的成效

健康是促进人的全面发展的必然要求，是经济社会发展的基础条件。实现国民健康长寿，是国家富强、民族振兴的重要标志，也是中国人民的共同愿望。

新中国成立以来特别是改革开放以来，中国医疗卫生服务体系日益健全，人民健康水平和身体素质持续提高。一是公共卫生建设取得

① 资料来源：世界卫生组织（数据年份：日本 2010 年，菲律宾 2004 年，其余 2011 年）

② 资料来源：世界卫生组织（数据年份：菲律宾 2004 年，其余 2011 年）

优异成绩：卫生总费用大幅增长，人均医疗卫生支出超过中等收入国家水平，卫生支出多元化，个人负担明显减轻，重大疾病的预防与防治成效显著；二是医疗服务提供能力全面提升：中国曾经是基层卫生服务和公共卫生的先驱者，经过长期发展，中国已经建立了由医院、基层医疗卫生机构、专业公共卫生机构等组成的覆盖城乡的医疗卫生服务体系；三是国民健康水平迈向新阶段：从赤脚医生制度到居民医保、职工医保以及轰轰烈烈的公共卫生运动，加之收入增加，贫困率下降和生活条件改善，使得居民的健康水平显著提高，人均期望寿命跨入中高收入国家行列。与60后相比，今天出生的中国人预期可以多活30多年。而且，中国只用了富裕国家一半的时间就取得这样的成绩。

2. 卫生、医疗和健康事业发展面临的问题

但是，中国目前也到达了一个转折点，开始面临很多高收入国家曾经历过的挑战和压力。人口结构性问题日益突出，出生人口素质有待提高。全面两孩政策实施，老龄化进程加速，城镇化率不断提高，部分地区医疗卫生资源供需矛盾将更加突出。中国65岁以上的人口有1.4亿，预计到2030年将增加至2.3亿。经济社会转型中居民生活环境与生活方式快速变化，慢性病成为主要的健康问题，在每年1030万死亡病例中慢性病死亡病例占比超过80%。重大传染病和重点寄生虫病等疾病威胁持续存在。境内外交流的日趋频繁加大传染病疫情和病媒生物输入风险。大气等环境污染和食品安全问题严重影响人民健康。经济发展进入新常态，互联网等新兴信息技术快速发展，要求卫生与健康领域加快转变发展方式，创新服务模式和管理方式。此外，中国的医疗卫生资源也存在总量不足、质量不高、结构与布局不合理、服务体系碎片化、部分公立医院单体规模不合理扩张等问题。

3. 卫生、医疗和健康事业的发展展望

中国共产党的十九大报告提出，“人民健康是民族昌盛和国家富强

的重要标志。要完善国民健康政策，为人民群众提供全方位全周期健康服务”。为促进医疗卫生资源进一步优化配置，提高服务可及性、能力和资源利用效率，解决当前发展中存在的一系列医疗健康问题，中国政府制定了《全国医疗卫生服务体系规划纲要（2015—2020年）》《“十三五”卫生与健康规划》等。中国政府将进一步深化医药卫生体制改革，坚持预防为主的方针，建立健全基本医疗卫生制度，实现人人享有基本医疗卫生服务，推广全民健身，提高人民健康水平。

（1）全面深化医药卫生体制改革

实行医疗、医保、医药联动，推进医药分开，建立健全覆盖城乡居民的基本医疗卫生制度。全面推进公立医院综合改革，坚持公益属性，降低运行成本。完善基本药物制度，深化药品、耗材流通体制改革，健全药品供应保障机制。鼓励社会力量兴办健康服务业，推进非营利性民营医院和公立医院同等待遇。强化全行业监管，提高医疗服务质量，保障医疗安全。

（2）健全全民医疗保障体系

健全医疗保险稳定可持续筹资和报销比例调整机制，完善医保缴费参保政策。城乡医保参保率稳定在95%以上。鼓励发展补充医疗保险和商业健康保险。探索建立长期护理保险制度，开展长期护理保险试点。完善医疗责任险制度。

（3）加强重大疾病防治和基本公共卫生服务

完善国家基本公共卫生服务项目和重大公共卫生服务项目，提高服务质量效率和均等化水平。加强妇幼健康、公共卫生、儿科等薄弱环节能力建设。实施慢性病综合防控战略，有效防控心脑血管疾病、糖尿病、恶性肿瘤等慢性病和精神疾病。加强重大传染病防控，降低全人群乙肝病毒感染率，艾滋病疫情控制在低流行水平，肺结核发病率降至58/10万。加强口岸卫生检疫能力建设，严防外来重大传染病传入。加强全民健康教育，提升健康素养。婴儿死亡率、5 岁以下儿童死亡率、孕产妇死亡率分别降为 7.5‰、9.5‰、18/10 万。

（4）完善医疗服务体系优化医疗机构布局，推动功能整合和服务模式创新

加强专业公共卫生机构、基层医疗卫生机构和医院之间的分工协作，推进全科医生（家庭医生）能力提高及电子健康档案等工作，实施家庭签约医生模式。全面建立分级诊疗制度，形成科学合理就医秩序，基本实现基层首诊、双向转诊、上下联动、急慢分治。加强医疗卫生队伍建设，健全住院医师规范化培训制度。提升健康信息服务和大数据应用能力，发展远程医疗和智慧医疗。每千人口执业（助理）医师数达到 2.5 名。

（5）广泛开展全民健身运动，实施全民健身战略

发展体育事业，加强群众健身活动场地和设施建设，推行公共体育设施免费或低收费开放。实施青少年体育活动促进计划，培育青少年体育爱好和运动技能，推广普及足球、篮球、排球、冰雪等运动，完善青少年体质健康监测体系。发展群众健身休闲项目，鼓励实行工间健身制度，实行科学健身指导。促进群众体育与竞技体育全面协调发展。鼓励社会力量发展体育产业。

第四节　连接 960 万平方公里的基础设施

一、交通运输事业发展迅速

1. 铁路

20 世纪 80 年代前，“行路难”是当时普遍存在的社会现象，交通运输基础设施的落后严重影响了经济发展。20 世纪 70 年代，中国铁路

运力不足，生产出来的产品运不出去，许多产品只能以运限产，全国近三分之一的加工能力处于闲置状态。普通旅客同样出行困难，铁路客车超载十分严重，铁路运输设备也非常落后。

（1）中国铁路建设发生了翻天覆地的变化，高速铁路里程位居世界第一

1980 年，中国铁路总公里数只有 49940 公里，远远低于撒哈拉以南非洲地区（65661 公里）和印度（61240 公里）。经过不断发展，2015 年中国铁路总公里数已达到 121000 公里，反超上述地区。（图 3.39）这一公里数虽然还远小于美国（228218 公里），但已经接近欧元区（131168 公里）。

虽然中国的铁路总里程数依然小于美国，但在高速铁路里程上中国具有绝对的世界领先地位。在时速超过 200 km/h 的高速铁路领域，中国运营里程已经高达 22000 公里，名列世界第一，是第二名西班牙的七倍，甚至超过了前十名其余国家之和。（图 3.40）预计到 2020 年，中国高速铁路运营里程将达到 30000 公里。

图 3.39　铁路总公里数的变化[①]（单位：公里）

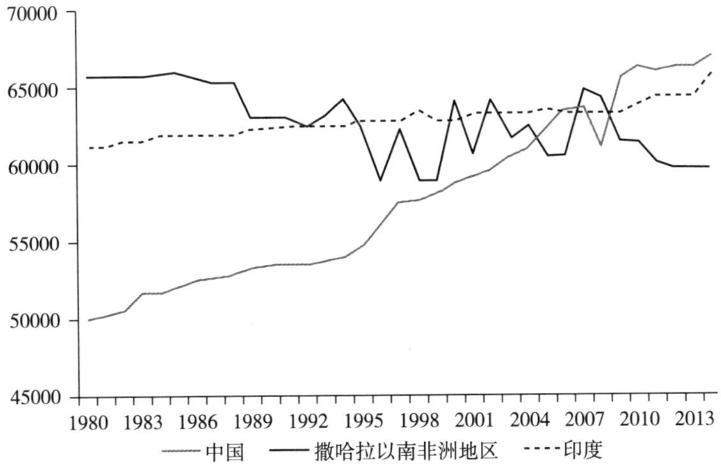

① 资料来源：世界银行

图 3.40　高速铁路里程国际排名[①]（单位：公里）

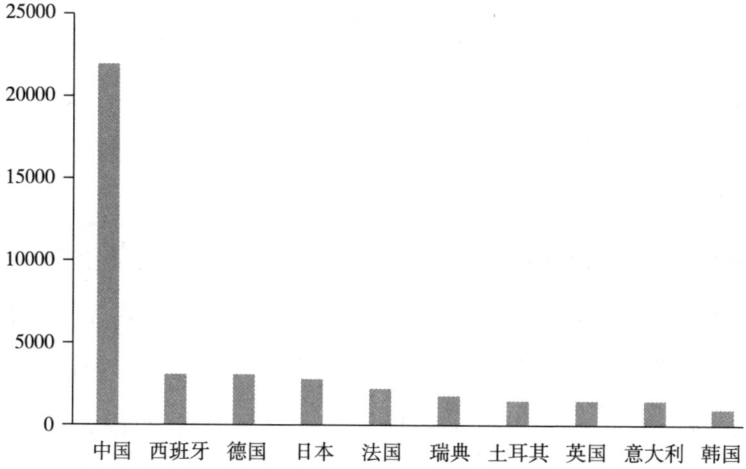

（2）铁路客运量货运量翻倍式增长，已经接近美国铁路运量水平

中国铁路客运量从 1980 年的 92204 万人增长到 2015 年的 253484 万人，中国目前已是世界铁路客运量大国。（图 3.41）1980 年，中国铁路货物周转量为 571750 百万吨公里，仅为美国的 40.96%。但到 2014 年，中国的铁路货物周转量已增至美国的 91.45%。（图 3.42）

图 3.41　中国铁路客运量[②]（单位：万人）

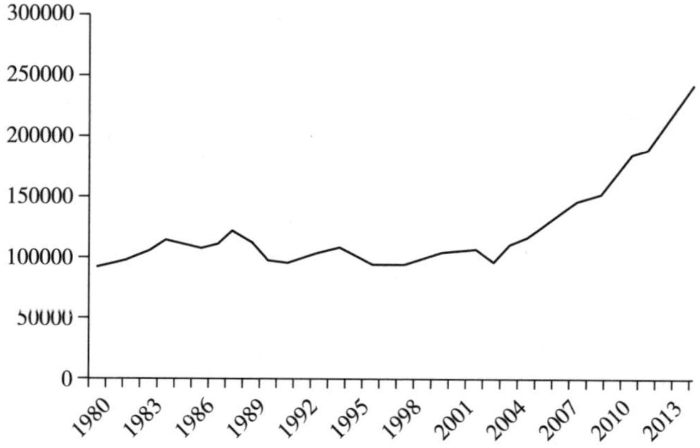

① 资料来源：国际铁路联盟（International Union of Railways）

② 资料来源：中华人民共和国国家统计局

图 3.42　铁路货物周转量中美比较①（单位：百万吨公里）

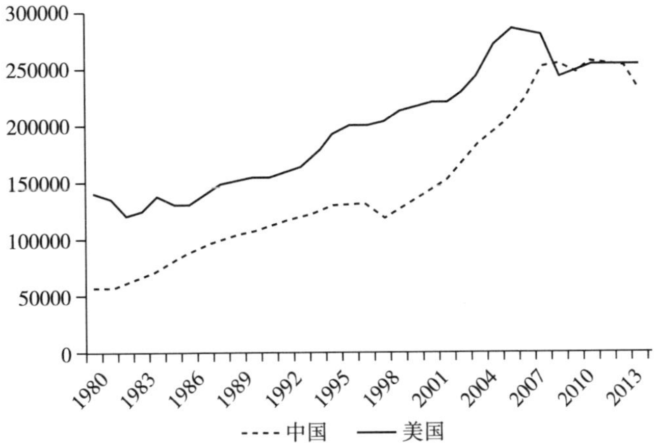

（3）中国铁路运行技术已达国际先进水平

从 1997 年 4 月 1 日第一次铁路大面积提速开始，到 2007 年的 10 年间，中国铁路连续进行了 6 次大面积提速，主要线路技术水平不断提高。中国全面掌握了时速 200 公里及以上既有线提速的设计、施工、养护维修等成套技术。目前，中国铁路既有线提速干线旅客列车最高运行时速达 200 公里以上，一些干线部分区段时速可达 250 公里，列车运行速度大幅度提高，主要城市间旅途时间普遍压缩了一半以上，运行速度已迈入世界先进行列。铁路重载技术也取得突破，达到世界先进水平，大秦铁路成功开行了 2 万吨煤炭重载列车，创造了世界铁路重载运输的奇迹。铁路主要干线普遍开行了 5000 吨～6500 吨货物列车，从根本上扭转了中国铁路列车技术长期在低水平徘徊、不适应市场需求的局面。

高速铁路、高寒铁路、高原铁路、重载铁路技术迈入世界先进行列，高速铁路成为“中国制造”和“走出去”的新名片。青藏铁路于 2006 年 7 月 1 日正式投入运营，是中国铁路建设技术水平不断提高的

① 资料来源：世界银行

最好体现。中国铁路还建成了与之配套的客运联网售票系统，实现了运输生产调度指挥信息化。以高速列车、大功率机车为代表的一批具有自主知识产权的高性能铁路技术装备已达到世界先进水平，部分达到世界领先水平。

中国铁路现在已走出国门。中国中铁和中国铁建投资逾40亿美元在埃塞俄比亚和吉布提两国间修建了非洲第一条现代电气化铁路——亚的斯亚贝巴至吉布提铁路，故称“亚吉铁路”。亚吉铁路不仅采用全套的中国装备，而且从投资融资到运营管理维护，也全部采用中国标准，可以说是真正的“中国制造”。此外，中国铁路、机车企业与俄罗斯、伊朗、阿根廷、澳大利亚、哈萨克斯坦、越南等多个国家都有合作。

2. 公路

（1）20世纪80年代之前：公路运输落后

1985年的重庆长途汽车站，乘客挤在破旧不堪的长途汽车上。当时汽车数量少，超载严重，安全隐患多，道路坑坑洼洼，百姓出行困难，有时车顶还载着鸡、鸭、鹅等家禽。如今重庆市的长途汽车早已更新换代、面貌一新。

（2）20世纪80年代后：公路建设快速发展，高速公路里程世界第一

1988年以来，中国高速公路网的建设进入快速发展阶段。1988年沪嘉公路建成通车，中国高速公路实现了零的突破，之后高速公路建设连创新高。到2015年底，全国公路通车总里程达457.73万公里。高速公路通车里程达12.35万公里，位居世界第一。国省干线公路网络不断完善，连接了全国县级及以上行政区。农村公路里程达到398.06万公里，通达99.9%的乡镇和99.8%的建制村。

图 3.43 中国公路发展[1]

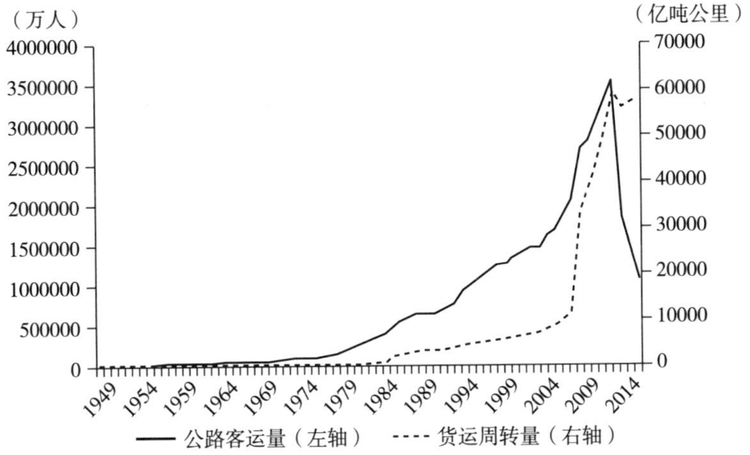

中国公路客运量从 1949 年的 1809 万人增长为 2014 年的 1736270 万人，公路货物周转量从 1949 年的 10.52 亿吨公里增长为 2045 年的 56846.90 亿吨公里，这种上百倍的增长在世界上是少见的。（图 3.43）

3. 水运和港口建设

水路货运量和周转量、港口完成货物吞吐量和集装箱吞吐量均居世界第一。中国水运货物周转量从 1949 年的 63.12 亿吨公里增长为 2015 年的 91772.45 亿吨公里，水运旅客周转量从 1949 年的 15.17 亿人公里增长为 2015 年的 73.08 亿人公里。（图 3.44）中国港口货物吞吐量在 2000 年时低于欧盟水平；略高于美国水平；但到 2014 年，中国港口货物吞吐量已经比欧盟高出 71.5%，是美国的 3.9 倍。（图 3.45）

港口基础设施规模不断扩大，多个港口名列世界前列。2015 年底，中国港口拥有生产性码头泊位 3.13 万个，其中万吨级及以上泊位 2221 个，煤炭、原油、金属矿石、集装箱等专业化泊位达 1173 个，港口大型化、深水化、专业化、自动化水平进一步提升。目前中国基本形成了包括主要港口、地区性重要港口和其他一般港口三个层次的港口体

① 资料来源：中华人民共和国国家统计局

系，在长三角、珠三角、环渤海、东南沿海、西南沿海五大区域形成了规模庞大并相对集中的港口群。在长江和西江干线、长三角和珠三角地区建成了一批集装箱、大宗散货和汽车滚装等专业化泊位。目前上海港、宁波—舟山港、广州港、天津港已进入世界港口货物吞吐量的前10位，其中上海港成为世界第一大港。

图3.44　中国水运发展情况①

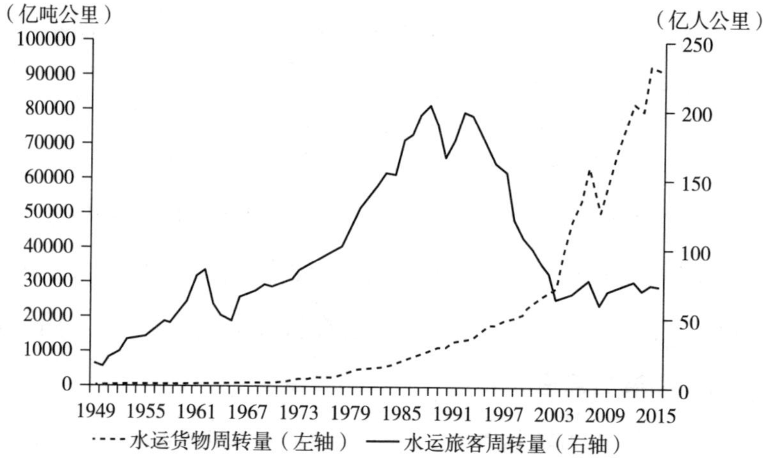

图3.45　中国、欧盟、美国港口货物吞吐量对比②（单位：吨）

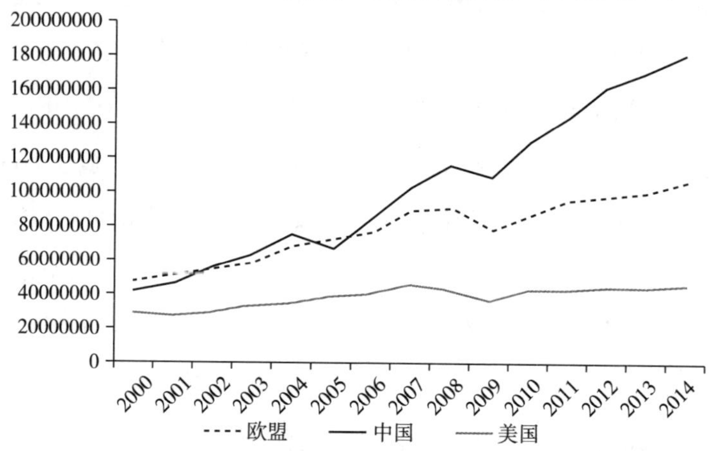

① 资料来源：中华人民共和国国家统计局

② 资料来源：世界银行

4. 航空运输

（1）20 世纪 80 年代以前：飞机票一票难求

在新中国成立初期，坐飞机是一件很了不起的事情，购买飞机票要有单位的介绍信和本人的工作证件，乘机人要求是县团级及以上。

在 20 世纪 60 年代，旅客登机后即可获赠一个钢笔袋，乘务员会指导旅客把钢笔放进这个小塑料袋子。因为当时的飞机客舱是不增压的，旅客胸前别的钢笔会在飞行过程中流出墨水弄脏衣服。没有增压的客舱其舒适度可想而知，如果飞行高度超过 4000 米，旅客和机组人员就要吸氧了。

20 世纪 80 年代以前在中国乘坐飞机的人大多是领导干部、华侨、外籍人士等，极少有普通百姓。坐飞机出行对普通老百姓来说几乎是难以想象的事情，购买机票更不会有折扣，一张远程机票价格超过了一名普通干部一个月的工资。

（2）20 世纪 80 年代后：中国民航运输发展迅速，国际地位显著提高

从 1983 年开始：中国民航管理体制实现了政企分开和机场属地化管理，成立了六大骨干航空集团。20 世纪 90 年代以来，国家不断加大对民航的投资，大力加强基础设施建设，使航空运输保障能力有了很大提高。中国航线网络迅速扩展，航线布局发生了明显变化，省会、自治区首府和直辖市之间的航线大幅度增加，并根据市场的热点变化不断开辟通往旅游城市的新航线；为了更好地服务经济建设，民航还加速扩展沿海开放城市间的航线网络，改善老少边穷地区的航空运输现状，形成了一个国内四通八达、干线与支线相结合且联结世界主要国家和地区的航空运输网络。目前，中国绝大多数的直辖市、省会、自治区首府以及沿海开放城市和主要旅游城市都拥有较现代化的民用机场，一些边疆地区、少数民族地区、地面交通不便地区也拥有相应规模的民用机场。

图 3.46 中国航空运输发展情况①

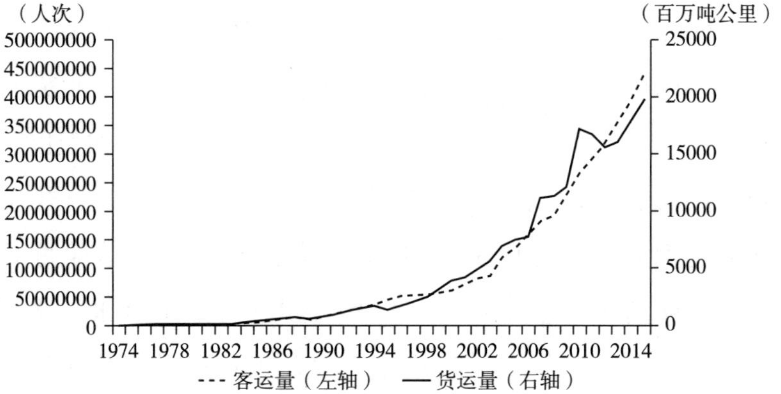

1974 年，中国航空运输货运量只有 29.2 百万吨公里，与秘鲁（34.4 百万吨公里）接近，是美国的 0.40%。2015 年，中国航空运输货运量已达到 19805.63 百万吨公里，达到了美国（37219 百万吨公里）的 53%。（表 3.5）

表 3.5 航空运输货运量②

（单位：百万吨公里）

年份	1974	1985	1995	2000	2005	2010	2015
中国	29.2	403	1501	3900	7579	17194	19806
秘鲁	35	48	35	54	139	84	224
美国	7255	9672	19623	30172	37358	39353	37219

1974 年，中国的航空运输客运量只有 71 万人次，与古巴（69 万人次）和牙买加（74 万人次）接近，只有美国（20761 万人次）的 0.34%；2015 年中国的航空运输客运量已达到 43618.39 万人次，相当于美国（79823 万人次）的 55%。（表 3.6）

表 3.6 航空运输客运量③

（单位：万人）

年份	1974	1985	1995	2000	2005	2010	2015
中国	71	730	4756	6189	13672	26629	43618
美国	20761	37206	53351	66533	72055	72050	79823

① 资料来源：中华人民共和国国家统计局
② 资料来源：世界银行
③ 资料来源：世界银行

二、信息通信事业突飞猛进

1. 固定电话及移动电话

（1）20 世纪 80 年代前，通信设备落后

20 世纪 60 年代，装一部电话要 5000 元，还要排几个月甚至更长时间的队，普通市民对家庭装电话只能是一种梦想。长途通信也非常落后，长途电话全部为人工接线，要靠多个话务员配合手工接通，效率很低，通话时间靠看钟表计时。各城市邮电营业厅内总是人满为患，都是等候挂拨长途电话的人群，几个小时能接通电话算是顺利的，几天接不通电话的情况也不足为奇。电话难打，人们只能选择拍发电报来传递简单信息，这造成电报业务量成倍猛长，使得陈旧的电报网不堪重负。而农村通信更为落后，有许多乡镇根本不通电话，只能靠邮政人员传递信函与外界联系。

（2）20 世纪 80 年代后，电话实现全民普及

20 世纪 90 年代，广州市个体经济蓬勃发展，在繁华的商业街市上，常见骑摩托的个体户手持“大哥大”做生意。当时 BP 机也穿梭在城市的大街小巷。到 1998 年，中国的 BP 机用户 6546 万，名列世界第一。“有事请呼我！”曾是社会上最流行的一句话。

90 年代末，中国第一个全数字移动电话 GSM 系统建成开通，手机革命开始了，国产品牌打破了西门子、爱立信、诺基亚、摩托罗拉等洋品牌一统天下的局面。随着手机价格与通话费的下降，手机开始进入寻常百姓家。

如今，中国电话普及率已经超过 100%，从 1949 年每百人 0.05 部增长为 2015 年每百人 109.3 部；（图 3.47）移动电话发生了翻天覆地的变化。从繁华的都市到偏远的乡村，从幽深的山寨到漂泊的海上，手机已经无所不在，成为生活中不能缺少的一部分。而且，越来越多的

功能被集成在手机上，人们已经进入了移动互联时代。

图 3.47　中国电话普及率（包括移动电话）[1]（单位：部 / 百人）

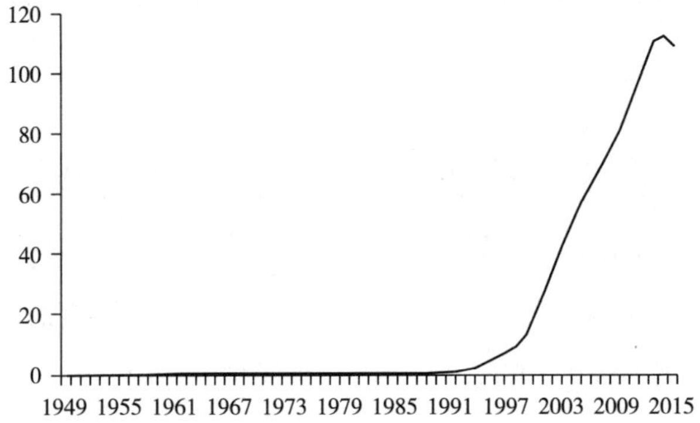

2. 信息化进程明显加快，互联网用户数量世界第一

1994 年中国正式加入国际互联网，次年中国公众互联网的建成标志着中国互联网进入社会化应用阶段，从此互联网便在中国取得了长足的发展。

图 3.48　固定宽带互联网用户数[2]（单位：人）

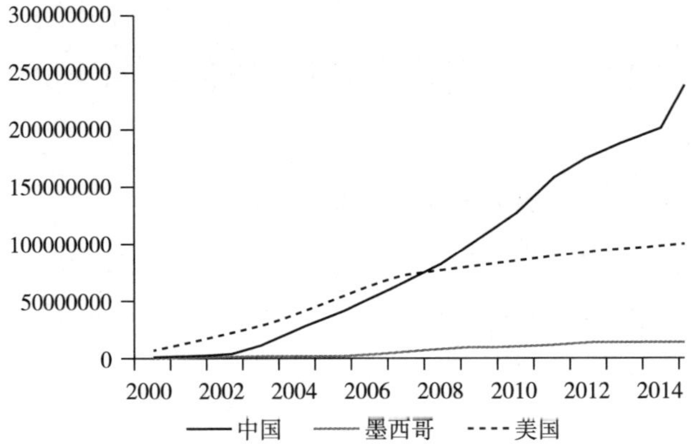

2000 年，中国的固定宽带互联网用户数为 22660 人，与墨西哥（15000 人）相当，是美国（7069874 人）的 0.32%。到 2015 年，中国的固定宽带

① 资料来源：中华人民共和国国家统计局

② 资料来源：世界银行

互联网用户已增长为26014.5万人次，达到了美国的2.54倍。（图3.48）

3. 移动蜂窝式无线通信系统的电话用户数不断上升

1987年，中国移动蜂窝式无线通信系统的电话用户数量为700个，与突尼斯这样的人口小国（224个）相当，仅为美国（1230855个）的0.0569%。到2015年，中国移动电话用户数已经高达130573.8万，达到了美国的3.42倍。（图3.49）

图3.49　中国移动蜂窝式无线通信系统的电话用户数[①]（单位：人）

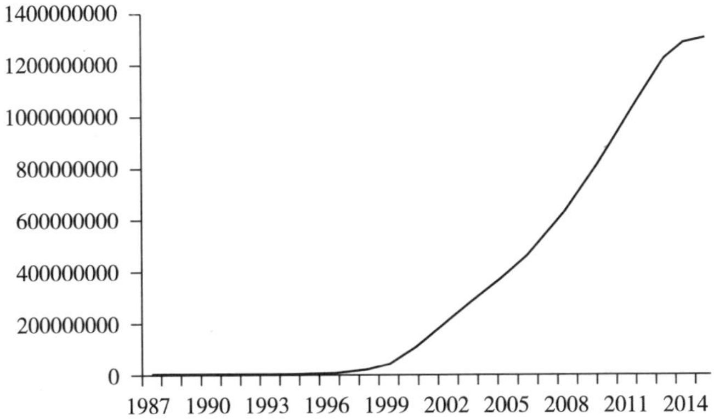

三、基础设施发展的成效、不足和展望

1. 基础设施发展取得的成效

交通运输业是经济社会发展的先行官。自新中国成立以来，中国的交通运输业实现了全面快速发展，形成了以公路、铁路、航空、水运等为主的综合运输网络，交通运输量和港口吞吐量大幅增长，交通运输设施和装备水平显著提高，现代管理和信息化应用水平明显提升。交通运输业无论从运输里程、运输量，还是从技术装备水平等各个方面都实现了跨越式发展。

① 资料来源：中华人民共和国国家统计局

信息通信业是构建国家信息基础设施，提供网络和信息服务，全面支撑经济社会发展的重要行业。中国的信息通信业保持了快速发展，从无到有、从少到多，从传统步入现代，构建起了全方位、多层次、多方式的网络体系，渗透到了国民经济的各个行业和各个领域，加快了工业化和信息化进程，有效地促进了国民经济的快速发展。

2. 基础设施建设的不足

虽然交通运输业取得了较大的发展，但中国当前综合交通运输发展还存在不少矛盾和问题。一是交通运输网络布局不完善，跨区域通道、国际通道连通不足，中西部地区、贫困地区和城市群交通发展短板明显；二是综合交通枢纽建设相对滞后，城市内外交通衔接不畅，信息开放共享水平不高，一体化运输服务水平亟待提升，交通运输安全形势依然严峻；三是适应现代综合交通运输体系发展的体制机制尚不健全，铁路市场化、空域管理、油气管网运营体制、交通投融资等方面改革仍需深化。

虽然中国的通信业已深入地渗透到国民经济的各行业和各领域，深刻地影响到广大人民群众的物质文化生活，但也存在一些问题，主要体现在：与快速提高的服务能力相比，服务水平和服务质量还比较滞后；信息通信领域部分核心技术较为薄弱，关键产品的安全可控性尚待提升；规模的扩张特别是互联网的迅速普及同时带来了网络和信息安全的问题，行业法制法规体系及监管机制体制不能完全适应新技术新业务快速发展的要求；面对自然灾害的频繁发生和各项社会活动的增多，应急通信和重要通信保障还不到位；信息通信技术与传统产业的融合程度不够，互联网在传统产业应用的深度广度还有待进一步挖掘。

3. 基础设施事业的展望

为发挥基础设施对经济和社会发展的战略性、基础性和先导性作用，中国政府制定了《“十三五”现代综合交通运输体系发展规划》和

《信息通信行业发展规划（2016—2020年）》，并提出到2020年，基本建成安全、便捷、高效、绿色的现代综合交通运输体系和高速、移动、安全、泛在的新一代信息基础设施。

进一步拓展交通运输网络的覆盖程度。高速铁路将覆盖80%以上的城区常住人口100万以上的城市，铁路、高速公路、民航运输机场基本覆盖城区常住人口20万以上的城市，内河高等级航道网基本建成，沿海港口万吨级及以上泊位数稳步增加，具备条件的建制村通硬化路，城市轨道交通运营里程比2015年增长近一倍，油气主干管网快速发展，综合交通网总里程达到540万公里左右。2016年7月，中国政府发布了《中长期铁路网规划》，勾画了新时期“八纵八横”高速铁路网的宏大蓝图。

打造一体衔接的综合交通枢纽。各种运输方式衔接更加紧密，重要城市群核心城市间、核心城市与周边节点城市间实现1～2小时通达。打造一批现代化、立体式综合客运枢纽，旅客换乘更加便捷。交通物流枢纽集疏运系统更加完善，货物换装转运效率显著提高。

推动运输服务智能绿色发展。交通基础设施、运载装备、经营业户和从业人员等基本要素信息全面实现数字化，各种交通方式信息交换取得突破。全国交通枢纽站点无线接入网络广泛覆盖。铁路信息化水平大幅提升，货运业务实现网上办理，客运网上售票比例明显提高。基本实现重点城市群内交通一卡通互通，车辆安装使用ETC比例大幅提升。在城市公共交通、出租车和城市配送领域中新能源汽车快速发展。资源节约集约利用和节能减排成效显著，交通运输主要污染物排放强度持续下降。

构建新一代信息通信基础设施，夯实互联网和物联网应用基础设施，提升农村及偏远地区信息通信水平，以信息通信技术应用带动全社会节能。一是推动高速光纤宽带网络跨越发展，实现城镇地区光网覆盖，提供 1000 兆比特每秒以上接入服务能力。二是加强农村地区宽带网络建设，实现 98% 行政村通光纤，农村家庭宽带用户基本实现 12 兆比特每秒以上接入服务能力。三是推动物联网应用纵深发展，推动工业互联网加速发展，建设完善窄带物联网基础设施，实现在城市运行管理和重点行业中的规模应用。四是通过促进“互联网 +”、共享经济发展推动传统行业转型升级，推动专业化能源管控系统在重点行业的应用，降低社会总体能耗。

第五节 留下青山绿水

曾几何时，一套卫星地球夜景照片直观地展现了中国经济的腾飞。在 1990 年的卫星地球夜景照片上，从日本到韩国的国土上城市灯火流光溢彩，相形之下，中国的灯光寥若晨星，一派农耕社会的清冷。但如今，中国越来越闪亮的万家灯火点亮了神州大地。然而，一片浓云很快遮蔽了这闪烁的场景。在 2013 年著名的“雾霾 1 月”里，北京上空有 25 天被灰霾笼罩，数百万平方公里的国土如雾里看花若隐若现，6 亿人在严重污染的空气中呼吸和生活。美国的《洛杉矶时报》称，中国大部分地区连日来被“空气污染末日”笼罩，从北京往西南方向 2000 多公里外的贵阳，空气污染导致高速公路封闭，迫使航班和体育活动取消。经济学家根据现代工业化国家的发展经验总结出了“环境库兹涅茨曲线”，意指一国工业化道路的前半程容易出现经济越发展、环境污染越严重的问题。中国也处在这个道路上，一方面经济发展后环保投入的能力显著增强，另一方面也因优先追求增长而导致生态环境问题频发。

一、环境保护事业硕果累累

1. 林业

第八次全国森林资源清查（2009—2013 年）结果显示，全国现有森林面积 2.08 亿公顷，森林覆盖率 21.63%，活立木总蓄积 164.33 亿立方米。森林面积和森林蓄积分别位居世界第 5 位和第 6 位，人工林面积居世界首位。与第七次全国森林资源清查（2004—2008 年）相比，森林面积增加 1223 万公顷，森林覆盖率上升 1.27 个百分点。（表 3.7）

表 3.7　中国森林资源[①]

指标	2015 年	2013 年	2010 年	2007 年	2004 年
林业用地面积（万公顷）	31259	31259	31259	28493	28493
森林面积（万公顷）	20769	20769	20769	17491	17491
人工林面积（万公顷）	6933	6934	6934	5365	5365
森林覆盖率（%）	21.6	21.6	21.6	18.2	18.2

从森林面积总量的国际对比来看，中国保持了良好的上升势头。很多国家在发展过程中出现了森林面积退化的问题，如印度尼西亚、巴西等。与这些国家相比，中国的森林面积在 1990 年为 1571 平方千米，到 2015 年上升到 2083 平方千米，保持了良好的上升势头。（图 3.50）

从森林覆盖率的这一相对指标来看，中国的森林覆盖率自 1990 年以来持续提高，但与世界水平相比还有明显差距。1990 年，中国这一指标不仅远低于美国和世界水平，而且低于印度 4.7 个百分点。乐观的是，中国的森林覆盖率一直在逐步提升，目前与印度水平的差距已经缩小到 1.5 个百分点，与世界和美国水平相比差距也有所缩小。（图 3.51）

① 资料来源：中华人民共和国国家统计局

图 3.50　森林面积[①]（单位：平方千米）

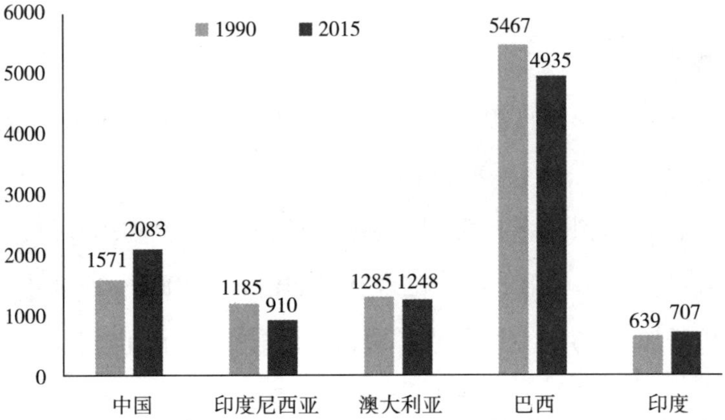

图 3.51　森林覆盖率[②]

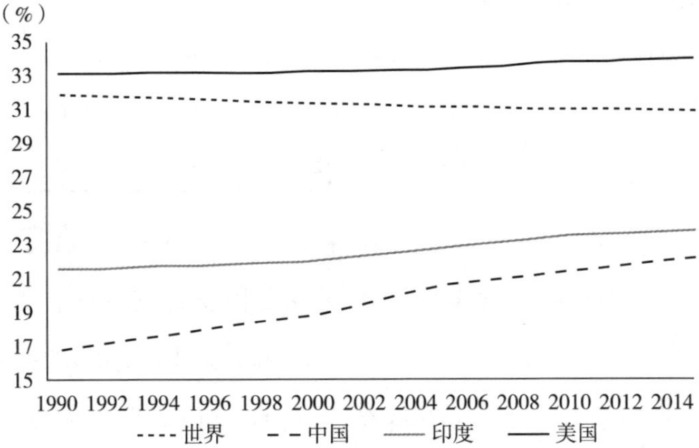

2. 水环境

在获得改进水源占人口比例方面，中国从中低收入国家水平上升到了中高收入国家水平。1990 年，中国这一指标只有 66.9%，甚至低于中低收入国家的平均水平 69.5%。而在 2015 年中国这一比例达到了 95.5%，已经超过中高收入国家的平均水平 95.0%，接近高收入国家的平均水准。中国的农村这一比例也已达到 93%，达到了中高收入国家

① 资料来源：联合国千年发展目标指标
② 资料来源：联合国千年发展目标指标

的平均水平。

在污水处理方面，2011 年到 2015 年，全国新增城镇污水处理能力 4800 万吨每日，约可新增服务人口 3 亿多人；累计污水处理能力达 1.75 亿吨，城镇污水日处理能力由 2010 年的 1.25 亿吨增加到 2015 年的 1.82 亿吨。据中国环保部前部长陈吉宁所言，中国已成为全世界污水处理能力最强的国家之一。（图 3.52）

图 3.52　获得改进水源占人口比例[①]

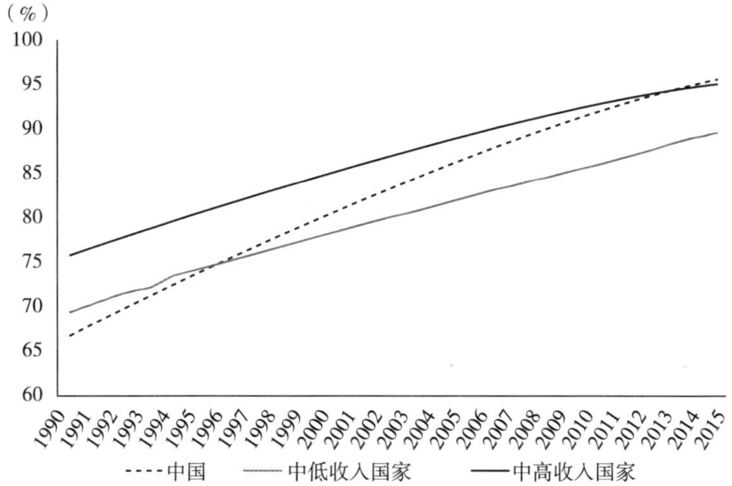

主要江河水环境质量逐步好转。重要标志是劣Ⅴ类断面比例大幅减少，由 2001 年的 44% 降到 2014 年的 9.0%，降幅达 80%。2014 年，全国 5 种重点重金属污染物（铅、汞、镉、铬和类金属砷）排放总量比 2007 年下降五分之一，且重金属污染事件由 2010—2011 年的每年 10 余起下降到 2012—2014 年的平均每年 3 起。2015 年，按照 1940 个断面（点位）评价（其中有 75 个断面无数据，不参与统计），全国地表水中Ⅰ～Ⅲ类水质断面占 66.0%，Ⅳ、Ⅴ类占 24.3%，劣Ⅴ类占 9.7%。

此外，2011 年至 2015 年中国水资源总量总体呈上升趋势，人均水资源总量也趋于上升。（表 3.8）

① 资料来源：联合国千年发展目标指标

表 3.8　中国水资源[①]

指标	2015 年	2013 年	2010 年	2007 年	2004 年
水资源总量（亿立方米）	27963	27958	30906	25256	24130
地表水资源量（亿立方米）	26901	26839	29798	24242	23126
地下水资源量（亿立方米）	7797	8081	8417	7617	7436
地表水与地下水资源重复量（亿立方米）	6735	6963	7308	6604	6433
人均水资源量（立方米每人）	2039	2060	2310	1916	1856

注：2006 年以前年份人均资源量类指标按城市人口计算；2006 年起修改为按城区人口与城区暂住人口之和计算，以公安部门的户籍统计和暂住人口统计为准。

3. 空气治理

中国的 PM2.5 空气污染问题在国际上较为突出。在 PM2.5 空气污染的年平均暴露量这一指标上有明显的"环境库兹涅茨曲线"特征，低收入国家 PM2.5 问题较小，随着发展到中等收入国家，PM2.5 问题反而上升，然后进一步到中高收入国家、再到高收入国家又依次下降。但中国的问题尤为突出，因为中国的 PM2.5 空气污染的年平均暴露量自 1990 年有记录以来就高于世界平均水平，并且随着在 1990—2010 年的 20 年间还上升了 10 $\mu g/m^3$，直到近几年污染上升势头才得到遏制。（表 3.9）

中国是世界上第一个提出治理 PM2.5 的发展中国家，也取得了一定进展。从 2011 年到 2015 年，中国建成了发展中国家最大的空气质量监测网，全国 338 个地级及以上城市全部具备 PM2.5 等六项指标监

① 资料来源：中华人民共和国国家统计局

测能力。2016 年，全国 PM2.5 平均浓度为 47 μg/m^3，同比下降 6%，京津冀区域 PM2.5 平均浓度为 71 μg/m^3，同比下降 7.8%，与 2013 年相比下降 33.0%。其中，北京市 PM2.5 平均浓度为 73 μg/m^3，同比下降 9.9%，与 2013 年相比下降 18.0%。

表 3.9　PM2.5 空气污染的年平均暴露量①

（单位：μg/m^3）

	1990	1995	2000	2005	2010	2015
高收入国家	17.2	15.8	15.4	15.3	16.2	16.3
低收入国家	37.4	37.4	37.7	34.4	34.3	34.0
中等收入国家	43.3	43.3	44.4	46.4	46.1	48.7
中高收入国家	37.4	37.3	38.6	40.5	41.0	40.9
世界	38.0	38.0	38.9	40.2	40.2	42.3
中国	47.5	48.5	50.6	55.7	57.0	57.2

4. 臭氧层保护

中国在全球的臭氧层保护上贡献巨大。30 年来，全球淘汰了 98% 的消耗臭氧层物质的生产和使用，促使全球的臭氧空洞开始缩小。在这个过程中，中国做出重大贡献。中国颁布实施《中国淘汰消耗臭氧层物质国家方案》，制订 25 个行业的淘汰行动计划，关闭相关淘汰物质生产线 100 多条，累计淘汰消耗臭氧层物质 25 万吨，这个数字占到发展中国家淘汰总量的一半以上。（图 3.53）

中国在氯氟化碳消耗量上已经降至与美国水平接近。中国以臭氧耗减潜能值（ODP）计量的全部臭氧消耗物质消费量在 1998 年达到顶点后持续下降，其中能够导致臭氧层变稀薄的氯氟化碳消耗量在 2008 年后数值已经降至与美国接近。（图 3.54）

① 资料来源：世界银行

图 3.53　以臭氧耗减潜能值（ODP）计量的全部臭氧消耗物质消费量[1]

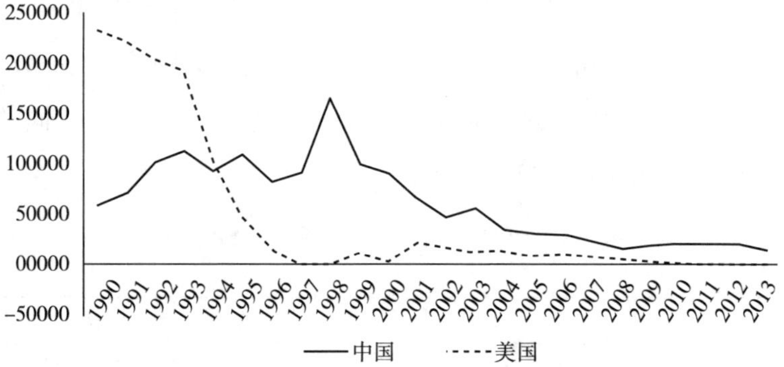

图 3.54　氯氟化碳消耗量[2]（单位：ODP 吨）

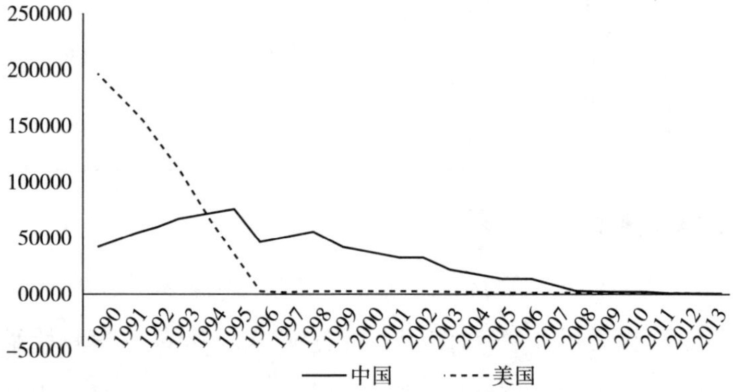

注：图 3.53 和图 3.54 有关中国的数据 1996 年及以前包含中国台湾，1996 年之后包含中国台湾和中国香港；负数将出现在出口加毁坏超过实际产量加上进口数时。

5. 主要污染物排放

废气中二氧化硫排放量、氮氧化物排放量以及烟（粉）尘排放量一直处于下降趋势。2015 年，化学需氧量排放总量为 2223.5 万吨，比 2014 年下降 3.1%，比 2010 年下降 12.9%；氨氮排放总量为 229.9 万吨，比 2014 年下降 3.6%，比 2010 年下降 13.0%。废气中主要污染物 2015 年，二氧化硫排放总量为 1859.1 万吨，比 2014 年下降 5.8%，比 2010 年下降 18.0%；氮氧化物排放总量为 1851.8 万吨，比 2014 年下降

① 资料来源：联合国千年发展目标指标

② 资料来源：联合国千年发展目标指标

10.9%，比 2010 年下降 18.6%。（表 3.10）

表 3.10　废气中污染物[①]

指标	2015	2014	2013	2012	2011
二氧化硫排放量（吨）	18591194	19740000	20439000	21180000	22179082
氮氧化物排放量（吨）	18510242	20780015	22273587	23377617	24042745
烟（粉）尘排放量（吨）	15380133	17407508	12781411	12357748	12788255

从 2000 年至 2014 年这 15 年来，中国工业废气治理设施数量总体呈现显著上升趋势，2014 年治理设施套数比 2000 年增加了接近一倍。工业固体废物综合利用率也由 2000 年接近 46% 的比例到达 2014 年 62.1% 的比例，固体废物综合利用率不断攀升。（表 3.11）

表 3.11　工业废气治理及废物应用[②]

年份	2000	2002	2004	2006	2008	2010	2012	2014
工业废气治理设施（套）	145534	137668	144973	154557	174164	187401	225913	261367
工业固体废物综合利用率（%）	45.9	51.9	55.7	60.2	64.3	66.7	60.9	62.1

注：2011 年环境保护部对统计制度中的指标体系、调查方法进行了修订，故不能直接和 2010 年及以前做比较。

自 2001 年以来，中国工业废水排放达标率、二氧化硫排放达标率、烟尘排放达标率、粉尘排放达标率及固体废物处置率稳步提高，工业污染对环境的危害大大减轻。三废综合利用产品产值也由 2001 年不足 345 亿元上升到 2008 年 1621.4 亿元且仍将会继续攀升，中国政府治理工业污染的决心和成果得以显现。（表 3.12）

表 3.12　中国废水中污染物排放量[③]

指标	2015 年	2013 年	2010 年	2007 年	2004 年
废水排放总量（万吨）	7353227	6954433	6172562	5568494	4824094

① 资料来源：中华人民共和国国家统计局

② 资料来源：《中国环境统计年鉴 2015》

③ 资料来源：中华人民共和国国家统计局

续表

指标	2015年	2013年	2010年	2007年	2004年
化学需氧量排放量（万吨）	2224	2353	1238	1382	1339
氨氮排放量（万吨）	230	246	120	132	133

截至2015年底，全国城市污水处理厂处理能力为1.4亿立方米每日，全年累计处理污水量达410.3亿立方米。全国城市污水处理率达到91.97%，全国设市城市生活垃圾清运量为1.92亿吨，城市生活垃圾无害化处理量1.80亿吨。其中，卫生填埋处理量为1.15亿吨，占63.9%；焚烧处理量为0.61亿吨，占33.9%；其他处理方式占2.2%。无害化处理率达93.7%，比2014年上升1.9个百分点。全国生活垃圾焚烧处理设施无害化处理能力为21.6万吨每日，占总处理能力的32.3%。（表3.13）

表3.13 “三废”治理效率情况[①]

指标	2001年	2002年	2003年	2004年	2005年	2006年	2007年	2008年
工业废水排放达标率（%）	85.2	88.3	89.2	90.7	91.2	90.7	91.7	92.4
工业二氧化硫排放达标率（%）	61.3	70.2	69.1	75.6	79.4	81.9	86.3	88.8
工业烟尘排放达标率（%）	67.3	75.0	78.5	80.2	82.9	87.0	88.2	89.6
工业粉尘排放达标率（%）	50.2	61.7	54.5	71.1	75.1	82.9	88.1	89.3
工业固体废物处置率（%）	15.7	17.1	17.5	22.1	23.2	27.4	23.4	26.4
“三废”综合利用产品产值（亿元）	344.6	385.6	441.0	573.3	755.5	1026.8	1351.3	1621.4

① 资料来源：《改革开放30年我国经济社会发展成就系列报告之十五：环境保护事业取得积极进展》

中国在最近15年当中城市的用水普及率大大提升，从63.9%上升到97.6%，城镇化的巨大进步由此可见。城市污水处理率更是由34.3%提高至90.2%，显示出中国在基础设施建设和城市环境保护上的突出成就。（表3.14）

表3.14　城市水环境状况[①]

年份	2000	2002	2004	2006	2008	2010	2012	2014
城市用水普及率（%）	63.9	77.9	88.9	86.1	94.7	96.7	97.2	97.6
城市污水处理率（%）	34.3	40	45.7	55.7	70.2	82.3	87.3	90.2

注：2006年统计口径有所调整，不能与2005年直接比较。

二、政府对环境保护的投入稳步增加

环境污染治理投资占GDP比重稳步提高。80年代初期，中国环保治理投资每年仅为25亿～30亿元，约占同期国内生产总值的0.51%；到80年代末期，投资总额超过100亿元，占同期国民生产总值的0.60%；2000年，投资总额达到1010.3亿元，占同期国民生产总值的1.02%，首次突破1%；2014年，全国环境污染治理投资总额达9575.5亿元，占国内生产总值的比重提高到1.51%。（图3.55）（表3.15）

国际经验表明当环境污染治理投资占GDP比重继续提升时，环境问题将显著改善。从70年代初至今，世界上大多数国家用于环境保护方面的投资呈不断增加的趋势。环保投资占国民生产总值（GNP）的比例为0.5%～3.0%。其中，发达国家环保投资占GNP比例为1.0%～3.0%；发展中国家环保投资占比例为0.5%～1.0%。根据国际经验，当治理环境污染的投资占GDP的比例达到1%～1.5%时，可以遏制环境

① 资料来源：《中国环境统计年鉴2015》

恶化的趋势；当达到 2%～3% 时，环境质量可有所改善。发达国家在 20 世纪 70 年代环境保护投资占 GDP 的 1%～2%，其中美国为 2%，日本为 2%～3%，德国为 2.1%，并且继续稳定在 2%，可预见不久的将来中国将达到发达国家环境治理投资占 GDP 的比例，届时环境质量将显著改善。

图 3.55　环境污染治理投资额[①]（单位：亿元）

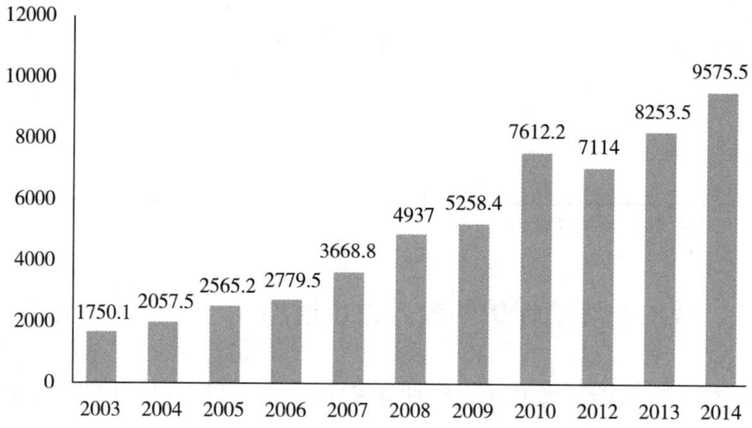

表 3.15　环境污染治理投资[②]

指标	2015 年	2012 年	2008 年	2004 年	2000 年
环境污染治理投资总额（亿元）	8806.3	8253.46	4937.03	1909.8	1014.9
城市环境基础设施建设投资额（亿元）	4946.8	5062.65	2247.73	1141.2	515.5
城市燃气建设投资额（亿元）	463.1	551.81	199.24	148.32	70.9
城市集中供热建设投资额（亿元）	687.8	798.07	328.18	173.35	67.8
城市排水建设投资额（亿元）	1248.5	934.08	637.16	352.28	149.3

① 资料来源：中华人民共和国国家统计局

② 资料来源：中华人民共和国国家统计局

续表

指标	2015 年	2012 年	2008 年	2004 年	2000 年
城市园林绿化建设投资额（亿元）	2075.4	2380.04	823.92	359.46	143.2
城市市容环境卫生建设投资额（亿元）	472	398.64	259.23	107.8	84.3
工业污染源治理投资（万元）	7736822	5004572	5426403	3081059	2347894
建设项目“三同时”环保投资额（亿元）	—	2690.35	2146.7	460.5	260

三、中国环境保护工作的成效、问题和展望

1. 虽然起步晚，但现在中国空前重视环境保护事业

中国的环境保护事业起步晚。1972 年 6 月，中国政府代表团参加了联合国人类环境会议，环境保护开始摆上国家议事日程。1973 年，中国政府通过了第一个环境保护文件——《关于保护和改善环境的若干规定》；1979 年中国颁布了环保第一部基础法律——《中华人民共和国环境保护法（试行）》。至此，中国环境保护事业开始起步。此后，中国政府还在《中国环境保护行动计划》等纲领性文件中提出了可持续发展的总体战略、对策以及行动方案，确定了污染治理和生态保护重点。

新世纪以来，中国政府推动环境保护的力度不断加大。为了落实科学发展观、构建和谐社会等重大战略思想，中国政府先后颁布了一系列的环境保护法律、自然资源法、环境保护行政法规、环境保护部门规章和规范性文件，制定了建设资源节约型、环境友好型社会，大力发展循环经济，加大自然生态和环境保护力度，强化资源管理等一系列政策，促进了中国环境保护事业的进一步发展。

2012 年以来，中国政府把生态文明建设摆在了前所未有的重要位置。中国政府将生态文明建设纳入国家发展顶层设计，与经济建设、政治建设、文化建设、社会建设并列视为全面建成小康社会的目标。中国开始把发展观、执政观、自然观内在统一起来，融入执政理念、发展理念中，生态文明建设的认识高度、实践深度、推进力度前所未有，由此中国的生态环保事业也取得了前所未有的成效。

一是环境质量有所改善。空气中细颗粒物（PM2.5）、酸雨区占国土面积比例、地表水水质、大江大河干流水质、森林覆盖率均有所改善。二是治污减排目标任务超额完成。到 2015 年，全国脱硫、脱硝机组容量占煤电总装机容量比例分别提高到 99%、92%。全国城市污水处理率提高到 92%，城市建成区生活垃圾无害化处理率达到 94.1%。7.2 万个村庄实施环境综合整治，1.2 亿多农村人口直接受益。2011 年到 2015 年，全国化学需氧量和氨氮、二氧化硫、氮氧化物排放总量分别累计下降 12.9%、13%、18%、18.6%。三是环境风险防控稳步推进。到 2015 年，50 个危险废物、273 个医疗废物集中处置设施基本建成，历史遗留的 670 万吨铬渣全部处置完毕，铅、汞、镉、铬、砷五种重金属污染物排放量比 2007 年下降 27.7%，涉重金属突发环境事件数量大幅减少。四是生态环境法治建设不断完善。环境保护法、大气污染防治法、放射性废物安全管理条例、环境空气质量标准等完成制修订，生态环境损害责任追究办法等文件陆续出台，生态保护补偿机制进一步健全。全社会生态环境法治观念和意识不断加强。

2. 环境保护事业面临的问题

一是污染物排放量大面广，环境污染重。中国 78.4% 的城市空气质量未达标，公众反映强烈的重度及以上污染天数比例占 3.2%，部分地区冬季空气重污染频发高发。化学需氧量、二氧化硫等主要污染物排放量仍然处于 2000 万吨左右的高位，环境承载能力超过或接近上限。饮用水水源安全保障水平亟须提升，排污布局与水环境承载能力不匹配，城市建成区黑臭水体大量存在，湖库富营养化问题依然突出，部分流域水体污染依然较重。全国土壤点位超标率 16.1%，耕地土壤点位超标率 19.4%，工矿废弃地土壤污染问题突出。城乡环境公共服务差距大，治理和改善任务艰巨。

二是产业结构和布局不合理，生态环境风险高。中国是化学品生产和消费大国，有毒有害污染物种类不断增加，区域性、结构性、布局性环境风险日益凸显。环境风险企业数量庞大、近水靠城，危险化学品安全事故导致的环境污染事件频发。突发环境事件呈现原因复杂、污染物质多样、影响地域敏感、影响范围扩大的趋势。过去 10 年年均发生森林火灾 7600 多起，森林病虫害发生面积 1.75 亿亩以上。

3. 生态环境保护发展的展望

未来一段时期，中国政府将在以下几个方面重点推进环保事业：一是强化源头防控，夯实绿色发展基础。强化生态空间管控，推进供给侧结构性改革，强化绿色科技创新引领，推动区域绿色协调发展。二是深化质量管理，大力实施三大行动计划。分区施策改善大气环境质量，精准发力提升水环境质量，分类防治土壤环境污染。三是实施专项治理，全面推进达标排放与污染减排。实施工业污染源全面达标排放计划，深入推进重点污染物减排，加强基础设施建设，加快农业农村环境综合治理。四是实行全程管控，有效防范和降低环境风险。完善风险防控和应急响应体系，加大重金属污染防治力度，提高危险废物处置水平，夯实化学品风险防控基础，加强核与辐射安全管理。五是加大保护力度，强化生态修复。维护国家生态安全，管护重点生态区域，保护重要生态系统，改善生态系统功能，修复生态退化地区，扩大生态产品供给，保护生物多样性。六是加快制度创新，积极推进治理体系和治理能力现代化。健全法治体系，完善市场机制，落实地方责任，加强企业监管，实施全民行动，提升治理能力。

主要参考文献

[1]《国家教育事业发展“十三五”规划》

[2]《国家中长期教育改革和发展规划纲要（2010—2020年）》

[3]《“十三五”卫生与健康规划》

[4]《全国医疗卫生服务体系规划纲要（2015—2020年）》

[5]《“健康中国2030”规划纲要》

[6]《“十三五”现代综合交通运输体系发展规划》

[7]《中长期铁路网规划》

[8]《信息通信行业发展规划（2016—2020年）》

[9]《“十三五”生态环境保护规划》

[10]《国家环境保护“十二五”规划》

[11]《决胜全面建成小康社会，夺取新时代中国特色社会主义伟大胜利》，即“十九大报告”。

第四章

在国际舞台上做负责任的大国

党的十九大报告指出，“中国坚持和平发展道路，推动构建人类命运共同体”[①]。中国的对外援助始于新中国成立之后，不同时期有不同的表现形式。但总的看，中国对外援助金额是逐步增加的，甚至不排除个别年份超出自身承受能力的可能；援助手段也日趋灵活，援助效果越来越好；但“平等互利”“不附加条件”等援助原则始终未变。而中国推动的国际合作，一方面表现为对已有国际治理机制的改革完善，另一方面也体现在推出如“亚投行”“一带一路”等新的国际公共产品上。

世界是个大家庭，彼此之间都应该互相援助。“1950 年至 2016 年，中国在自身长期发展水平和人民生活水平不高的情况下，累计对外提供援款 4000 多亿元人民币，实施各类援外项目 5000 多个，其中成套项目近 3000 个，举办 11000 多期培训班，为发展中国家在华培训各类人员 26 万多名。”[②]党的十九大报告指出，“加大对发展中国家特别是最不发达国家援助力度，促进缩小南北发展差距”[③]。现在全球仍然有 7 亿多人口生活在极端贫困之中，还有许多国家和地区发展水平很低，中国将来会继续加大对外援助力度，努力实现世界和平、稳定、繁荣。

全球治理是一个复杂的体系，改革完善全球治理是一个长期的任务。从世界范围看，以国际组织为代表的全球治理机制，也要符合世界生产力的发展水平和发展结构。当前联合国框架下的国际组织是二战之后的产物，对二战之后全球经济的增长发挥了非常重要的作用。随着新兴经济体的快速发展、地位上升，作为上层建筑的全球治理机制需要做出相应调整。中国积极推动国际组织的民主化建设，包括积

---

① 习近平. 决胜全面建成小康社会，夺取新时代中国特色社会主义伟大胜利——在中国共产党第十九次全国代表大会上的报告［M］. 北京：人民出版社，2017：57.

② 习近平. 共担时代责任，共促全球发展——在世界经济论坛 2017 年年会开幕式上的主旨演讲［N］. 人民日报，2017-1-18（3）.

③ 习近平. 决胜全面建成小康社会，夺取新时代中国特色社会主义伟大胜利——在中国共产党第十九次全国代表大会上的报告［M］. 北京：人民出版社，2017：60.

极支持联合国活动、参与联合国改革，推动 IMF、世界银行的治理与改革，推动 G20 的机制化建设等等。中国始终坚持“互利、合作、协商、共赢”的原则，共同发展，永不称霸。

中国政府提出“一带一路”倡议以来，已经有 100 多个国家和国际组织积极响应支持，40 多个国家和国际组织同中国签署合作协议，“一带一路”的“朋友圈”正在不断扩大。中国企业对沿线国家投资达到 500 多亿美元，一系列重大项目落地开花，带动了沿线国家经济发展，创造了大量就业机会。可以说，“一带一路”倡议来自中国，但成效惠及世界。

第一节　国际援助真诚尽力

2014 年 3 月，西非三国爆发埃博拉疫情，中国感同身受，以最快速度向西非三国提供力所能及的帮助。4 月份，中国宣布向几内亚、利比里亚、塞拉利昂、几内亚比绍四国各提供 100 万元人民币的防控救治物资。8 月 7 日，中国决定向疫情严重的利比里亚、塞拉利昂、几内亚等国提供 3000 万元人民币的紧急人道主义物资援助，并派专机第一时间运抵疫区，同时派出卫生医疗队，帮助西非国家抗击埃博拉疫情，应对人类面临的共同威胁。9 月 18 日，中国国家主席习近平在印度新德里宣布，为支持西非国家抗击疫情，帮助疫区周边国家加强防疫能力建设，支持有关国际地区组织在抗疫斗争中继续发挥领导和协调作用，中国政府决定在此前提供两批援助的基础上，再次向上述国家提供 2 亿元人民币紧急现汇、粮食和物资援助，向世界卫生组织和非洲联盟各提供 200 万美元现汇援助，并在塞拉利昂援建生物实验室，先后派遣近 200 名医护人员赴疫区工作。10 月 24 日，习近平宣布，考虑到当前埃博拉疫情发展和疫区国家需要，中国政府决定启动第 4 轮紧急援助，再向利比里亚、塞拉利昂、几内亚 3 国和有关国际组织提供 5 亿元人民币的急需物资和现汇援助，派出更多中国防疫专家和医护人员，并为利比里亚援建一个治疗中心。中国还从国内向疫区增派医疗人员和专家，累计超过 1000 人次；为西非国家培训 1 万名医护人员；还根据疫区国家的需要，在塞拉利昂和利比里亚分别援建了生物安全实验室和治疗中心。迄今中国已提供了总额为 7.5 亿元人民币的援助。[①]这是中国历史上支持其他国家和地区应对公共卫生危机持续时间最长、

① 依据中华人民共和国商务部对外援助司官方网站（http://yws.mofcom.gov.cn/）整理。

规模最大、力度最大的一次援助，也是新中国67年对外援助历史进程的一个缩影。

一、倾力而为的早期援助

1949年新中国成立伊始，虽然人均收入水平非常低，但依然坚持履行责任，开始向周边国家提供援助。1955年万隆会议召开之后，中国援助的范围扩展到亚洲和非洲更多的国家。[①] 在1950—1963年间，共有21个亚非发展中国家接受了中国援助，1970年增加到32个，1978年增加到66个，[②] 受援国的地理范围也从亚洲、非洲、东欧扩展到拉丁美洲和大洋洲地区。同时，援外开支自60年代起也快速增长。据统计，1971年到1975年间，中国的对外援助额达230亿元人民币，整个70年代中国在46个国家建成援助项目达560个。[③]

中国对外援助的第一个指导原则就是在这个阶段产生的。1964年1月，周恩来总理在访问非洲期间宣布"中国对外经济技术援助八项原则"，其核心理念包括：根据平等互利的原则提供援助，不把援助看作是单方面的赐予；提供外援时严格尊重受援国的主权，绝不附带任何条件，也不要求任何特权；对外援助的目的不是造成受援国的依赖，而是帮助它们走上自力更生、独立发展的道路等内容。[④] 作为中国援外遵循的根本原则，"八项原则"奠定了中国60余年援外工作的基本基调。

以世界著名的坦赞铁路为例，坦赞铁路在坦桑尼亚当地的斯瓦希里语中，称作"Uhuru Railway"，即"自由铁路"。在非洲民族解放运动

① 中华人民共和国国务院新闻办公室. 中国的对外援助［M］. 北京：人民出版社，2011：7.
② 杨洪玺，陈开明. 中国对外援助：成就、教训和良性发展［J］国际展望，2010（1）：48.
③ 杨洪玺，陈开明. 中国对外援助：成就、教训和良性发展［J］国际展望，2010（1）：49—50.
④ 中共中央文献编辑委员会. 周恩来选集（下卷）［M］. 北京：人民出版社，1984.

的浪潮中，1964 年坦桑尼亚和赞比亚相继独立，其迫切需要经济上的独立来支持政治上的独立。赞比亚是一个内陆国家，作为当时世界上第三大铜矿产地，却苦于没有出海口而使得铜矿贸易大大受限，因此迫切需要一条通往坦桑尼亚出海口的交通命脉。中国政府援建了这条连接坦桑尼亚原首都达累斯萨拉姆和赞比亚中部城市卡皮里姆波希的铁路，为赞比亚、马拉维等内陆国家提供新的出海通道，以打破盛产铜矿的赞比亚地处内陆而交通闭塞的状态。工程勘察启动于 1968 年 5 月 15 日，开工于 1970 年 10 月 26 日。历时 6 年，坦赞铁路于 1976 年 7 月 23 日正式运行。全长 1860.5 公里的坦赞铁路与沿途修建的 320 座桥梁、22 条隧道、93 个车站，以及长眠在坦赞大地的 64 位中国工人，共同构筑了新中国南南合作历史中的一个里程碑。坦赞铁路是中华人民共和国迄今为止最大的援外成套项目之一，中国先后派遣工程人员 5.6 万人次、专家 2824 人，高峰时期中国在场工程人员 1.5 万人，投入物资机械 100 万吨，提供无息贷款 9.88 亿元人民币。[①]

建成后的坦赞铁路成为把坦赞两国连接在一起的一条主要交通干线，保证了赞比亚的主要收入来源。40 多年来，坦赞铁路促进了坦赞两国经济发展和城乡物资交流。迄今，坦赞铁路已累计运送了近 2746 万吨的各类货物，运送了 4450 多万名各国旅客，成为东非乃至东南非洲铁路运输系统中重要一环。铁路沿线涌现了不少新兴城镇，成为各地区政治、经济、文化中心。坦桑尼亚前总统尼雷尔高度评价说，中国援建坦赞铁路是“对非洲人民的伟大贡献”；赞比亚前总统卡翁达说，“患难知真情”。坦赞两国人民乃至整个非洲把坦赞铁路誉之为“自由之路”“南南合作的典范”。

① 靳辉主编. 当代中国铁路对外经济技术援助［M］. 北京：中国铁道出版社，1996.

中国在1978年的人均GDP为156美元，广大老百姓尤其是中西部地区的农民生活水平很低，甚至低于撒哈拉以南非洲平均水平的1/3，而对外援助依然依据当时的能力坚持进行，彰显了中国的道义和担当。（图4.1）

图4.1　中国与撒哈拉以南非洲地区人均GDP对比[①]（单位：现价美元）

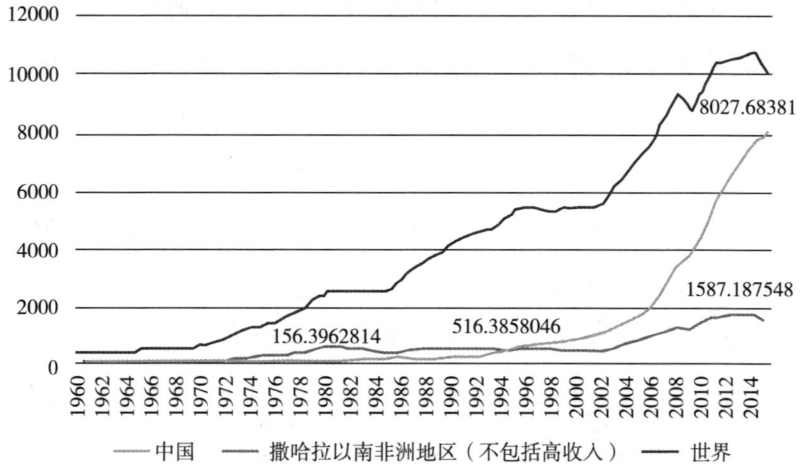

二、改革开放以后对外援助不断加大

1978年中国改革和开放后对外援助继续不断扩大，总体呈不断上升趋势，为世界各国尤其是发展中国家的发展做出了巨大贡献。

1983年1月，中国政府提出了新时期中国对外援助的四项原则，其内容包括：第一，遵循团结友好、平等互利的原则，尊重对方的主权，不干涉对方的内政，不附带任何政治条件，不要求任何特权。第二，从双方的实际需要和可能条件出发，发挥各自的长处和潜力，力求投资少，工期短，收效快，能取得良好的经济效益。第三，方式可

① 资料来源：世界银行

以多种多样，因地制宜，包括提供技术服务、培训技术和管理人员、进行科学技术交流、承建工程、合作生产、合资经营等等。中国方面对所承担的合作项目负责守约、保质、薄利、重义。中国方面派出的专家和技术人员，不要求特殊待遇。第四，上述合作之目的在于取长补短，互相帮助，以利于增强双方自力更生能力和促进各自民族经济的发展。①

这一时期对外援助的另一个突出做法就是改革援外项目的经营方式，加强对援外项目的管理，注重培养受援国的“造血能力”。②在此之前，中国虽对一些国家投入了巨额援助，但由于一些项目经营管理不善，导致经济效益并不显著，有的甚至处于亏本经营的状态。如在非洲，很多中国援建的项目没有使中国的巨额援助资金发挥应有的作用。为此，中国开始改变之前在对外援助中“交钥匙”的做法，亲自参与到援外项目的经营管理中，提高援外项目资金的使用效益。（表4.12）同样以坦赞铁路为例，铁路交付使用后，由于管理不善，部分轨道路段损坏严重，为此坦赞两国不得不再次向中国求助。中国于1983年派出专家来到坦赞两国，协助进行铁路的管理和经营，这起到了立竿见影的效果。经过中国专家的努力，坦赞铁路于次年便实现了扭亏为盈。到1988年，坦赞铁路盈利总额已达14.5亿桑坦先令。中国援外方式的改革使得中国的对外援助政策更加合理，更好地发挥了对外援助项目的效益，实现了中国与受援国的互利共赢。正如美国约翰·霍普金斯大学教授在其著作《龙的礼物：中国在非洲的真实故事》中所述：“中国是截然不同的捐助者和战略伙伴，因为它是一个发展中国家，而且作为一个在近期拥有类似经历的伙伴，它在发展上取得的成功

① 参见中国提出中非经济技术合作原则［N］. 人民日报，2006-11-2（7）.

② 石林主编. 当代中国的对外经济合作［M］. 北京：中国社会科学出版社，1991：221.

（具体说是它在快速经济转型和减少贫困中的成功）使它具有更大程度的可信性。”[①]

表 4.1　改革援外项目的经营方式

维度	类别
对外援助资金	无偿援助
	无息贷款
	优惠贷款
对外援助方式	援建成套项目
	提供一般物资
	开展技术合作
	开展人力资源开发合作
	派遣援外医疗队
	派遣志愿者
	提供紧急人道主义援助
	减免受援国债务
对外援助分布	农业
	工业
	物资
	经济基础设施
	社会公共基础设施
	人力资源开发合作
	人道主义
	其他

进入 20 世纪 90 年代后，中国经济快速发展，综合国力也明显增强。20 世纪 90 年代后期，特别是进入 21 世纪后，中国再次扩大对外援助数额，特别是增加了对最不发达国家的援助。但同时，第三世界、特别是非洲很多国家的贫困状况进一步加剧。1999 年撒哈拉以南非洲

① 黛博拉·布罗蒂加姆著，沈晓雷、高明秀译. 龙的礼物：中国在非洲的真实故事［M］. 北京：社会科学文献出版社，2012：121.

6.4 亿人口中，约有 3 亿人日均生活费低于 1 美元。非洲有 34 个国家属于联合国 2004 年公布的最贫困的国家。2000 年，全非洲人均寿命只有 53 岁，有 40% 的人得不到卫生设施服务，同年全非洲小学总入学率为 79.6%，中学入学率只有 33%，这些数据都远低于其他大陆。非洲国家在经济建设中，普遍面临着资金短缺、技术匮乏、设施落后的问题，因此中国在加大对外援助力度的同时尤其注重增加了对最不发达国家的援助。从 1995 年开始中国对外援助数额稳步增加，1995 年约为 29 亿元人民币，到 2000 年超过 45 亿元，到 2007 年中国对外援助数额已经超过 100 亿元人民币。据统计，从 2004 年到 2009 年，中国对外援助数额的平均年增长率达到 29.4%。[①]

2000 年 10 月，中非合作论坛在北京举行部长级会议，会议通过了《中非合作论坛北京宣言》和《中非经济和社会发展合作纲领》。中国首次提出减免 32 个重债穷国和最不发达国家欠中国的 100 亿元人民币的债务。2005 年 9 月，胡锦涛出席联合国首脑会议发展筹资高级别会议，发表了题为《促进普遍发展，实现共同繁荣》的重要讲话，并且宣布了中国对外援助的“五大举措”：第一，中国决定给予所有同中国建交的 39 个最不发达国家部分商品零关税待遇，优惠范围将包括这些国家的多数对华出口商品。第二，中国将进一步扩大对重债穷国和最不发达国家的援助规模，并通过双边渠道，在今后两年内免除或以其他处理方式消除所有同中国有外交关系的重债穷国 2004 年底前对华到期未还的全部无息和低息政府贷款。第三，中国将在今后三年内向发展中国家提供 100 亿美元优惠贷款及优惠出口买方信贷，用以帮助发展中国家加强基础设施建设，推动双方企业开展合资合作。第四，中国将在今后三年内增加对发展中国家特别是非洲国家的相关援助，为

① 中华人民共和国国务院新闻办公室. 中国的对外援助［M］. 北京：人民出版社，2011：7.

其提供包括防疟特效药在内的药物，帮助他们建立和改善医疗设施、培训医疗人员。具体通过中非合作论坛等机制及双边渠道落实。第五，中国将在今后三年内为发展中国家培训培养 3 万名各类人才，帮助有关国家加快人才培养。[①] 由此可见，加大对最不发达国家的援助已经成为新时期中国对外援助的重要方式。此后，中国多次宣布减免相关国家债务。截至 2012 年，中国已与亚洲、非洲、拉丁美洲以及大洋洲的相关国家签署了免债协议书，免除到期债务 496 笔，免除 50 个最不发达国家总额达 270 亿人民币的债务，对外累计援助资金总额为 3456.3 亿元人民币，其中无偿援助多达 40%，其余为无息贷款与优惠贷款。

就在 2016 年 10 月 5 日，由中国企业建设、连接埃塞俄比亚和吉布提两国首都的亚的斯亚贝巴—吉布提铁路（亚吉铁路），正式建成通车。这是继坦赞铁路之后，中国在非洲修建的又一条跨国铁路，被誉为“新时期的坦赞铁路”。亚吉铁路是非洲第一条电气化铁路，全部采用中国标准和中国装备建设而成，全长 752.7 公里，设计时速 120 公里，共设置 45 个车站，总投资约 40 亿美元。由于埃塞俄比亚 95% 以上的贸易经过吉布提，占吉布提港口活动的 70%，因此亚吉铁路是以货运为主的客货共线铁路。铁路建成后，吉布提至亚的斯亚贝巴的运输时间将从公路运输的 3 天降至 10 个小时。埃塞俄比亚总理海尔马里亚姆在始发仪式上称赞“亚吉铁路的运行加强了埃塞俄比亚与吉布提之间的友好关系，促进埃塞俄比亚经济繁荣，感谢中国政府和中国铁建”。

① 中华人民共和国国务院新闻办公室. 中国的和平发展道路［N］. 人民日报，2005-12-23（15）.

表 4.2　中国已建成的援外项目（截至 2012 年末）①

行业	项目数	行业	项目数	行业	项目数	行业	项目数	行业	项目数
农业类		工业类		基础设施类		社会设施类		其他	115
农牧渔业	168	轻工纺织	401	交通运输	273	科教卫生	401		
水利	68	建材化工	96	广播电信	159	民用建筑	223		
农业示范中心	26	机械电子	83	电力	114	打井供水	101		
农业加工	2	木材加工	10			公共设施	305		
		冶金、石油工业	48						
		地质矿产勘探	12						
合计	264		650		546		1030		115

如果仅以中国对外援助中的成套项目②来说，从 1954 年开始，中国便利用成套项目援助方式为越南、朝鲜两国修复被战争破坏的铁路、公路、港口、桥梁和市政交通等设施，并援建一批基础工业，为两国战后重建和经济发展做出巨大贡献。此后，成套项目建设的规模和范围不断扩大，在对外援助支出中一直占有较大比例。目前，成套项目援助占对外援助财政支出的 40% 左右。截至 2012 年底，中国共帮助发展中国家建成 2580 多个与当地民众生产和生活息息相关的各类成套项目，涉及工业、农业、文教、卫生、通信、电力、能源、交通等多个

① 依据中华人民共和国国务院新闻办公室发布的白皮书《中国的对外援助》2011 年版与 2014 年版整理。

② 成套项目援助是指中国通过提供无偿援助和无息贷款等援助资金帮助受援国建设生产和民用领域的工程项目。中方负责项目考察、勘察、设计和施工的全部或部分过程，提供全部或部分设备、建筑材料，派遣工程技术人员组织和指导施工、安装和试生产。项目竣工后，移交受援国使用。

领域。目前中国援外的成套项目还在逐年增加，2014 年中国对外援助新承担成套项目 112 个，2015 年则增加到 293 个成套项目，其中包括中巴（基斯坦）跨境光缆、马尔代夫跨海大桥、白俄罗斯及柬埔寨经贸合作区配套工程等重大项目 40 余个。

三、对外援助的中国特色与中国经验

从中国 60 多年对外援助的历史进程来看，中国真正有效地推动了联合国千年发展目标的实现。仔细观察我们会发现整个过程充分体现了中国特色与中国经验。

一般而言，很多发达国家在援外时通常附带一些政治条件，对受援国的自主发展道路产生干涉。中国在发展初期也曾接受过苏联、日本、澳大利亚、德国、法国、美国等国家及国际组织的援助，但是中国发展的重要经验就是发展中国家必须掌握自身的发展与改革进程，因为援助者并没有完整的信息来对受援国进行治理，因此发展中国家必须成为本国发展前行的船长。① 基于这些发展经验，中国始终恪守"互不干涉内政"的原则，在向其他发展中国家提供援助时从不附加任何政治条件。中国始终认为发展中国家的内部事务应该由这些国家政府和人民自主决定，来自外部世界的援助对这些后发国家实现经济增长至关重要，但这些援助应当尊重受援国的主权和内政，应有利于促进这些国家通过自身努力实现国家的稳定和发展。

另外中国也始终倡导基于南南合作 ② 的平等互助、相互学习的伙伴关系。结合组织发展援助委员会（OECD-DAC）所表达的"非捆绑式

① 林毅夫、王燕著，宋琛译. 超越发展援助：在一个多极世界中重构发展合作新理念［M］. 北京：北京大学出版社，2016：76.

② 南南合作，即发展中国家间的经济技术合作，是促进发展的国际多边合作不可或缺的重要组成部分。

援助（untied aid）”将援助与市场和贸易分离，被定义为“单方面的赐予”，因此赋予援助国一个道德的高地，援助因而也变成了一个完全利他的行为。相反，发展中国家的评论者更加赞赏中国的援助合作方式，认为中国的援助模式有利于国家所有权和自力更生。中国也曾作为援助的接受者，但发展的过程中始终坚持着自力更生的原则。从 1960 年至 1978 年这 18 年中，中国没有国内与国外债务。但 1979 年，为得到发展援助，中国开始接触联合国开发计划署和世界银行等组织。在过去的近 40 年中，中国在自身改革开放与经济结构转型始终采取一种学习与实验的方式，中国从外国援助中取得最为重要的收获在于观点的引入、思想的开放和知识的传播。而中国也始终认为南南合作是基于发展中国家的相互学习与互利共赢，这样的发展才是真正有效的、可持续的发展。

再次，中国对外援助的重心在于对世界经济发展不平衡的纠正。长期以来中国对外援助强调经济基础设施，如工业、农业、矿业、交通、通信、能源、金融服务的发展。中国的对外援助不仅只有人道主义的属性，也有发展的属性，这是对世界经济发展不平衡的积极纠正。其理想状态是，对外援助的成效不在于解一时之困，而在于通过援助使受援国未来逐步摆脱援助。所以，中国在关注受援国民生改善的同时，也注重通过对外援助来推动受援国的经济发展和社会进步，从根本上推动受援国的减贫与发展。特别是 20 世纪 90 年代中期以来，中国逐步推行了贴息优惠贷款、援外项目合资合作等方式，其重要目的之一便是利用不断增加的援助和投资来带动其他发展中国家的经济发展和产业能力提升。在 2010—2012 年中国对外援助资金中，经济基础设施占 44.8%，物资援助占 15.0%，工业占 3.6%，农业占 2%。[①] 比如，

① 中华人民共和国国务院新闻办公室. 中国的对外援助［M］. 北京：人民出版社，2014.

中国援建了肯尼亚西卡高速公路第三标段，斯里兰卡汉班托塔国际机场，加纳布维多功能水电站，喀麦隆、坦桑尼亚和厄立特里亚光纤骨干传输线项目等等。这些援助有助于改善受援国的经济发展条件，提高其发展能力，激活受援国的资金和商品市场并推动其经济发展。

最后，中国对外援助的目标是“授人以鱼，更授人以渔”①，希望受援国未来可以依靠自身摆脱贫困的境地，改变世界经济发展不平衡的局面。因此，中国愿意通过技术转让和经验共享来推动受援国的自主发展能力。长期以来，中国在对外提供基础设施或经济技术合作项目时，注重在援助过程中培养当地的员工，传授技术和管理知识。其成效在于，一个援助项目同时也是一个技术转让或技术合作项目。比如，中石油最初以援助项目撬动对苏丹的石油投资与合作，帮助苏丹建立起集石油勘探、生产、炼制、运输、销售于一体的独立的石油工业体系，使苏丹由一个石油产品进口国迅速转变为石油出口国。20世纪以来，中国在提供诸如基础设施、工农业项目等“硬援助”②的同时，也越来越多地重视向受援国提供奖学金、派遣援外教师、举办研讨班、帮助建立职业技术学校等“软援助”③，以提升其教育、科技水平及自主发展能力。作为一个成功开启现代化道路的国家，中国也愿意与其他发展中国家分享自身治国理政与发展经验，共同探讨解决发展进程中遇到的各种难题。

60多年来，中国共向166个国家和国际组织提供了近4000亿元人民币援助，实施各类援外项目5000多个，派遣60多万援助人员，其

---

①“授人以鱼，更授人以渔”，指传授给人知识，更传授给人学习知识的方法。

②“硬援助”，指实体性物质性的对外援助，在中国主要体现为成套项目援建、一般物资以及债务减免。

③“软援助”，指非实体性质的对外援助，包括技术合作、人力资源开发合作、国际救援以及援外志愿者等不同形式。

中700多名中国好儿女为他国发展献出了宝贵生命。[①] 2008年以来，中国连续多年成为最不发达国家第一大出口市场，吸收最不发达国家约23%的产品出口。为进一步推进发展中国家经济增长和民生改善，促进共同发展，中国将设立“南南合作援助基金”，继续增加对最不发达国家投资，免除符合条件国家的特定债务。2015年9月26日，中国国家主席习近平在联合国总部出席并主持由中国和联合国共同举办的南南合作圆桌会中宣布“为帮助发展中国家发展经济、改善民生，未来5年中国将向发展中国家提供‘6个100’项目支持，包括100个减贫项目、100个农业合作项目、100个促贸援助项目、100个生态保护和应对气候变化项目、100所医院和诊所、100所学校和职业培训中心；将向发展中国家提供12万个来华培训和15万个奖学金名额，为发展中国家培养50万名职业技术人员，设立南南合作与发展学院，等等”[②]。中国虽然在实施“千年发展目标”方面取得的进展举世瞩目，但中国与发达国家的差距依然很大，中国将在自身发展面临困难的情况下继续提供援助，促进世界各国协同发展。

第二节 积极参与全球治理

一、联合国的重要支柱

1971年10月25日是中国外交史上值得纪念的日子，这一天第26届联大以压倒性多数通过了第2758号决议，决定恢复中华人民共和国在联合国的一切合法权利。决议彻底地解决了中国在联合国的代表权

① 参见习近平. 携手消除贫困，促进共同发展——在2015减贫与发展高层论坛的主旨演讲[N]. 人民日报，2015-10-17（3）.

② 摘自国家主席习近平2015年9月27日在南南合作圆桌会上发表的讲话。

问题，这不仅仅是中国外交的大事，也成为国际关系史上的重要事件而载入史册。

1. 重视在联合国发挥作用

中国是联合国创始会员之一，为联合国的成立做出了积极的贡献。中国恢复合法席位后，非常重视在联合国发挥作用，积极参与联合国事务，遵循联合国宪章的宗旨和原则，维护联合国权威。冷战结束后，为联合国摆脱美苏格局的影响、独立自主地发挥自身作用创造了条件。党的十四大报告明确提出："在处理国际事务中，我国严格遵守联合国宪章和公认的国际关系准则，坚持实事求是和伸张正义的原则立场。"[①] 和平、发展、公平、正义、民主、自由，是全人类的共同价值，也是联合国的崇高目标。在冷战后的 20 多年里，联合国的作用明显增强。联合国在解决柬埔寨问题、海湾危机以及维护和平行动、反对恐怖主义、裁军等政治、安全领域的事务发挥了重要的、不可替代的作用，而中国作为一个负责任的大国则积极推进这些目标的实现，在政治、经济、军事、文化等多领域，中国也在联合国的框架内同世界各国进行了卓有成效的合作。

以联合国维和行动为例，联合国维和行动是为了落实或监督落实冲突方签署的旨在控制和解决冲突的协议，或者为了确保人道主义援助的安全提供，经冲突方邀请或同意后，由联合国组织并指挥的，执行军事或其他任务的非强制性行动。[②] 自 1948 年 6 月联合国第一次派出维和人员用以监督以色列与阿拉伯邻国间停火协议至今，联合国维和行动走过近 70 年的风雨发展历程，共实施了 71 起维持和平行动，其

---

① 江泽民. 加快改革开放和现代化建设步伐，夺取有中国特色社会主义事业的更大胜利——在中国共产党第十四次全国代表大会上的报告［M］. 北京：人民出版社，1992.

② Anonymous. General Guidelines for Peace-keeping Operations. United Nations Department of Peacekeeping Operations, 1995.

中仍在进行的有 15 起。[①] 中国作为联合国安理会常任理事国和世界上最大的发展中国家，从最初学习与观察，到现在作为联合国常任理事国中派遣维和人员最多的国家，跟随着联合国维和行动的脚步一起成长。

改革开放以来，中国深刻认识到国际交往的重要性，开始调整对外政策，在逐步融入国际社会的过程中对联合国也有了更客观的认识。1982 年，中国开始缴纳当时两支中东维和部队的摊款。1988 年中国致函联合国秘书长，提出加入联合国维持和平行动特别委员会的请求。同年 12 月，联大一致通过决议，同意接纳中国为联合国维持和平行动特别委员会成员。1990 年，中国向联合国停战监督组织派遣 5 名军事观察员，中国开始实际参与到维和行动中。1992 年 4 月，中国军队向联合国柬埔寨临时权力机构派遣 400 人的工兵分队，这是中国第一次派遣成建制非作战部队参与维和行动。2000 年 1 月，中国首次派遣 15 名民事警察到东帝汶执行任务。2002 年，中国首次派遣医疗分队和运输分队前往刚果（金）执行维和任务。2004 年 10 月，中国第一次派遣警察防暴队赴海地执行维和任务。中国派出的维和人员与其他国家维和人员一起，以出色的效率完成各项工作，做出了巨大贡献。但随着联合国维和行动任务与职能的不断拓宽，维和行动面临的安全威胁也不断增加，中国作为联合国常任理事国，在适当的时机派遣作战部队参加维和行动，充分发挥了中国作为负责任大国的能力。2013 年设立的联合国马里多层面综合稳定团由 11200 名军事人员以及 1440 名警察组成。中国于 2013 年 7 月组建部队赴马里参加联合国维和行动，维和部队共 395 人，包括 155 人的工兵分队、170 人的警卫队和 70 人的医疗分队。其中 170 人的警卫队是中国第一次派遣连级别的作战部队赴联合国执行维和任务。

① 资料来源：联合国网站，http://www.un.org/

图 4.2　2015 年联合国主要国家维和人数[①]

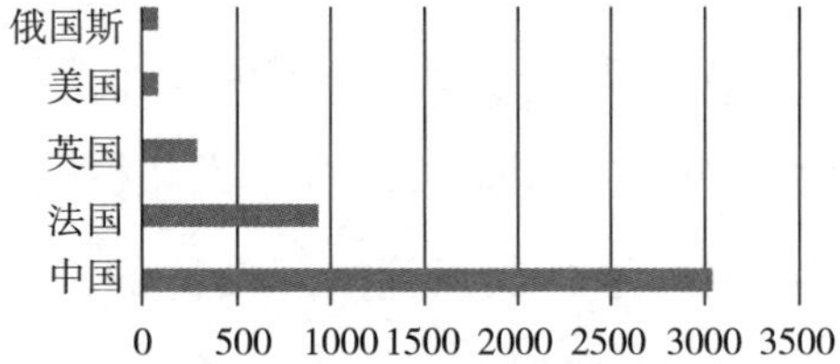

截至 2017 年 7 月 31 日，自 1990 年首次向联合国维和行动派遣军事观察员至今，中国已累计派出维和人员 3.5 万余人次，先后参加 24 项维和行动，维和人员数量居联合国安理会五个常任理事国之首。[②]2016 年—2018 年中国将承担 10.2% 的维和摊款，是承担联合国维和摊款最多的发展中国家，出资额在联合国所有成员国中位居第二。为支持改进和加强维和行动，中国将加入新的联合国维和能力待命机制，决定为此率先组建常备成建制维和警队，并建设 8000 人规模的维和待命部队。中国将积极考虑应联合国要求，派更多工程、运输、医疗人员参与维和行动。从 2016 到 2020 的五年时间，中国将为各国培训 2000 名维和人员，开展 10 个扫雷援助项目。中国将向非盟提供总额为 1 亿美元的无偿军事援助，以支持非洲常备军和危机应对快速反应部队建设。中国将向联合国在非洲的维和行动部署首支直升机分队。中国—联合国和平与发展基金的部分资金将用于支持联合国维和行动。中国人民坚持走和平发展道路，也真诚希望世界各国都走和平发展这条道路，共同应对威胁和破坏和平的各种因素，携手建设持久和平、共同繁荣的和谐世界。

尽管中国参与联合国维和行动的历史较短，却迈出了坚实的步伐，随着综合国力的不断增强，中国将更多地参与到世界各地的维和行动中去，更好地展现中国处理国际事务的能力。经过 30 多年的成长，进

① 资料来源：联合国网站，http://www.un.org/

②《新闻背景：中国军队参加联合国维和行动大事记》，新华社联合国 2017 年 7 月 31 日电。

入 21 世纪的中国已经全方位参与了联合国的各项事务，在政治与安全领域，中国的作用越来越不能被忽视。联合国是为和平而生的国际组织，今天在人类依然面临种种不安和危险面前，联合国依然是世界和平最有效、最坚定的维护者，中国也将与之一道共同努力。

图 4.3　中国缴纳联合国会费及维和摊款情况（2008—2015）①

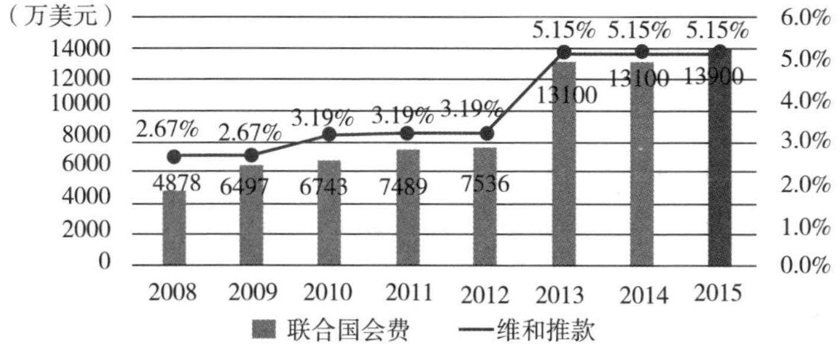

2. 促进国际社会与人类发展

在 2000 年 9 月举行的联合国千年峰会上，世界各国元首和政府领导人通过了《联合国千年宣言》，为国际社会实现发展的美好前景规划了蓝图。作为世界上最大的发展中国家，中国的发展对世界有着深远的影响。中国政府将实现经济与社会全面发展以及提高人民生活水平视为首要任务。特别是改革开放近 40 年来，中国的经济社会发展取得了举世瞩目的成就，顺利实现了从计划经济到市场经济体制的历史性转变，国民经济连续多年保持快速增长势头，人民生活水平也得到极大提高，教育、公共卫生、文化等各项社会事业全面发展。加入世界贸易组织后，中国以前所未有的深度和广度参与到经济全球化进程之中，与世界各国经贸合作不断加深，成为世界经济发展的重要支柱。

1990 年到 2015 年，中国全力落实千年发展目标已经或基本实现了 13 项千年发展目标指标。这期间，中国贫困人口减少了 4.39 亿；2004 年以来，中国粮食产量连续 11 年增长，用占世界不足 10% 的耕地养活

① 资料来源：联合国网站，http://www.un.org/

了占世界近20%的人口；2000年以来累计解决了4.67亿农村居民的饮水问题，男、女小学学龄儿童静入学率稳定维持在99%以上。[①]但中国在实现自身发展的同时，也没有忘记与其他国家互助共赢。仅以《千年发展目标》中“进一步发展开放的、遵循规则的、可预测的、非歧视性的贸易和金融体制。包括在国家和国际两级致力于善政、发展和减轻贫穷”一项为例，中国自2001年加入世界贸易组织以来，认真履行承诺，促进市场开放，积极参与多哈回合谈判，参与政策审议机制和争端解决机制，成为发展中国家积极融入全球化进程的典范。中国通过与发达国家开展双边对话，利用现有机制推动区域自贸协定间的信息交流，促进区域贸易发展和多边贸易体制的融合。

图4.4　1990—2013年中国与世界平均人类发展指数变化情况[②]

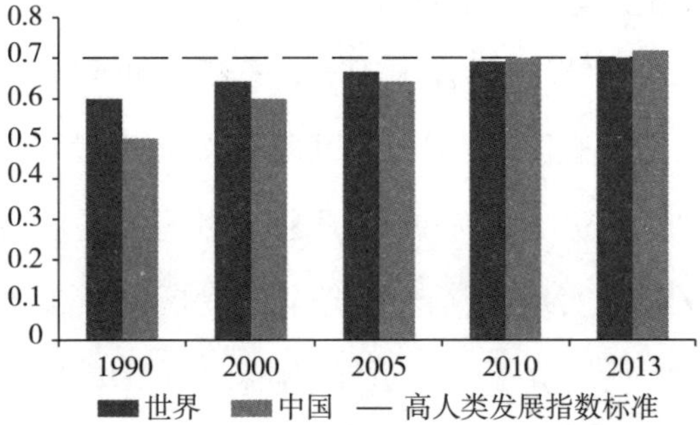

中国也积极帮助发展中国家，尤其是最不发达国家发展贸易，促进其经济多元化并实现可持续发展。为帮助最不发达国家发展经济，中国既重视加强与贸易有关的基础设施建设援助，也注重从提高生产能力和扶持相关产业入手，促进这些国家贸易发展，支持其积极参与多边贸易体制。2010—2012年，在中国援建的各类项目中，与贸易相关的大中型基础设施项目约有90个，极大地改善了有关发展中国家的贸易运输条件和信息化技术水平。2004年中国与世行共同举办全球扶

① 参见中国政府与联合国驻华系统共同发布的《中国实施千年发展目标报告（2000—2015年）》
② 资料来源：联合国开发计划署

贫大会，推动国际社会达成为减贫而行动的共识。未来中国将继续参与国际发展合作，在南南合作框架下贡献更多力量，为帮助其他发展中国家落实 2015 年后发展议程提供实实在在的帮助。

3. 积极参与环境保护国际合作

中国重视环境保护领域的国际合作，积极参与联合国等国际组织的环境事务。1972 年，中国代表团参加了联合国人类环境会议，自此中国逐步开始参与国际环境保护事务。中国于 1979 年加入联合国环境署的“全球环境监测网”“国际潜在有毒化学品登记中心”和“国际环境情报资料源查询系统”。在环境署的组织下，中国将防治沙漠化、建设生态农业的经验和技术传授给许多国家。中国多次派出高级代表团参与联合国可持续发展委员会的历次会议、可持续发展世界首脑会议及其系列筹备活动，与联合国环境规划署在荒漠化防治、生物多样性保护、臭氧层保护、清洁生产、循环经济、环境教育和培训、长江中上游洪水防治、区域海行动计划和防止陆源污染保护海洋全球行动计划等领域开展了卓有成效的合作。中国还与联合国开发计划署、世界银行、亚洲开发银行等国际组织建立了有效的合作模式，并积极参与亚太经合组织框架下的各项环境保护和可持续发展活动，出席历次亚太经合组织环境部长会议。

中国积极参加了有关环境保护的缔约方会议和有关国际会议，缔约或签署了多项国际环境公约，维护了中国和广大发展中国家的利益。中国参与了《联合国气候变化框架公约》及其《京都议定书》《关于消耗臭氧层物质的蒙特利尔议定书》《关于在国际贸易中对某些危险化学品和农药采用事先知情同意程序的鹿特丹公约》《关于持久性有机污染物的斯德哥尔摩公约》《生物多样性公约》《防治荒漠化国际公约》《气候变化框架公约》《湿地公约》《濒危野生动植物国际贸易公约》等 50 多项国际公约的签署或缔约。中国在履行《保护臭氧层维也纳公约》

的过程中，积极开发氟利昂替代物质，并且相关技术达到国际先进水平。2016 年 9 月，中国倡议二十国集团发表了首份气候变化问题主席声明，率先签署了《巴黎协定》，向联合国交存批准文书做出了新的庄严承诺，展现了大国的担当。中国已建立了履行国际公约的国内管理机制，制定和修改了相关法律，认真履行国际公约，为保护全球环境做出了积极努力。

从 1990 年国际气候谈判启动算起，国际气候制度的演进大约经历了以下几个阶段：第一阶段，1990—1994 年，国际气候谈判开始启动。1992 年，里约会议通过了《联合国气候变化框架公约》，1994 年 3 月 21 日该公约生效，从法律上确立了公约的最终目标和一系列的基本原则。第二阶段，1995—2005 年，为落实《联合国气候变化框架公约》的目标，《公约》第一次缔约方大会决定启动议定书谈判。1997 年，在日本京都召开的第三次缔约方大会通过了《京都议定书》，首次为发达国家与经济转轨国家规定了具有法律约束力的定量减排目标。[①] 第三阶段，2005 年至今，是后京都谈判艰难前行的阶段。2005 年 2 月《京都议定书》生效后，国际上有关后京都问题的讨论如火如荼。2009 年至 2014 年，分别在哥本哈根、坎昆、德班、多哈、华沙和利马召开了六次联合国气候变化大会，但都没有实质性的进展。

在具体的气候谈判过程中，各个国家在维护自身利益的基础上进行博弈，基本形成南北两大阵营（发展中国家与发达国家）、三大联盟（欧盟、以美国为首的伞形集团及“中国 +77 国集团”）、多个主体交织覆盖的利益格局。利益各方围绕主导权、发展权与生存权展开多重博弈，围绕全球气候变化问题展开斗争与合作。从世界各国在气候变化领域斗争与博弈的前景看来，摩擦与分歧将遍布气候谈判的各个方面，谈判的成功需要各方极大的努力与妥协，气候变化问题将长期在国际

① 陈迎. 国际气候制度的演进及对中国谈判立场的分析［J］. 世界经济与政治，2007（2）：52.

政治舞台占领一席之地。

中国在气候变化谈判中有两个原则是一直坚持不变的：一是坚持中国在现阶段不承担任何具有国际法律约束力的量化减排义务；二是反对将气候变化与其他问题挂钩。在坚持不承诺减排义务和反对与其他问题挂钩的同时，中国近年来的气候变化战略也有所变化。主要体现在中国在国际气候谈判及相关领域推行了更加灵活和积极的举措，展示出中国开放、合作的态度。

中国积极参与各种国际技术开发和合作机制，包括清洁发展机制（CDM）。最重要的是，中国加大力度，推进有利于低碳发展的国内政策。2014 年 11 月 12 日，中美双方共同发表了《中美气候变化联合声明》。根据声明，美国计划于 2025 年实现在 2005 年基础上减排 26～28%的全经济范围减排目标并将努力减排 28%；中国计划 2030 年左右二氧化碳排放达到峰值且将努力早日达峰，并计划到 2030 年非化石能源占一次能源消费比重提高到 20%左右。

2015 年 11 月 30 日至 12 月 12 日，联合国气候变化框架公约（UNFCCC）第 21 次缔约方大会（COP21）及《京都议定书》第 11 次缔约方大会（CMP11）在巴黎北郊的布尔歇展览中心举行，约 150 位国家元首或政府首脑出席此次盛会，会议最后通过了《巴黎协定》。各方将加强对气候变化威胁的全球应对，把全球平均气温较工业化前水平升高控制在 2℃之内，并为把升温控制在 1.5℃之内而努力。发达国家将继续带头减排，并加强对发展中国家的资金、技术和能力建设支持，帮助后者减缓和适应气候变化。

2016 年 G20 杭州峰会前夕，中国国家主席习近平同美国总统奥巴马、联合国秘书长潘基文在杭州共同出席气候变化《巴黎协定》批准文书交存仪式。中国是最大的发展中国家，美国是最大的发达国家，两国在气候变化领域开展了卓有成效的对话和合作。两国共同交存参加《巴黎协定》法律文书，展示了共同应对全球性问题的雄心和决心。同年 11 月 4 日，联合国气候变化《巴黎协定》正式生效。

中国为推动协定达成、生效做出了建设性贡献。中国始终坚持协定是落实《联合国气候变化框架公约》、加强行动的阶段性成果，坚持“共同但有区别的责任”原则，最终达成的协定也体现了发达国家和发展中国家的区分。

中国还积极开展环境保护领域的双边合作。中国先后与美国、日本、加拿大、俄罗斯等 42 个国家签署双边环境保护合作协议或谅解备忘录，与 11 个国家签署核安全合作双边协定或谅解备忘录，在环境政策法规、污染防治、生物多样性保护、气候变化、可持续生产与消费、能力建设、示范工程、环境技术和环保产业等方面广泛进行交流与合作，取得一批重要成果。中国积极推进蒙特利尔多边基金，提前完成了《蒙特利尔议定书》第一阶段目标，充分利用清洁发展机制（CDM），在应对全球气候变化和控制温室气体方面做出了大量努力，在双边合作、全球环境基金等领域取得了突破。

4. 参与和推动联合国改革与发展

自联合国成立以来，这个国际大家庭的规模大幅增长，由 1945 年的 51 个创始会员国发展至今已有 193 个会员国，在很大程度上改变了联合国成立之初的面貌。通过改革提高联合国的代表性及效率和行动能力，使其更好地应对各种挑战，已经成为国际社会的普遍共识。但是对联合国这样庞大的组织来说，无论过去还是未来，改革都将是复杂、缓慢的进程，只有那些经过深思熟虑且得到广大会员国支持的改革项目，才有可能顺利进行。虽然改革的必要性和大方向得到会员国的支持，但涉及具体的改革方案，190 多个会员国之间仍然存在立场上的差异，尤其是安理会改革这类涉及宪章修改程序的改革。因此，改革的磋商与协调也将是十分缓慢的。联合国改革需要平衡代表性、包容性与组织效力、效率之间的关系。改革也需平衡不同国家集团的利益关切。例如发展中国家更强调联合国在发展援助和经济合作领域的作用，强调加强联合国在推动建立更公平合理的世界政治、经济秩序上的作用。发达国家则注重联合国在推动国内民主、环境问题、人道主义干预、人权问题等领域的作用。

联合国成立60多年来，承担着维护世界和平、促进共同发展的重任，在国际事务中发挥了不可替代的作用。中国主张联合国在国际事务中发挥更重要的作用，支持秘书长为倡导多边主义、加强联合国作用所做的努力。中国支持联合国进行改革，希望改革有助于增强联合国的权威，更好地在国际事务中发挥作用。中国支持安理会改革，赞同优先增加发展中国家的代表性，主张提高安理会的工作效率和权威。安理会改革事关重大，涉及各方利益，存在不同看法是正常的，有分歧就更需要充分讨论和酝酿，以取得广泛共识。

因此，中国始终积极主张联合国进行有效改革，并认为改革应遵循以下重要原则：第一，改革应有利于推动多边主义，提高联合国的权威和效率以及应对新威胁挑战的能力。第二，改革应维护《联合国宪章》的宗旨和原则，特别是主权平等、互不干涉内政、和平解决争端、加强国际合作等。第三，改革是全方位、多领域的，要加大在发展领域的投入，推动落实千年发展目标。第四，改革应最大限度地满足所有成员国尤其是广大发展中国家的要求和关切。第五，改革应先易后难、循序渐进，对尚存在分歧的重大问题要采取谨慎态度，通过磋商凝聚共识，努力达成最广泛的一致。

安理会改革是联合国改革的重要方面，受到国际社会的普遍关注。中国始终支持对安理会进行必要、合理的改革，使其更好地维护广大会员国的利益。扩大安理会成员是一个复杂的问题，应考虑到许多因素，如不同地区、不同国家代表性的平衡问题，特别是发展中国家代表性的问题。但同样联合国作为最广泛的国际组织其在维护世界和平，缓和国际紧张局势，解决地区冲突方面；在协调国际经济关系，促进世界各国经济、科学、文化的合作与交流等方面的效率性同样不能够被忽视，否则联合国将形同虚设。

中国主张，改革是联合国全体成员的共同事务，应充分发扬民主，听取各方意见，照顾各方利益。改革方案应最大限度地满足所有成员国、特别是多数发展中国家的要求和关切，为会员国所普遍接受。改革应本着先易后难、循序渐进的原则，不能急于求成，不人为设定时限或强行推动做出决定。改革的结果应有助于维护和增进联合国会员国的团结。对有重大分歧的问题要采取谨慎态度，充分磋商，争取广泛一致。如果改革引发严重分歧，造成分裂，就达不到改革的目的，就失去了改革的意义，甚至适得其反。

在推动联合国改革的同时，中国也通过总结自身的发展经验，来推动联合国的发展。比如，中国有不少新的理念，已为联合国接受、成为新的国际共识。

2016年3月安理会通过包括推进“一带一路”倡议内容的第S/2274号决议后，11月17日联合国大会第A / 71 / 9号决议首次写入“一带一路”倡议，并得到193个会员国的一致赞同。这体现了国际社会对推进“一带一路”倡议的普遍支持。

2017年2月10日，联合国社会发展委员会第55届会议10日协商一致通过“非洲发展新伙伴关系的社会层面”决议，“构建人类命运共同体”理念首次被写入联合国决议中。

2017年4月27日，联合国大会将每年4月21日指定为世界创意和创新日，并呼吁各国支持大众创业、万众创新。中国这一理念写入联合国决议，显示了创新作为推动可持续发展重要动力已获得广泛国际共识，中国方案再次为全球课题贡献智慧。

2017 年 9 月 11 日，第七十一届联合国大会通过决议，在“联合国系统在全球治理中的核心作用”议题下，通过“联合国与全球经济治理”决议，要求“各方本着‘共商、共建、共享’原则改善全球经济治理，加强联合国作用”，同时重申“联合国应本着合作共赢精神，继续发挥核心作用，寻求应对全球性挑战的共同之策，构建人类命运共同体”。“共商、共建、共享”这组中国词汇也被纳入联合国文件之中。

联合国走过了 70 年风风雨雨，也见证了包括中国在内的各国为守护和平、建设家园、谋求合作的探索和实践。联合国是世界反法西斯战争胜利的成果，承载着各国人民对和平与发展的殷切期望。联合国的成立是人类历史上一件具有划时代意义的大事，是人类和平进步事业的一座里程碑。70 多年来，作为最具代表性和权威性的政府间国际组织，联合国依靠和平与安全、发展、人权三大支柱，为促进人类进步事业发挥着不可替代的作用，并取得了巨大成就。《联合国宪章》没有过时。国际社会不仅应当重温《宪章》精神，还应当结合当今时代潮流和实际需要，不断丰富《宪章》的内涵，赋予其新的生机与活力。正如中国国家主席习近平在第七十届联合国大会一般性辩论时的讲话中所说：“在联合国迎来又一个 10 年之际，让我们更加紧密地团结起来，携手构建合作共赢新伙伴，同心打造人类命运共同体。让铸剑为犁、永不再战的理念深植人心，让发展繁荣、公平正义的理念践行人间。”[①]

二、布雷顿森林体系的支持者、合作者和改革者

20 世纪 80 年代，根据 IMF 的章程，中国作为低收入的发展中国家，有资格借用 1986 年以后建立的结构调整贷款以及 1987 年建立的

① 习近平. 携手构建合作共赢新伙伴，同心打造人类命运共同体——在第七十届联合国大会一般性辩论时的讲话［N］. 人民日报，2015-9-29（1）.

扩大的结构调整贷款。但是为了使有限的资金用于最困难的发展中国家，中国和印度一起表示暂不参与使用这类贷款。1994 年，中国向 IMF 提供了 1 亿特别提款权的贷款，用于支持重债穷国的债务调整，同时还向该贷款的贴息账户捐款 1200 万特别提款权。1999 年，中国又向 IMF 捐助 1313 万特别提款权，继续支持重债穷国减债计划。1997 年 7 月亚洲金融危机爆发以后，中国政府积极参与了 IMF 向泰国提供的一揽子援助，向泰国政府贷款 10 亿美元。在印度尼西亚金融危机爆发后，中国向 IMF 承诺向印度尼西亚政府提供 3 亿美元的二线资金支持。更为重要的是，中国领导人在危机爆发后多次公开承诺，保持了人民币汇率的稳定，维护了亚太地区经济形势的稳定。

2008 年全球金融危机爆发，面对世界经济一片低迷，中国政府提出经济增长 8% 的目标，并迅速注资 4 万亿人民币“救市”，主要从刺激和扩大内需着手，努力把国际金融危机的冲击降到最低。当年中国经济实现高达 9% 的增幅，成为稳定世界经济和市场的重要力量。此后几年，中国经济对世界经济增长的贡献很大，几乎每年都持续维持在 25% 以上。

G20 伦敦峰会决定扩大融资规模，中国承诺提供 400 亿美元。在亚洲，中国和“10+3”其他成员国一起，积极推动建立拥资达 1200 亿美元的“亚洲共同基金”，并出资 384 亿美元，占其总资本的 32%。中国还同韩国、马来西亚、印度尼西亚等东亚国家签署了总额达 6500 亿人民币的双边货币互换协议，为周边经济体提供流动性支持，缓解其资金短缺压力。此外，本轮金融危机期间人民币不贬值、不搞汇率战，也为稳定世界金融和贸易做出了贡献。

中国在出口大幅下降的情况下，保持较大的进口规模，甚至扩大从有关国家的进口，如 2009 年 3 月和 4 月，先后向欧、美派出庞大的采购团，同有关欧盟国家及美国分别签下 130 亿美元和 150 亿美元的订单，对这些国家也是极大支持。同时中国向一些受危机冲击较重的新兴经济体和发展中国家伸出援手，提供大量资金支持。2009 年，中国先后同俄罗斯和巴西签订协议，向俄罗斯、巴西分别提供 250 亿美元和近 100 亿美元的巨额长期贷款，俄、巴以石油偿还贷款。这对急需资金的俄、巴两国无异于雪中送炭。

此外，在金融危机发生后，西方投资者大量撤出非洲，中国继续向非洲国家伸出援手。中国抓紧全面落实中非合作论坛北京峰会确定的各项举措，继续对非洲国家增加援助、减免债务、扩大贸易和投资，这些有助于非洲国家减轻国际金融危机造成的严重后果。事实证明，中国是抵御国际金融危机风暴的中流砥柱，是国际社会一个负责任的成员，是促进世界和平与发展的坚定力量。

2015 年 10 月 1 日，中国首次向国际货币基金组织申报其外汇储备，这是中国向外界披露一项重要经济数据的里程碑事件。2015 年 11 月 30 日，IMF 执董会批准人民币加入特别提款权货币篮子，新的货币篮子已于 2016 年 10 月 1 日正式生效。2016 年 1 月 27 日，IMF 宣布 2010 年份额和治理改革方案正式生效，这意味着中国正式成为 IMF 第三大股东。中国份额占比从 3.996% 升至 6.394%，排名从第六位跃居第三位，仅次于美国和日本。这标志着中国综合实力和全球话语权的提高，意味着中国将来在 IMF 中可以发挥更大的作用。

如果说在 20 世纪的八九十年代中国是世行的“模范学生”，主要单方面接受世行的援助，那么 21 世纪的中国已发展成为能够对世行给予各种回馈支持的、实现双向交流的、利益攸关的合作伙伴。中国主要通过资金支持、经验分享和积极参与世行改革及决策来帮助世行更好地落实其减贫和发展宗旨。借助世行这一平台，中国向其他发展中国家提供资金支持，并与其分享改革开放的成功经验。中国还长期致力于推动世行的各种改革，使其内部的治理结构更具代表性、公正性，对外的政策业务更具客观性、有效性。中国对世行的回馈支持主要体现在以下三个方面。

首先，中国向世行捐款和出资，支持世行的减贫与发展事业。随着综合实力的不断增强，中国开始积极通过向世行捐款和购买债券为其他发展中国家输送发展资金。1999 年 7 月之前，中国从国际开发协会共获得了约 102 亿美元的软贷款[①]，执行 69 个项目。2007 年 12 月，中国首次向国际开发协会捐款 3000 万美元，此后就从昔日世行的借款国转变为如今的捐款国。同时中国还积极购买国际金融公司债券，支持发展中国家的贸易融资。国际金融危机爆发后，作为全球最大的发展中国家和经济增速最快的国家，中国与世行共同面临着新的挑战。国际金融公司倡议建立全球贸易融资计划，以增强全球贸易往来。中国于 2008 年 11 月的二十国集团华盛顿峰会上积极参与国际金融公司的全球贸易融资计划，并于次年 4 月认购了其在中国发行的 15 亿美元私募债券，支持发展中国家的贸易融资。

其次，中国分享发展经验和成果，努力帮助其他发展中国家减贫与发展。中国在与世行进行知识合作的过程中，一边通过世行积极汲取世界上先进的项目管理知识与技术，一边也在不断总结自身改革与发展的经验和教训，并通过世行向其他发展中国家传播成功的发展经验，为这些国家摆脱贫困提供有效途径。中国灵活调整和推广成功试点项目的经验以及基于本国国情的、具有中国特色的发展理念、道路和模式，对世行的减贫与发展工作都产生了积极的影响。中国与世行自 2008 年起每年都合作举办“中非共享发展经验高级研讨会”，促进了中非发展经验与模式的相互借鉴。此外，中国还通过世行宣传了富有中国特色的发展道路，强调尊重发展中国家的发展自主权和发展模

① 软贷款，是指国家开发银行以长期优惠的方式发放、用于国家政策性大中型基本建设项目的贷款，是国家开发银行成立初期获准办理的一项特殊贷款业务。

式的多样性。这些不仅丰富和完善了世行的发展理论，而且也为世行落实全球减贫和发展目标做出了积极的贡献。

第三，中国也参与世行改革与决策，推动世行治理结构和政策业务更加公正务实。30多年来，作为世行的重要成员国，中国始终如一地积极参与世行各种改革和决策，引导世行的治理结构和政策业务向着更加公正务实的方向发展。特别是国际金融危机后，中国积极参与世行投票权改革方案的讨论和磋商，大力倡导和支持提高新兴市场和发展中国家的发言权和代表性。最终，世行于2010年4月25日率先落实了G20匹兹堡峰会共识，使发达国家向新兴市场和发展中国家转移3.13%的投票权。其中，中国的投票权也从2.77%上升到4.42%，跃升为世行第三大股东。在发挥重要成员国的作用方面，中国也引导世行的对外政策业务更加务实。随着国际地位的不断提高，中国也在不断扩大对世行战略方向和重大决策的影响，推动世行在国际发展合作中积极分享和借鉴各国成功的多元化发展经验，不断完善世行自身的发展理念和政策业务，以更加务实的方式履行其职责，从而提高其对发展中国家援助的实际成效。此外，中国直接向世行南南知识合作基金捐款30万美元，积极通过世行这一国际发展合作平台，支持和参与南南合作，促进其他发展中国家更好地融入世界经济。

三、实践全球治理机制改革：亚投行和金砖银行的设立

发展中国家对资金与投资有着巨大的需求，尤其在基础设施建设领域，长期以来为基础设施建设提供投融资的大的国际金融机构主要是世界银行、亚洲开发银行以及欧洲复兴开发银行等，但是面对发展中国家的资金需求，现有的国际金融机构经常感到力不从心。数据显示，亚洲每年基础设施的投资，至少需要8000亿美元，其中68%用于

新增基础设施的投资，32% 是维护现有基础设施所需资金。根据亚洲开发银行预测，2010—2020 年亚太地区在基础设施建设方面的资金需求为 80000 亿美元，而世界银行只能提供 600 亿美元的贷款，亚洲开发银行同样无法满足如此庞大的资金需求。针对这一现状，发展中国家和新兴市场国家不得不寻求新的解决办法。

2014 年 7 月 15 日，金砖国家领导人峰会宣布成立金砖国家新开发银行，以对新兴市场和发展中国家的基础设施建设提供资金支持，金砖国家新开发银行设立储备基金 1000 亿美元，由中国注资 410 亿美元，俄罗斯、巴西、印度各注资 180 亿美元，南非提供其余的 50 亿美元。这一重要的多边贷款机构，是为弥补全球金融治理结构缺陷所做出的努力与实践。

为推动亚洲各国互联互通，中国已经开始利用强大的资金实力给予直接支持，2014 年 11 月 8 日，在北京举行的加强互联互通伙伴关系对话会，中国国家主席习近平宣布中国将出资 400 亿美元成立“丝路基金”，为“一带一路”沿线国家基础设施、资源开发、产业合作和金融合作等及与互联互通有关的项目提供投融资支持。2015 年 4 月 20 日，国家主席习近平访问巴基斯坦期间，丝路基金、三峡集团与巴基斯坦私营电力和基础设施委员会在伊斯兰堡共同签署了《关于联合开发巴基斯坦水电项目的谅解合作备忘录》，包括为首个水电项目——吉拉姆河卡洛特水电项目提供资金支持，该项目规划装机容量 72 万千瓦，年发电 32.13 亿度，总投资金额约 16.5 亿美元，这是丝路基金首个对外投资项目，在未来不但缓解了巴方的电力缺口，更提供超过 2000 个直接就业机会。但是建造众多国际大型基建项目，除了丝路基金，还需要更为巨大的杠杆以撬动更多的资金，面对亚洲庞大的基础设施投资需求，仍然需要新的融资机构。

2013 年 10 月，出访印度尼西亚的中国国家主席习近平提出一项重要倡议——筹建亚洲基础设施投资银行。亚洲基础设施投资银行（AIIB），作为一个政府间的金融开发机构将重点支持基础设施建设，以促进亚洲区域的互联互通和经济一体化进程。筹建亚投行的倡议很快就获得广泛而积极的响应而进入实质性操作层面。2014 年 10 月，中国、印度、哈萨克斯坦、马来西亚、蒙古国、越南等 22 个首批意向创始成员国在北京签署《筹建亚洲基础设施投资银行备忘录》，共同决定成立亚投行。随着亚投行在世界范围内的不断升温，2015 年 3 月 12 日英国正式申请加入亚投行，成为首个申请加入亚投行的主要西方国家。随后，法国、意大利、德国等西方发达经济体纷纷以意向创始成员国身份申请加入亚投行。最终，亚投行的意向创始成员国确定为 57 个国家，遍及五大洲。在经历 800 多天的筹备筹建之后，2016 年 1 月 16 日，亚投行开业仪式在北京举行，国家主席习近平出席开业仪式并致辞强调“倡议成立亚投行，就是中国承担更多国际责任、推动完善现有国际经济体系、提供国际公共产品的建设性举动，有利于促进各方实现互利共赢”[①]，至此全球迎来首个由中国倡议设立的多边金融机构。

无论丝路基金还是亚投行，都是面向全球开放的投资平台，借助互联互通所创造的机遇，亚投行将与现有的国际金融机构优势互补，为世界提供更大的发展空间。随着亚投行投入运营，首批 4 个项目已获得董事会批准，分别位于孟加拉国、印度尼西亚、巴基斯坦和塔吉克斯坦，注册资本 1000 亿美元的亚投行并不是固态的资金池，而是一个巨大的杠杆，未来将撬动庞大的建设投资，那些需要巨量资金的超大规模的基建项目也因亚投行的成立而获得了建造的可能，这本身就是人类投融资的智慧创新。

作为一个开放包容、互利共赢的新平台，亚投行提升了新兴市场

① 习近平. 在亚洲基础设施投资银行开业仪式上的致辞［EB/OL］. http://www.xinhuanet.com/politics/2016-01/16/c_1117796389.htm.

和发展中经济体在全球金融话语权中的比重，有助于推动建立公平、公正、包容、有序的新型国际货币金融体系，这也正如新加坡星展银行执行总裁高博德所说："今天，世界银行及IMF的管理机制没有令人信服地解决新兴市场的参与问题，从这个方面来讲，亚投行的创立是一个很好的举措，他们创造了一个有着类似政府结构的机构，在这个结构中大量的新兴市场能够发言、参与，这将使全球金融体系达到更好的平衡。"作为一个政府间性质的多边开发机构，亚投行重点支持基础设施建设，旨在促进亚洲区域的互联互通建设和经济一体化进程，从而与"一带一路"倡议相互配合、相互借力，其设立将有助于破解发展资金短缺这一现实而紧迫的问题，为亚洲得而基础设施建设提供助力，为亚洲的未来提供助力。从设立丝路基金到倡议成立亚投行，整个世界已经看到了互联互通的崭新前景，也看到了包括中国在内的亚洲各国共建"一带一路"所迈出的稳健步伐。

四、杭州的G20盛会

当前经济全球化负面作用显现，反全球化思潮在互联网时代再度兴起。在此背景下，G20第十一次峰会2016年9月在中国杭州召开，给第三轮经济全球化注入了新的动力。G20杭州峰会作为中国的一场主场外交，向全世界人民交出了中国方案。

1. 提供全球经济增长新动力

面对全球经济增长低迷，必须创新增长方式。G20峰会将"创新"作为推动经济增长的重中之重，核准了《二十国集团创新增长蓝图》，从创新行动计划、新工业革命、数字经济和结构性改革等四个方面，解决全球经济疲弱。

创新行动计划方面，G20制定了《2016年二十国集团创新行动计划》，制定鼓励创新的指导原则和行动。

新工业革命方面，G20 制定了《二十国集团新工业革命行动计划》，具体提及了物联网、大数据、云计算、人工智能、机器人、增材制造、新材料、增强现实、纳米技术和生物技术等新兴技术的发展。

数字经济方面，G20 提出了互联网服务目标（2020 年新增 15 亿人联网），扩大宽带接入，提升宽带质量，言论自由及信息流动，尊重知识产权，鼓励电子商务等方面的目标。

结构性改革方面，G20 制定了《二十国集团深化结构性改革议程》，强调在全球经济复苏弱于预期的背景下，结构性改革是提高生产力和潜在产出的关键。

G20 确定了结构性改革的九大领域，包括促进贸易和投资开放，推进劳动力市场改革，提高教育程度与技能，鼓励创新，改善基础设施，促进财政改革，促进竞争并营造有利于竞争的环境，改善并加强金融体系，提高环境可持续性，促进包容性增长。以及 48 条对优先领域的指导原则，为成员国的结构性改革提供指导。此外还有一套包括政策性指标和产出指标的核心指标，帮助监测和评估在结构性改革方面的进展和效果。

结构性改革应从供给侧着手。结构性改革政策与需求管理型政策相对应，侧重指针对改善供给侧结构并提升其效率水平，强调充分发挥市场机制以提高经济竞争力、潜在增长能力与失衡调整能力。货币政策负面溢出，财政手段空间不大。

2. 完善全球经济金融治理

中国担任 G20 峰会主席国后重启 2014 年后暂停工作的国际金融架构工作组，形成《迈向更稳定、更有韧性的国际金融架构的 G20 议程》，把 G20 改革完善国际货币金融治理架构工作推进到一个新阶段。

一是完善以 IMF 为核心的全球金融安全网，推动促成 IMF 与清迈倡议多边化开展联合救助演练，提高全球金融安全网的有效性。推动制定《G20数字普惠金融高级原则》，更新了普惠金融指标体系。还首次把绿色金融议题引入议程，倡导创建绿色金融研究小组。

二是人民币成功加入SDR货币篮子，增加了SDR的代表性和吸引力。推动G20各国就扩大SDR使用以完善现行国际货币体系达成共识，率先同时以美元和SDR发布外汇储备、国际收支与国际投资头寸数据。积极推动培育发展SDR债券市场工作，世界银行在我国银行间市场发行了首笔SDR债券。

三是重申支持巴塞尔银行监管委员会在2016年底前完成巴塞尔协议III框架，但避免进一步大幅度提高整个银行业的总体资本金要求。欢迎针对国际活跃保险机构制定保险资本标准的工作。致力于充分且及时地落实已议定的场外衍生品改革，消除向交易库报告场外衍生品交易以及当局合理获得数据所面临的法律和监管障碍。

3. 改善国际贸易投资政策

2016年7月10日，G20贸易部长上海会议建立G20贸易投资工作组，批准《G20贸易投资工作组工作职责》；批准《二十国集团全球贸易增长战略》；通过《G20全球投资指导原则》。

一是维护以WTO为核心的多边贸易体制。承诺优先推进多哈回合剩余议题的谈判，包括农业谈判的所有三大支柱（市场准入、国内支持、出口竞争）、非农市场准入、服务、发展、与贸易有关的知识产权、规则。承诺在2016年底批准《贸易便利化协定》，呼吁其他WTO成员采取同样的行动。

二是重申反对任何形式的贸易和投资保护主义。减少及不采取新的贸易保护主义措施的承诺延长至2018年底，支持世贸组织、联合国贸发会议和经合组织予以监督。

三是重申此前的汇率承诺，包括将避免竞争性贬值和不以竞争性目的来盯住汇率。

最后，中国协调 G20 就“各自以及共同使用所有政策工具”达成共识，首次提出综合运用货币、财政和结构性改革等政策工具，把短期需求政策与长期结构政策结合起来推动经济增长。

4. 积极扩大基础设施投资

一是鼓励多边开发银行联合支持基础设施投资。世界银行等 11 家全球主要 MDB 首次联合发表了《MDB 关于支持基础设施投资行动的联合愿景声明》。

二是促进全球基础设施互联互通。首次将基础设施互联互通引入 G20 议程，通过《全球基础设施互联互通联盟倡议》，要求世界银行作为联盟秘书处，并与全球基础设施中心、经合组织、其他多边开发银行和有兴趣的二十国集团成员一起开展工作。

三是鼓励私营部门投资基础设施。会议核准了《基础设施和中小企业融资工具多元化的政策指南》等文件。

5. 应对全球性产能过剩

一是直面“全球经济复苏缓慢和市场需求低迷使得包括一些行业产能过剩在内的结构性问题更加严重，这些问题对贸易和工人产生了负面影响”。

二是指出“钢铁和其他行业的产能过剩是一个全球性问题，需要集体应对”，“政府或政府支持的机构提供的补贴和其他类型的支持可能导致市场扭曲和造成全球产能过剩问题”。

三是“承诺加强沟通与合作，致力于采取有效措施应对上述调整，以加强市场功能和鼓励调整”，“G20 产钢经济体将参与国际社会应对全球产能过剩问题的行动，包括参与定于 2016 年 9 月 8—9 日召开的经合组织钢铁委员会会议”。[①]

①《二十国集团领导人杭州峰会公报》，新华社 2016 年 9 月 5 日电。

6. 加强 G20 机制化建设

从危机应对向长效治理机制转型:（1）加强、充实部长会议和固定的专题工作组。如：贸易部长会议；创新增长工作组、贸易投资工作组；反腐败追赃追逃研究中心、国际税收政策研究中心、创业研究中心，等等。（2）对历次会议的决议进行跟踪、督办、落实和执行。（3）主动承接联合国议程，积极与其他国际组织开展制度性合作。（4）邀请大量发展中国家列席，也加强了代表性和权威性。

二十国集团是一个国际经济合作论坛，于 1999 年 9 月 25 日由八国集团（G8）的财长在德国柏林成立，于华盛顿举办了第一届 G20 峰会，属于非正式对话的一种机制，由原八国集团以及其余 12 个重要经济体组成。

2005 年 10 月 15 至 16 日第七届 G20 财长和央行行长会议在北京举行，发表了《G20 关于改革布雷顿森林机构的声明》和《G20 有关全球发展问题的声明》。2016 年 9 月 G20 杭州峰会成功举行，机制化建设取得了进一步发展。IMF 和世界银行应努力提高其机构效率，高层管理人员的任命应基于其能力，并保证所有成员的广泛代表性。IMF 应主要侧重于国际宏观经济和金融稳定，提高对全球经济、资本市场的监管，加强危机防范和应对。世界银行应侧重于发展，更好发挥其为新兴市场提供金融和技术支持的作用。

2008 年国际金融危机爆发后，G20 地位迅速上升。2008 年 11 月美国华盛顿举行的时候，各国元首亲自参加，论坛升级为峰会；2009 年匹兹堡峰会确定 G20 为世界经济首要论坛。G20 成员涵盖面广，代表性强，GDP 占全球经济的 90%，贸易额占全球的 80%，已经在全球经济合作领域、经济金融治理方面发挥着非常重要的作用。

第三节　“一带一路”的世界情怀

党的十九大报告指出：“中国坚持对外开放的基本国策，坚持打开国门搞建设，积极促进‘一带一路’国际合作，努力实现政策沟通、设施联通、贸易畅通、资金融通、民心相通，打造国际合作新平台，增添共同发展新动力。”[①]“一带一路”建设是中国实施新一轮扩大开放的重大战略部署，是在经济全球化新形势下为建立开放型世界提出的倡议。“一带一路”倡议的提出顺应了时代要求和各国加快发展的愿望，提供了一个包容性巨大的发展平台，既为中国提供动力，又为世界发展创造机遇。三年多来，“一带一路”建设从无到有，由点及面，合作成果正在显现，超出预期。党的十九大报告中明确指出，“一带一路”建设成效显著[②]。金融作为现代经济的核心，势必为这一倡议的实施提供全方位的保障和支持。

一、“一带一路”建设意义重大

改革开放近40年来，中国对外贸易年均20%的增速是推动中国经济快速增长的重要动力，这主要得益于全球化的推进。但自2008年全球金融危机后，全球经济增长乏力，世界贸易和对外投资回落。特别是近年，地区冲突频发，恐怖主义、难民潮等问题接连不断，世界面临着很大的不确定性，全球化进程明显放缓。

但这不能阻碍全球化的大趋势。全球化为世界经济增长提供了强劲动力，促进生产、资本的国际化，提高了世界生产力水平，并为各

---

① 习近平．决胜全面建成小康社会，夺取新时代中国特色社会主义伟大胜利——在中国共产党第十九次全国代表大会上的报告［M］．北京：人民出版社，2017：60.

② 习近平．决胜全面建成小康社会，夺取新时代中国特色社会主义伟大胜利——在中国共产党第十九次全国代表大会上的报告［M］．北京：人民出版社，2017：3.

国经济增长创造了机会。特别是近 10 多年来，随着国际分工不断深化、细化，各国在国际分工中合作密切，形成“你中有我、我中有你”的深度融合。同时，区域一体化作为全球化的表现形式，无论是数量还是类型都取得了前所未有的增长。据统计，全球每个国家和地区平均参加了 3 个以上的区域贸易安排，最多达到参加了几十个，目前全球有 600 多个区域贸易安排。

然而区域一体化发展也面临着困难和挑战，甚至对全球化发展产生负面影响。成员国在政治制度和经济发展水平方面的差异，会影响区域合作政策的制定和实施效率，特别是在全球经济下行时，各国倾向采取保护主义，进一步影响区域合作和凝聚力。比如，英国“脱欧”就是一个典型案例。

正是在此大发展大变革大调整的时代背景下，“一带一路”倡议为全球化发展提供了新动力，为问题的解决提供了中国方案。“一带一路”建设“五通”是重点领域，从政策沟通、设施联通、贸易畅通、资金融通到民心相通，既着手解决沿线国家基础设施发展瓶颈问题，又通过加强产能合作发挥各国的比较优势、实现共赢，还通过政策沟通和人文交流促进政治互信、文化互敬，为开展务实合作提供保障。

“一带一路”倡议自提出到现在，合作成果超出预期。首先，此倡议在国际社会引起了强烈反响，得到较为广泛的共识，已从中国“独奏”发展成沿线和周边国家的“合唱”。全球 100 多个国家和国际组织共同参与，50 多个国家和国际组织同中国签署合作协议。2017 年 5 月在北京召开的“一带一路”国际合作高峰论坛备受世界瞩目，它已成为国际治理的又一重要多边载体。

其次，“一带一路”大批标志性项目相继落地，基础设施互联互通取得实质进展：中巴经济走廊已经取得重大进展，喀喇昆仑公路二期、白沙瓦至卡拉奇高速公路开工建设，拉合尔轨道交通橙线等重点项目完成融资，恰希玛和卡拉奇核电项目进展顺利；中国—中亚—西亚经济走廊建设全面推进，乌兹别克斯坦“安格连—帕普”铁路隧道通车，塔吉克斯坦“瓦赫达特—亚湾”铁路建成通车；中国—中南半岛经济走廊正在加快建设，中老铁路、中泰铁路、匈塞铁路、中缅皎漂港等项目有序推进。

再者，经贸合作成效显著。2016 年，中国与沿线国家贸易总额约为 9535.9 亿美元，新签对外承包工程项目合同 1260.3 亿美元，中国企业对沿线 53 个国家直接投资达 145.3 亿美元。各类双边、多边产能合作基金规模已超过 1000 亿美元。中国企业已经在“一带一路”沿线 20 多个国家建设了 56 个经贸合作区，累计投资超过 180 亿美元，为当地人民带来了实实在在的福利。①

最后，“一带一路”在旅游、卫生医疗、科技、青年交流、党政合作、智库合作等方面都取得了突出成效，“国家年”活动、多个海外中国文化中心设立、文化博览会、丝绸之路电影节和图书展的定期举办，都成为文化交流的重要平台。

未来，“一带一路”建设将在推动区域合作和包容性发展方面发挥更大的引领作用，为全球化增添新动力。

二、“一带一路”将建设成为开放共赢之路

贸易畅通是“一带一路”建设的重要内容，古代丝绸之路首先是一条贸易之路，只有在贸易畅通的情况下才会产生设施联通和资金融通的需求，才有了民心相通的物质基础。“一带一路”要以开放为导向，解决经济增长和平衡问题。在贸易保护主义抬头的形势下，中国致力于推动“一带一路”沿线贸易通关便利化，积极打造开放型合作

① 资料来源：中国一带一路网，https://www.yidaiyilu.gov.cn/

平台，维护和发展开放型世界经济，共同创造有利于开放发展的环境，推动构建公正、合理、透明的国际经贸投资规划体系。

设施联通是“一带一路”建设的优先领域，不连不通、连而不通、通而不畅的现象是“一带一路”沿线最大的“痛点”之一。设施联通是合作发展的基础。中国要着力推动陆上、海上、天上、网上“四位一体”的联通，聚焦关键通道、关键城市、关键项目，联结陆上公路、铁路道路网络和海上港口网络。我们已经确立“一带一路”建设六大经济走廊框架，要扎扎实实向前推进。要完善跨区域物流网建设。我们也要促进政策、规则、标准“三位一体”的联通，为互联互通提供机制保障。

产业是经济之本。中国要深入开展产业合作，推动各国产业发展规划相互兼容、相互促进，抓好大项目建设，加强国际产能和装备制造合作，抓住新工业革命的发展新机遇，培育新业态，保持经济增长活力。2017 年 5 月 10 日，工信部与中国出口信用保险公司签订合作备忘录，提出围绕推进“一带一路”倡议、国际产能和装备制造合作等，推动国家重点发展的智能制造装备、航空航天、节能与新能源汽车、电子信息等国际产能和装备制造合作重点行业“走出去”，积极开拓国际市场。

要抓住新一轮能源结构调整和能源技术变革趋势，建设全球能源互联网，实现绿色低碳发展。2016 年 3 月，中国发起成立了全球能源互联网发展合作组织，这是我国在能源领域发起成立的首个国际组织，也是全球能源互联网的首个合作。“一带一路”沿线国家普遍存在能源短缺的现象，严重制约了当地经济发展，如果能将中国的先进技术、设备提供给“一带一路”各国，不仅能为当地经济发展提供能源保障，也能为中国企业提供新的发展机遇。

中国要打造开放型合作平台，维护和发展开放型世界经济，共同创造有利于开放发展的环境，推动构建公正、合理、透明的国际经贸投资规则体系，促进生产要素有序流动、资源高效配置、市场深度融合。

三、“一带一路”将建设成为创新发展之路

资金融通是“一带一路”建设的关键动力。“一带一路”沿线基础设施建设和贸易规模的不断扩大需要资金融通进行有力的支撑。中国还将同亚洲基础设施投资银行、金砖国家新开发银行、世界银行及其他多边开发机构合作支持“一带一路”项目，同有关各方共同制定“一带一路”融资指导原则。

金融是现代经济的血液。血脉通，增长才有力。我们要建立稳定、可持续、风险可控的金融保障体系，创新投资和融资模式，推广政府和社会资本合作，建设多元化融资体系和多层次资本市场，发展普惠金融，完善金融服务网络。中国发展正站在新的起点上，将加大资金支持，向丝路基金新增资金 1000 亿元人民币，鼓励金融机构开展人民币海外基金业务，规模预计为 3000 亿元人民币；同亚洲基础设施投资银行、金砖国家新开发银行、世界银行等其他多边开发机构合作支持“一带一路”项目。

跨境电商作为新兴贸易业态，已显现出巨大潜力。截至 2017 年 7 月底，中国—东盟跨境电商平台共有 7 个东盟国家商品在电商平台对华销售，共涉及 1021 类商品，累计实现交易 82 万单，累计销售额 1828.96 万元。2017 年 9 月中国—东盟商务与投资峰会期间，召开了中国—东盟跨境电商平台业务交流对接会，组织苏宁云商集团与东盟各国商协会及企业进行对接洽谈，推动更多东盟企业和产品上线。同时，复制该模式，筹建金砖国家跨境电子商务联盟和金砖国家跨境电商平台，推动金砖国家通过跨境电子商务实现贸易畅通。

四、“一带一路”将建设成为文明共兴之路

政策沟通是“一带一路”建设的首要前提，政策沟通的关键在于能否获得国际社会的广泛认同。中国积极拓展政府外交、民间外交和公共外交，扩大中国与沿线国家之间的利益汇合点，扎实推进构建以合作共赢为核心的新型国际关系。

民心相通是“一带一路”建设的人文基础。“一带一路”建设注重文明交流、文明互鉴、文明共存，推动各国相互理解、相互尊重、相互信任，努力营造多元互动、百花齐放的人文交流局面。有效调动行业中介组织、智库、专家学者的力量，用好国外工商界、国际组织等资源，充分发挥民间组织的优势，有力促进一带一路沿线人文交流。

讲好中国故事，发扬丝路精神。中国集中展示相关领域的发展理念和成就，举办丰富多彩的文化、旅游、经贸等活动，多角度讲述中国故事，扩大对外人文交流。同时要继承和发扬丝绸之路精神，把我国发展同沿线国家发展结合起来，把中国梦同沿线各国人民的梦想结合起来，不仅提供经济红利，更是“通心工程”。这方面民间力量在“一带一路”民心相通中发挥着润物细无声的作用。

提升中国企业形象，增进互信互利。近年来，中国企业在国外投资项目很容易成为议论的焦点。除去西方有色眼镜的歧视、刁难与歪曲报道，企业自身在国际化、属地化等经营管理方面或多或少存在各种“水土不服”。要从政策要求到环境风险，从法律惯例到合法经营，多场合多角度地为企业提供动态的引导和咨询服务。

“一带一路”是中国构建新型国际关系的具体路径，提高国家文化软实力，打造人类命运共同体，弘扬共商共建共享的全球治理理念，不断提升参与全球治理的对外话语权。这关系到“两个一百年”的奋斗目标和中华民族伟大复兴的中国梦的实现。“一带一路”事业的有效

推进既要靠政府把握方向，统筹协调，又要广泛调动社会民间促进力量投入。为此，认真贯彻落实党的十九大报告精神，继续坚定不移地以“一带一路”建设为核心，坚持共商共建共享原则，紧紧围绕“五通”开展创造性工作，围绕中心，服务大局，全面加强贸易投资促进和商事法律服务工作，为推动“一带一路”建设行稳致远做出更大贡献。

主要参考文献

[1] 习近平. 决胜全面建成小康社会，夺取新时代中国特色社会主义伟大胜利——在中国共产党第十九次全国代表大会上的报告[M]. 北京：人民出版社，2017.

[2] 杜农一，陆建新. 维和行动概论[M]. 北京：军事谊文出版社，2004.

[3] 陈迎. 国际气候制度的演进及对中国谈判立场的分析[J]. 世界经济与政治. 2007(2)：52.

[4] 中华人民共和国国务院新闻办公室. 中国的对外援助[M]. 北京：人民出版社，2011.

[5] 中华人民共和国国务院新闻办公室. 中国的对外援助[M]. 北京：人民出版社，2014.

[6] 杨洪玺，陈开明. 中国对外援助：成就、教训和良性发展[J]. 国际展望，2010(1)：48.

[7] 中共中央文献编辑委员会. 周恩来选集(下卷)[M]. 北京：人民出版社，1984.

[8] 靳辉主编. 当代中国铁路对外经济技术援助[M]. 北京：中国铁道出版社，1996.

［9］中国提出中非经济技术合作原则［N］. 人民日报，2006-11-2(7).

［10］石林主编. 当代中国的对外经济合作［M］. 北京：中国社会科学出版社，1991.

［11］黛博拉·布罗蒂加姆著，沈晓雷、高明秀译. 龙的礼物：中国在非洲的真实故事［M］. 北京：社会科学文献出版社，2012.

［12］中华人民共和国国务院新闻办公室. 中国的和平发展道路［N］. 人民日报，2005-12-23（15）.

［13］林毅夫、王燕著，宋琛译. 超越发展援助：在一个多极世界中重构发展合作新理念［M］. 北京：北京大学出版社，2016.

［14］江泽民. 加快改革开放和现代化建设步伐，夺取有中国特色社会主义事业的更大胜利——在中国共产党第十四次全国代表大会上的报告［M］. 北京：人民出版社，1992.

［15］Ministry of Foreign Affairs of the People's Republic of China. United Nations System in China：Report on China's Implementation of the Millennium Development Goals（2000—2015）［R］. Beijing：MFA, 2015.

［16］陈迎. 国际气候制度的演进及对中国谈判立场的分析［J］. 世界经济与政治. 2007（2）：52.

［17］习近平. 携手构建合作共赢新伙伴，同心打造人类命运共同体——在第十七届联合国大会一般性辩论时的讲话［N］. 人民日报，2015-9-29（1）.

［18］黄梅波，吕少飒. 联合国千年发展目标：实施与评价［J］. 国际经济合作，2013（7）.

［19］陈友谊等. 蓝盔在行动——联合国维和行动纪实［M］. 南昌：江西人民出版社，1997.

［20］刘建飞. 联合国近年改革与中国外交［J］. 国际关系学院学报，2006（4）.

［21］中国现代国际关系研究院课题组．联合国改革与全球治理的未来［J］．现代国际关系，2015（9）．

［22］田慧芳．中国、G20与全球经济治理［N］．人民日报，2015-11-15（7）．

［23］王义桅．“一带一路”：机遇与挑战［M］．北京：人民出版社，2015．

［24］国家发展改革委，外交部，商务部．推动共建丝绸之路经济带和21世纪海上丝绸之路的愿景与行动［M］．北京：外文出版社，2015．

第五章

中国经济震撼世界

1949年中国革命的成功曾经震撼世界。今天，中国经济的腾飞再次让世界震撼。美国记者杰克·贝尔登曾亲历中国的解放战争，他在《中国震撼世界》一书中写道："解放军横渡长江，宣告了一个历史时期的终结，这个时代是在一百年前欧洲反动势力镇压1848年革命，开始向东方对亚洲无情地进行扩张时开始的。"[①] 2006年，詹姆斯·金奇也撰写了一本《中国震撼世界》[②]，记述了他担任驻中国记者七年间的所见所闻。金奇感叹其亲眼目睹的中国经济崛起及对世界产生的深刻影响：一方面，中国对原材料、能源以及粮食的需求无处不在；另一方面，中国又源源不断地输出商品、劳动力和投资——而这一切都将重写现代世界的贸易和政治。他说："中国释放出的能量就展现在我办公室窗外，就展现在这个大国其他不计其数的地方，并开始震撼世界。"今天，中国特色社会主义进入新时代，中国前进在实现中华民族伟大复兴的征程上，中国经济的发展将会再次创造历史的辉煌。

中国改革开放以来经济发展的迅猛之势的确不能不让全世界为之震撼。1978年，中国经济在世界经济总量中的占比仅有微不足道的1.8%，而美国经济的占比高达30%，其经济总量更是中国的16倍。2015年，中国经济大步追赶美国，在世界经济总量中的占比已大幅上升到14.8%，而美国经济的占比下降为24.3%，其规模与中国相比也急速缩减为1.6倍。2016年中国经济对世界经济增长的贡献更是达到了30%之高。

中国同时是负责任的大国，中国经济也是世界经济稳定发展的"压舱石"。2008年，美国次贷危机酿成全球性的金融危机，对世界经济造成了巨大的冲击。为走出困境，世界第一次将期待的目光投向一个发展中的大国——中国。中国持续增长的经济，1.95万亿美元的巨

---

① 杰克·贝尔登著，邱应觉等译. 中国震撼世界［M］. 北京：北京出版社，1980.

② James Kynge. China Shakes The World［M］. London: Weidenfeld & Nicolson，2006.（中文转引自FT中文网的译文）

额外汇储备以及未被次贷等有毒资产污染的干净资产负债表，这一切在欧美发达国家深陷金融危机之时都令世界称羡。面对全球危机，中国于 2008 年底推出“四万亿投资计划”刺激经济，有力地缓冲了金融危机的冲击。中国经济的持续增长使世界经济避免了陷入衰退，中国加大进口，刺激了全球大宗商品的需求与价格上升。即使在困难的环境下，中国也没有以邻为壑、采取人民币贬值刺激出口的政策。实际上，从 2007 年至 2012 年，人民币兑美元升值 17%。中国在应对近几十年来最大的一次全球金融危机中，担当起了大国的责任，为世界遮风挡雨。对此，国际货币基金组织（IMF）报告评价称，中国政府在金融危机中采取的“迅速、果断、有效的”政策措施减轻了危机对中国经济的冲击，并确保中国引领全球经济复苏。①

今天，中国作为世界第二大经济体，对世界经济发展发挥着举足轻重的作用，中国经济以其巨大的规模和持续迸发的活力，有力地推动着世界经济的发展。中国是一个发展中大国，一个制造业大国，一个着力实体经济发展的大国，中国经济的发展比以往任何时候都能更加强劲地带动发展中国家和地区经济的发展。中国经济的崛起重塑了世界发达经济体与新兴经济体之间的新格局，为发展中国家的经济发展摸索出了一条成功之路。

“美国打喷嚏，世界会感冒”，这一比喻曾经频繁见诸新闻媒体。今天，“中国打喷嚏，世界会感冒”的说法也开始流行起来。英国《金融时报》的首席经济评论员马丁·沃尔夫不久前如是说：“美国一打喷嚏，全球经济就感冒。这句话依然正确，只是现在还要加一句：中国一打喷嚏，全球经济也感冒。”② 这些“打喷嚏与感冒”的比喻形象地勾

---

① 2010 年第四条磋商工作人员报告，IMF，2010 年 7 月 27 日。溢出效应。中国的复苏给本地区和全球经济带来显著的正面贸易溢出效应，最初是通过对商品的需求增加（促使全球商品价格上扬），后来是通过资本货物进口增加（主要是从日本、韩国、德国和中国台湾进口）。

② 马丁·沃尔夫. 中美打喷嚏，世界经济怎么办［EB/OL］. http:// www.ftchinese.com/story/001064374?page=2.

勒出近些年来世界经济格局的演变：新兴经济体对世界经济的影响力正在逐步上升，中国作为最大的发展中国家已经走向世界经济舞台的中央，中国经济的全球影响力不断增强。最近，在《美国新闻与世界报道》公布的2017年“最佳国家”排名中，中国“经济影响力”连续两年超越美国，获得10分的满分。IMF自2011年起开始正式发布“溢出效应报告”，集中考察和研究中国、欧元区、日本、英国和美国等五个系统性经济体的经济金融政策对世界其他国家和地区的影响。中国是系统性经济体中唯一一个发展中国家，再次彰显了中国对全球经济的重要影响力。可以相信，随着中国特色社会主义建设进入新时代，中国经济贯彻创新、协调、绿色、开放、共享的新发展理念，由高速增长转向高质量发展阶段，中国将会为世界经济的发展做出更大的贡献。几年来中国“一带一路”倡议所取得的成就，已经显示出实现世界各国经济发展的合作共赢正在从美好的憧憬变成现实。

在第一节中，我们先简要回顾一下中国经历近40年的对外开放、逐渐融入世界的过程。之后，再从对世界经济增长的贡献、在全球产业链中所处位置、对发展中国家和地区的影响、中国宏观经济政策及经济转型等方面，分别讲述中国经济对世界其他国家和地区的影响或溢出效应。

第一节　中国经济融入世界经济

开放带来进步，封闭必然落后。中国经济对外开放几经沧桑，曾有七下西洋的创举，也有闭关锁国的教训。1405 至 1433 的 28 年间，明朝皇帝派郑和率领船队浩浩荡荡七下西洋，遍访西太平洋、印度洋 30 多个国家和地区，最远曾达东非与红海。孟席斯（Gavin Menzies）在其所著《1421 年：中国发现世界》[①] 一书中，更称有证据显示中国先于哥伦布等发现美洲大陆。郑和的船队带出去的陶瓷与丝绸，广受西洋各国喜爱；换回的香料、染料、宝石及珍奇异兽也为中国之所缺。1792 年，英国国王乔治三世派遣马戛尔尼访华，提出通商要求，被清朝乾隆皇帝以天朝"然从不贵奇巧，并无更需尔国制办物件"所婉拒。1971 年中国恢复联合国合法席位，1972 年毛泽东主席会见美国尼克松总统，中国开始走向世界。

一、开放和改革并举

从 1978 年开始，邓小平领导中国逐步从封闭走向开放，确立了对外开放的基本国策，一百年不变。他说过的"不管黑猫白猫，捉到老鼠就是好猫"与"摸着石头过河"早已被奉为经典，不仅在中国家喻户晓，就是在全世界也广为流传。正是他的这些话鼓舞了中国人民打破保守思想的藩篱，勇于探索，一步步走出了一条建设具有中国特色的社会主义道路。

中国对外开放以 1980 年建立深圳经济特区为重要开端，1992 年邓

① Gavin Menzies. 1421: The Year China Discovered the World [M]. New York: Bantam, 2003.

小平在南方谈话中，发表了“改革开放的胆子要更大些”以及“发展才是硬道理”等重要讲话。他的鲜明态度更加坚定了中国人民改革开放的信念，极大地推动了整个中国加快对外开放的步伐。2001年11月中国正式加入世界贸易组织，这无疑是中国经济融入世界经济的重要里程碑。中国加入WTO极大地促进了国内体制与国际规则的接轨，对外贸易迅速扩大，外商直接投资增加，中国企业开始“走出去”到境外投资兴业。2008年金融危机爆发之后，中国通过G20峰会平台，更加积极地参与全球经济治理，为推动全球经济复苏、改革和完善全球经济与金融体系建言献策。近几年，中国积极行动，提出“一带一路”倡议，组织成立亚洲基础设施投资银行及金砖国家银行，不仅获得发展中国家的支持，同时也得到众多发达国家的响应。2016年初，IMF通过改革方案，中国份额占比从原来的3.996%提升至6.394%；同年10月人民币正式纳入IMF特别提款权货币篮子，这些都标志着中国经济更加对外开放，作为世界最大新兴经济体的影响力日渐上升。

中国国家主席习近平在世界经济论坛2017年年会开幕式上发表了题为《共担时代责任，共促全球发展》的主旨演讲，他指出：“我们要坚定不移发展开放型世界经济，在开放中分享机会和利益、实现互利共赢。”针对贸易保护主义，他认为这“如同把自己关进黑屋子，看似躲过风吹雨打，但也隔绝了阳光和空气”，从而清楚地表明了中国坚持改革开放与支持经济全球化的坚定立场。

二、融入世界经济

改革开放推动中国经济发展从封闭走向开放，加工贸易迅速兴起，这种进口原材料与零部件，加工装配出口的发展模式，引发了中国对外贸易的爆炸式增长。1978年，中国贸易进出口总额仅有206.4亿美元，世界占比也仅为 0.8%，而到 2001 年已大幅攀升至 5096.5 亿美元，世界排名从 1978 年的第 29 位上升到第 6 位。加入 WTO 之后，中国对外贸易增长进一步加快，2015 年中国贸易进出口总额达到 3.96 万亿美元，比 2001 年又增长了近 7 倍，世界占比已达到 11.9%，超过美国，成为第一大贸易国。同期，世界贸易进出口总额从 2001 年的 12.67 万亿美元上升到 2015 年的 32.35 万亿美元，增长近 1.6 倍。可见，全球贸易得益于中国的融入和中国贸易快速增长的带动，中国已经成为支撑全球贸易增长的重要力量。

作为世界贸易大国，中国不仅进出口规模庞大，同时还拥有最广泛的全球贸易伙伴网络。中国目前是 120 多个国家和地区的最大贸易伙伴，2015 年并首次超过加拿大成为美国最大的贸易伙伴。就地区而言，中国是非洲和东盟的第一大贸易伙伴，是拉丁美洲和欧盟的第二大贸易伙伴。中国位列 70 个国家和地区出口目的国的前三位，位列 131 个国家进口来源国的前三位。对外贸易促进了中国与世界各国和地区的利益交融与共同发展，已经成为中国经济融入世界经济体系的重要渠道。

加入 WTO 后，中国的出口规模不断扩大，出口总额从 2001 年的 2661 亿美元上升到 2015 年的 2.27 万亿美元，已占世界的 13.8%，是全球第一大贸易出口国。从图 5.1 中可以看出，中国的出口在此期间是增长最快的。相对全球增长 1.5~2 倍，中国增长 7~8 倍，美国增长 1 倍左右。总体上看，非洲与中南美洲国家也增长较快，虽然近几年波动较大。

中国出口的快速增长推动了中国制造业的迅速发展。中国出口到世界各地的产品中，既有大量纺织品、服装、鞋类、家具及家用电器等日常用品，也有计算机、移动电话、芯片及液晶显示板等电子产品，而无人机等更是中国最新的出口产品明星。通过全球贸易，中国为全世界的消费者提供了大量物美价廉的产品。

图 5.1　2000—2015 年中国出口增长变化[1]

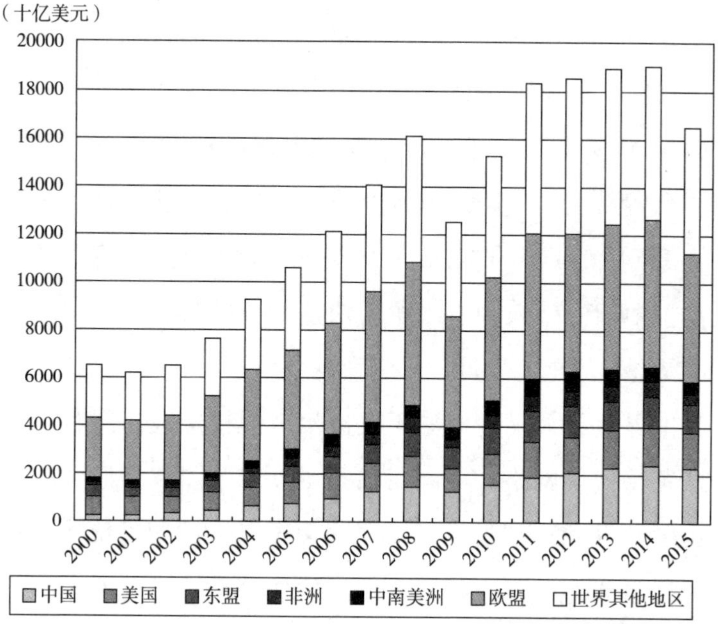

图 5.2　2000—2015 年部分国家与地区出口总额占 GDP 的比例[2]

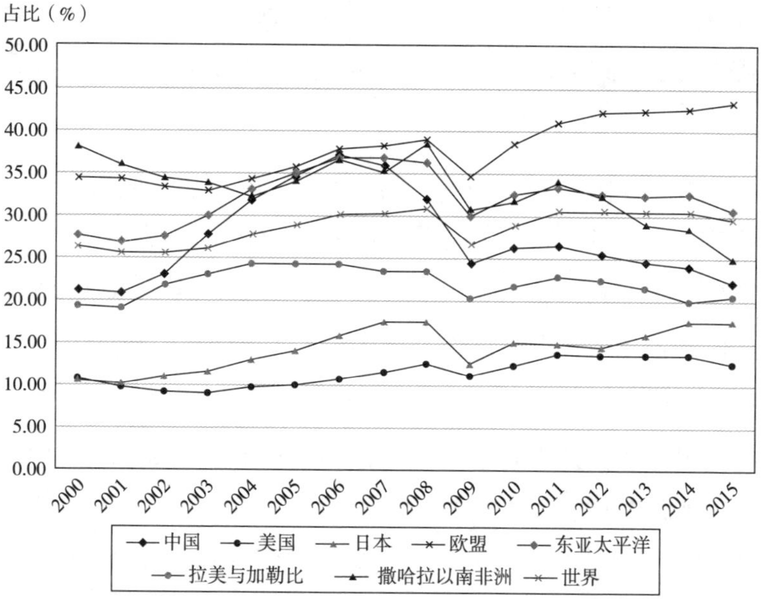

① 资料来源：WTO

② 资料来源：世界银行，货物与服务出口

从图5.2可以看出，自中国加入WTO至2015年，出口总额占GDP比例经历了像坐过山车一样的上冲与下降。先是从2001年的20%急升至2006年的37%，随后又急速下降到2009年的25%以下，2015年已经基本回归到2001年的初始水平。在这一过程中，中国出口总额占GDP的比例曾自下向上和自上向下先后两次穿透世界平均水平。2015年中国出口占GDP的比例为22%，基本处在美国和日本之上、世界平均水平之下。发达经济体中，欧盟始终处在最高的位置。与中国贸易关系密切的东亚与东盟地区的出口占GDP的比例也始终高于中国。而撒哈拉以南非洲和拉丁美洲则分别处在中国水平的上下。出口总额占GDP的比例反映了一国经济对外贸出口的依赖程度，中国作为一个发展中的经济大国，目前的比例基本回归到一个适当的水平。从净出口占GDP的比例看，中国在2007年达到9.2%之后逐渐回落，2010年至今基本处在3%左右，2014年为2.5%，2015年为3.5%。2015年德国、日本和美国的这一比例分别为7.6%、−0.3%和−2.9%。通常认为正负5%之间是净出口占GDP比例的合理区间。

外商直接投资对中国经济融入世界经济同样发挥了重要作用。根据联合国贸发会议（UNCTAD）发布的《2016年世界投资报告》[①]，2015年中国吸引外资1356亿美元，占世界的7.7%，位列美国之后（忽略中国香港排名），是世界第二大外商直接投资目的国。根据中国商务部的统计，2015年中国实际使用外资金额1262.7亿美元，同比增长6.4%（未含银行、证券、保险领域数据）。2015年外商投资主要来自亚洲，其中来自中国香港、新加坡、韩国与日本的投资分别占68.42%、5.47%、3.19%和2.53%。截至2015年12月底，中国非金融领域累计设立外商投资企业836404家，实际使用外资金额16423亿美元。累计投资金额排在前面的有中国香港、日本、新加坡、美国、韩国、中国台湾等，

① 资料来源：《世界投资报告2016》，联合国贸易和发展会议（UNCTAD），2016

占比分别为 50.74%、6.20%、4.82%、4.72%、3.89% 和 3.82%。①

从图 5.3 可以看出，外商直接投资（FDI）在中国经历了一个较长的发展过程。1991 年 FDI 占 GDP 的比例约为 1%，当年投资额仅有 43.66 亿美元。1992 年邓小平发表南方谈话之后，中国才迎来外商直接投资的高潮，三年时间连续突破 100 亿美元、200 亿美元和 300 亿美元。1994 年 FDI 占 GDP 的比例达到 6% 的峰值。2001 年加入 WTO 之后，中国外商直接投资步入持续增长的轨道，2010 年突破 1000 亿美元。自 2002 年，中国经济增长速度已经超过外商直接投资的增长速度，FDI 占 GDP 的比例也进入缓慢下降的通道，并已逐步企稳。2015 年中国 FDI 占 GDP 的比例为 1.22%，基本上处在日本、美国之上，世界平均水平与新兴经济体之下。印度近几年外商直接投资上升较快，占 GDP 的比例已在中国之上。2015 年欧美这一比例出现反弹，但据 UNCTAD 的 2016 年报告，这主要来自于公司内部重组相关的跨国并购交易引起的巨额资金流动。与此同时，中国外商直接投资占固定资产投资的比例也逐渐下降到 2015 年的 1.40%，而 1995 年高峰时曾高达 15.65%，2006 年仍为 4.77%。

中国吸收外商直接投资不仅着眼引进资金，更重要的是引进技术、管理和海外市场。伴随着外商投资的增加，众多世界 500 强企业和跨国公司进入中国，为中国参与国际分工和跻身全球产业链提供了机遇，助推中国制造业的大发展。实际上，截至 2015 年外商直接投资累计金额中约有一半是投资于制造业，前期占比则更多。以中国香港、新加坡、日本、韩国等地区和国家为主的外商投资格局也符合区域内产业迁移，逐步形成以中国为中心的亚洲产业链格局的发展过程。外商投资企业在中国对外贸易中占有突出的位置，2015 年外商投资企业进出

① 中华人民共和国商务部，中华人民共和国国家统计局，国家外汇管理局. 2015 年度中国对外直接投资统计公报［M］. 北京：中国统计出版社，2016.

口总额在中国进出口总额中的占比为46.34%，而在2006年高峰时更曾高达58.87%。随着中国的对外开放，贸易与投资已经将中国经济与世界经济紧密地联系在一起。

图5.3　1978—2015年部分国家地区外商直接投资（FDI）占GDP的比例[①]

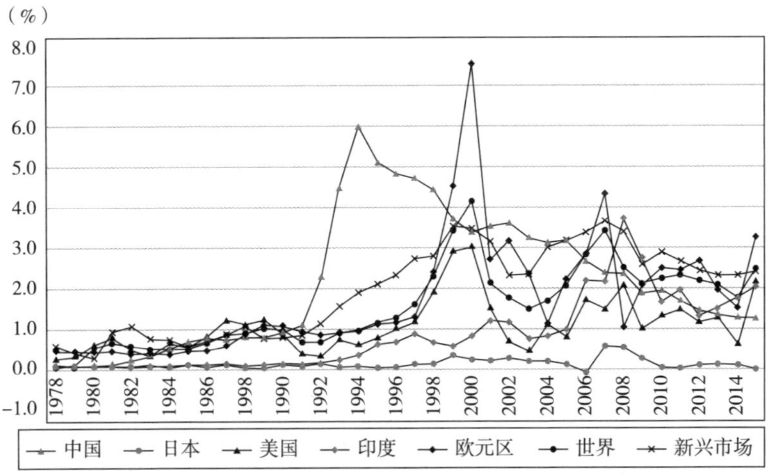

第二节　世界经济增长的火车头

著名经济学家安格斯·麦迪森在其所著的《世界经济千年史》[②]一书中，根据经济历史数据，对世界主要国家1998之前近千年的GDP等经济指标做了大胆的推算。根据这一推算，中国1820年的GDP全球占比为32.9%，1870年下降到17.2%，1913年进一步下降到8.9%，到1950年仅为4.5%。无论学术界对麦迪森的研究结果褒贬如何，但中国经济总量在“鸦片战争”之前的大多数时期内居世界前列应是可信的。根据中国国家统计局的报告[③]，1979—2012年，中国国内生产总值年均

① 资料来源：UNCTAD

② 安格斯·麦迪森著，伍晓鹰等译．世界经济千年史［M］．北京：北京大学出版社，2003.

③ 中华人民共和国国家统计局．改革开放铸辉煌，经济发展谱新篇——1978年以来我国经济社会发展的巨大变化［N］．人民日报，2013-11-06（10）.

增长 9.8%，而同期世界经济年均增速只有 2.8%。中国高速增长期持续的时间和增长速度都超过了经济起飞时期的日本和亚洲“四小龙”，创造了人类经济发展史上的新奇迹。今天，中国作为第二大经济体又重新站在了世界经济的前列。

一、世界经济增长的最主要动力

随着中国经济的快速增长，中国经济在世界经济总量中的比重不断提高，对世界经济增长的贡献也在增加。2015 年，中国 GDP 实现 10.86 万亿美元，增长 6.9%。当前，中美两国作为世界两个最大的经济体，被喻为全球经济发展的双引擎，但是中国代表的更多是新兴与成长的力量。2015 年，中美两国的 GDP 在世界 GDP 中的占比接近 40%；而在 20 世纪 60 年代初，仅美国一国的 GDP 的占比就曾高达 40%。此后，除 80 年代初的几年之外，美国在世界经济中的比重不断下降。1996—2002 年，亚洲金融危机前后，美国 GDP 在世界 GDP 中的占比略有小幅回升，2001 年为 31.80%，之后又转入下降轨道，2011 年曾降到 21.57%。相比之下，在过去的 30 多年，中国经济在世界经济总量中所占的比重在不断上升。1978 年，中国 GDP 的世界占比仅为 2.32%，2001 年加入 WTO 时上升到 4.16%，之后继续逐年攀升。2005 年，中国 GDP 在世界 GDP 中的占比达到 4.95%，之后几年，包括全球金融危机期间，更是一年跨一个台阶，中国的 GDP 总量逐步超过英国、德国和日本。2011 年中国 GDP 在世界 GDP 中的占比达到 10.43%，2015 年进一步上升至 14.8%，已经超过日本、德国和英国三国 GDP 之和。作为世界第二大经济体，中国已经成为全球经济增长的主要动力。

的确，中国人民经过30多年的努力奋斗，特别是在1998年及2008年两次克服了重大金融危机的冲击，始终保持经济稳定增长，取得了令世人惊叹的成绩。世界银行按购买力平价方法计算，甚至已经将中国GDP排在第一位，高盛经济学家更预测2040年中国GDP将超过美国①。这些评论在全球掀起不小的波澜，但中国现在早已不是20世纪60年代“超英赶美”的那个时代了，从政府到普通的老百姓都很清楚，按人均GDP 7924.7美元的水平，中国2015年才刚刚进入中高收入国家的行列，与高收入国家人均GDP 39576.9美元的水平还相距甚远。这就是说，中国还不富裕，仍需加倍努力，还可以对世界经济的增长做出更大的贡献。可以设想，如果中国人均GDP从目前大约8000美元提高到20000美元，即高收入国家人均GDP的一半，就意味着中国的GDP总量要比2015年提高大约2.5倍，这将会对世界经济做出多么惊人的贡献。

2012年之后，中国经济发展开始转型，大力推进经济结构的调整，经济发展进入“新常态”。2012年GDP增速从2011年的9.5%回落到7.7%，2015年进一步下降到6.9%，2016年经济增长6.7%，逐步趋稳。近几年，中国经济增速放缓，一方面有经济结构调整的需要，同时也有经济总量已经达到相当规模的因素。中国2016年GDP虽然仅增长6.7%，但现在国内生产总值每增长一个百分点，相当于5年前的1.5个百分点或10年前2.5个百分点的增量。所以，虽然中国经济近几年增长有所放缓，但以中国目前的经济规模，6%～7%的增长依然可观，仍将是推动世界经济增长的主要动力。

① 吉姆·奥尼尔著，吴进操译. 高盛眼中的世界［M］. 北京：机械工业出版社，2012.

图 5.4　2001—2015 年中国 GDP 增长贡献[①]（单位：10 亿美元）

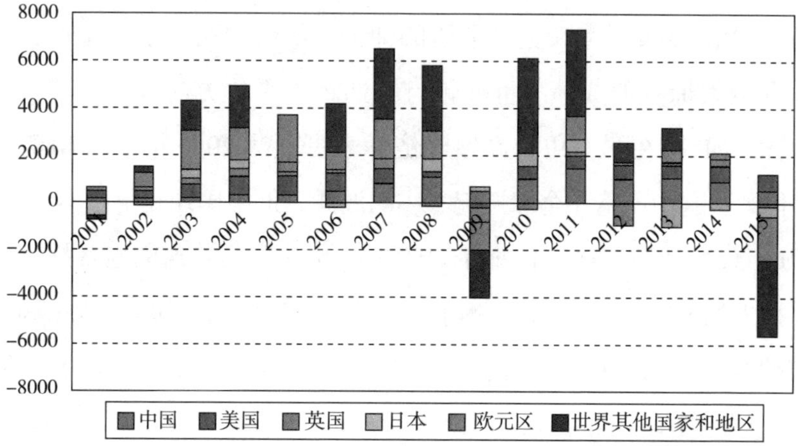

中国对世界经济的贡献不仅体现在规模的增长，同时表现为对世界新增 GDP 贡献的不断上升。（图 5.4）1978 年，中国 GDP 增长对世界经济增长的贡献率仅为 2.3%，与美国相差 35 个百分点，与日本相差 15.9 个百分点，与欧元区相差 13.6 个百分点。2006 年，中国 GDP 增长对世界经济增长的贡献率已经上升到 14.5%，仅次于美国的 22.8%，比欧元区高 1.4 个百分点，比日本高 6.7 个百分点。2007 年中国首次超过美国，对世界经济增长的贡献率达到 25%。2008—2012 年，中国克服全球金融危机的冲击，继续保持经济稳定增长，对世界经济增长的年平均贡献率仍超过 20%。2013—2015 年，中国经济增长对世界经济增长的年平均贡献上升到 26%，处在较高的水平。中国经济已经成为世界经济增长的主要引擎，推动全球经济加快复苏。

二、拉动世界总需求——进口、投资及旅游

2015 年，中国已经是世界第二大进口国、第二大对外投资国及最大的出境旅游国。伴随中国经济的快速增长，中国进口、对外投资与

① 资料来源：世界银行

出境旅游消费不断增加，有力地拉动了世界总需求，促进了世界经济增长。

1978 年，中国进口总额仅有微不足道的 108.9 亿美元；2001 年进口总额已有 2435.5 亿美元的规模。加入 WTO 之后，中国进口增长加快，2015 年已有 1.68 万亿美元之巨，占世界进口总额的 10%。

中国是全世界的巨大市场，中国对大宗商品的需求是惊人的。中国消耗全球大约 60% 的铁矿石、54% 的铝、50% 的镍、48% 的铜、46% 的锌、46% 的锡和 40% 的铅等金属矿产品；消耗全球 12% 的石油、6% 的天然气和 49% 的煤等能源产品；消耗全球 30% 的大豆、30% 的大米、22% 的玉米、17% 的小麦和 10% 的棕榈油等农产品等。这样的需求单子，我们可以开列得更长。根据 UN Comtrade 的统计，2015 年世界有 12.9% 的大宗商品输往中国。

中国每年需要进口大量的大宗商品以满足上述庞大的需求。在中国商务部公布的《中国对外贸易形势报告》中 2015 年中国 11 项进口商品中就有 8 项是大宗商品，包括价值 1344.5 亿美元的原油与 143.0 亿美元的成品油；576.2 亿美元的铁矿砂及其精矿；50.1 亿美元的初级形状的塑料；290.3 亿美元的未锻轧铜及铜材；143.3 亿美元钢材和 247.7 亿美元的大豆。如果加上进口的价值 121.0 亿美元的煤炭和其他大宗产品，2015 年中国大宗商品进口将超过 3000 多亿美元，接近进口总额的 20%。UN Comtrade 的数据显示，2015 年，中国石油、天然气与煤炭的进口额分别占全球市场的 16.6%、7.1% 和 11.2%，居世界第一、第四和第三位；铁矿石和铜矿石的进口额分别占全球市场的 64% 和 42.3%，均居世界第一位。而大豆进口更大约占到全球贸易量的 70%。（图 5.5）这些数据充分显示出中国对大宗商品的巨大购买力。中国大宗商品的进口主要来自非洲、拉丁美洲及亚洲的发展中国家和地区。

除大宗商品外，中国作为全球制造业中心，还需要从全球进口大量的中间产品和零部件。2015 年，中国进口芯片金额高达 2322 亿美元，甚至超过石油的进口。在中国进口中，机电产品是进口最多的产品，长期占据进口一半左右的份额。2015 年，中国机电产品进口金额为 8061.4 亿美元，占全部进口额的 47.9%。其中包括 505.0 亿美元的通信设备及零部件与 3250.8 亿美元的电子元器件。

图 5.5　2015 年中国大宗商品占全球进口市场份额[①]

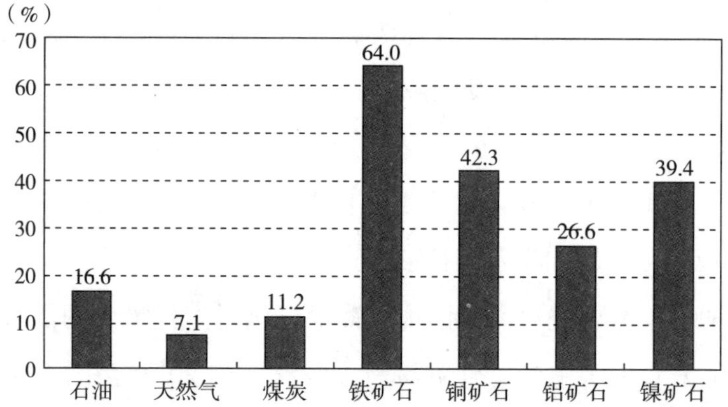

联合国的 BEC 分类（经济大类分类）将贸易中间品划分为用于工业的初级和加工食品饮料，初级与加工工业用品、燃料和润滑剂（汽油除外）以及零配件。从图 5.6 中可以看出，中间品占中国全部进口的 71.1%，其中东亚与东南亚占 41.6%。中间品中，零配件与加工工业用品占全部进口的 48.3%，其中东亚与东南亚占 56.7%。显然，东亚与东南亚国家和地区是中国中间品进口的主要来源地，特别是零配件和加工工业用品。

① 资料来源：UN Comtrade

图 5.6　中国中间品进口分布[①]

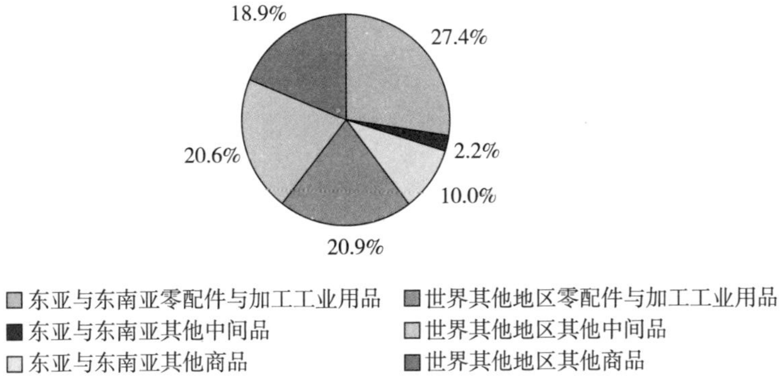

2016 年 10 月 IMF《世界经济展望》报告称，鉴于中国经济的规模与开放程度，中国过去 10 年对全球进口需求的激增使得中国成为世界 100 多个经济体的重要出口市场，而这 100 多个经济体大约占世界 GDP 的 80%。确实，中国经济的快速增长为世界各国和地区的经济发展带来了新的发展机遇，而贸易成为分享中国发展成果的重要渠道。中国加入 WTO 之后，对外贸易不断向世界各地区延伸，这将会使得中国的发展惠及越来越多的贸易伙伴。

近年来，中国对外直接投资日益增长，成为中国拉动世界总需求的又一股力量。据中国《2015 年度中国对外直接投资统计公报》，中国 2015 年对外直接投资 1456.7 亿美元，仅次于美国，并超过中国当年实际使用外资，实现资本项下净输出。经过 13 年的连续增长，中国对外直接投资占全球流量份额已从 2002 年的 0.4% 提升到 2015 年的 9.9%。中国对外投资存量 10978.6 亿美元，占全球外国直接投资流出存量的份额从 2002 年的 0.4% 上升到 2015 年的 4.4%。中国的投资分布在全球 188 个国家和地区，其中 83.9% 分布在发展中经济体。2015 年中国境外企业向投资所在国家和地区缴纳税金达 311.9 亿美元，雇用外方员工 122.5 万人。中国对外投资的增加有助于投资所在国的经济发展，有

① 资料来源：UN Comtrade

助于促进世界经济的复苏。外商直接投资和中国对外直接投资的发展，清晰地展现了中国与世界经济已经形成的你中有我，我中有你的紧密关系，投资已经成为实现互利共赢的桥梁。

根据联合国世界旅游组织的统计，中国从 2012 年起已连续多年成为世界第一大出境旅游消费国，对全球旅游收入的贡献年均超过 13%。2015 年中国公民出境旅游人数达到 1.28 亿人次，国家旅游支出 2922 亿美元，分别比上年增长 9.7% 和 26.2%，两项指标继续位列世界第一。2015 年中国全球奢侈品消费达 1168 亿美元，其中 910 亿美元发生在国外，占比 78%。2015 年，中国、美国与中国香港是输出国际游客最多的国家和地区。①

世界银行数据显示，2014 年世界国际旅游支出 13410 亿美元，占世界出口总额的 6.03%；中国国际旅游支出 1648.59 亿美元（2016 年中国调整后为 2347 亿美元），占世界的 12.23%，占中国进口总额的 7.29%。中国出境旅游的蓬勃发展将拉动旅游目的地国或地区的需求，促进当地经济增长与就业，同时加强中国与世界各国、各地区经济和文化的交融。

第三节　中国居全球产业链中心

中国已经成为全球产业链的中心，中国制造成就了世界工厂。以苹果公司为例，它以中国为中心打造的产业链可能是全球跨国公司中组织的最为精巧和高效的全球产业链。苹果公司美国总部的 5 万多名员工，专责产品研发、技术监控和市场营销，而把制造环节全部外包给了分布在近 30 个国家的 776 家供应商。苹果公司在全球有 18 家总

① UNWTO. Tourism Highlights (2015 Edition and 2016 Edition), 2016 and 2017.

装厂，其中 14 家设在中国，每年由上百万的中国工人把世界各地生产的零部件组装成几千万台 iPhone 手机和其他苹果产品，然后运往世界各地销售，包括美国。但近年来，这种分工也经常被看作是中国企业被置于全球产业价值链低端的典型。确实，在苹果手机背面就清晰地刻着："Designed by Apple in California Assembled in China（加州苹果公司设计，中国组装）"。苹果公司紧紧控制着价值链微笑曲线高附加值的两端，中国仅有少数几家企业成为苹果产品的供应商，而大多扮演着附加值很低的装配角色。亚洲开发银行 2010 年的一项研究曾显示，一部 iPhone 的元件成本大约为 172.50 美元，而在中国把这些元件组装起来的成本约为 6.50 美元，仅能获得 3.6% 的价值。[①] 2016 年，一项中外合作研究也发现，虽然有 44.2% 的苹果公司供应商在中国设立了子公司，但其中大部分是组装厂商和非核心零部件制造厂商，中国企业在苹果全部供应商中实际仅占比 3.95%，而日本和美国分别占 32.7% 和 28.5%。[②]

2015 年 5 月，中国提出《中国制造 2025》，确立了 10 年之内迈入世界制造强国行列的目标。为此，中国正在努力向全球产业价值链的中高端前行。德国一家智库墨卡托研究中心关于《中国制造 2025》的报告显示，大量资金来源和有力的政治支持将会把一批中国制造商推升至世界级水平。"即便中国制造 2025 计划不会完全实现下个 10 年广泛普及智能制造的目标，它也会产生巨大的影响，不只是在中国，整个全球经济都会感受到这种影响。"[③]诚然，没有过去，也不会有未来。中国是制造业大国，目前正在向着制造业强国的目标奋进，长久以来积淀蕴藏的巨大创造力正在迸发出来，一批批中国产品以其创新和高

---

① Yuqing Xing and Neal Detert. How iPhone Widens the US Trade Deficit with the People's Republic of China?［J］. No. 257, ADBI Working Paper, December 2010 (revised May 2011).

② Seamus Grimes and Yutao Sun. China's evolving role in Apple's global value chain［J］. Area Development and Policy, January 2016.

③ Jost Wübbeke et al. from Merics. Made in China 2025［R］. 2016.（中文转引自 FT 中文网）

质量征服着世界市场，中国将会在越来越多的领域成为发展的引领者。中国制造的进步将不仅推动全球制造业的向前发展，同时也将对世界经济的发展产生重大和积极的影响。

一、中国是世界第一制造业大国

自 20 世纪 80 年代开始，中国巨大的市场、充沛的人力资源及良好的基础设施引发了全球制造业向中国的大迁移。特别是在加入 WTO 之后，中国制造业加速融入全球产业链，并逐渐发展成为全球制造业的中心。从规模上看，中国早在 2010 年就以 1.955 万亿美元的产值及 19.8% 的世界占比领先于美国，成为世界第一制造业大国。2013 年中国制造业产值世界占比开始超过 20%，达到 20.8%。2015 年，联合国工业发展组织（UNIDO）数据显示，以 2010 年美元不变价格，中国的制造业增加值（MVA）达到 2.84 万亿美元，已是美国 1.97 万亿美元的 1.44 倍。中国制造业不仅规模巨大，而且中国还是唯一一个拥有联合国产业分类目录中所有工业门类的国家，在 500 多种主要工业品中，中国有 220 多种产量位居世界第一。

中国无疑也是制造业的出口大国。根据 WTO 数据，在中国 2015 年出口中，工业制成品占比 94.3%，而美国、德国和日本分别为 74.8%、86.5% 和 87.2%。印度工业制成品出口占比 68.4%。韩国贸易协会国际贸易研究院发布的报告显示，2015 年在全球 5579 个出口项目中，中国有 1762 个项目的出口占比最高，位列全球第一。德国与美国分别以 638 项和 607 项排在第二和第三位。①

当前，中国正在从制造业大国向制造业强国迈进，集中国力已经

---

① 韩国全球出口占比居首项目数止步不前，中国排名全球第一［EB/OL］. http://www.mofcom.gov.cn/article/i/jyjl/j/201702/20170202514889.shtml.（转引自韩联社）

在航空航天、高端装备、高性能计算、新一代移动通信等领域取得了一系列突破性进展。中国“天眼”500米口径射电望远镜、“蛟龙号”载人深潜器、“悟空”暗物质粒子探测卫星、“墨子号”量子卫星仅是中国取得的几项最新成就。“天宫二号”空间实验室成功发射升空预示着2020年前后，中国将建成自己的空间站。中国自己设计制造的大飞机C919已经多次成功试飞，并已获得包括国外客户在内的700多架订单。中国高铁更是作为国家名片走向全世界，最新设计制造的“复兴号”动车组已经达到世界先进水平。中国制造的重型龙门吊、兆瓦级风力发电机成批出口，在国际市场上广受瞩目。2015年中国无人机出口89.1万架，约占全球民用无人机70%的市场份额。2015年中国生产了50万辆新能源汽车，连续两年位列全球第一位，并已经开始出口。可以相信，中国制造业将会为世界提供越来越多的高质量产品。

在“财富世界500强”中已有不少中国的传统制造业企业，近几年又涌现出一批以华为为代表的新兴高科技民营企业。中国企业正在不断加大研发投入，2015年，中国研究与试验发展经费与国内生产总值之比达到2.10%，已接近发达国家的水平。据世界知识产权组织（WIPO）的统计，2016年中国专利申请数量激增45%，中国中兴通讯与华为排在美国高通等世界著名跨国公司之前名列榜首。[①] 这展示了创新将引领中国制造业走向强盛的前景。

二、向全球产业价值链的中高端迈进

中国是一个制造业大国，并且在一些高端领域跻身世界前列，但中国在整体上还不是一个制造业强国，与一些发达国家还存在差距，在全球产业链和价值链中仍处在较低端的位置。前述的苹果产业链并

① World Intellectual Property Indicators – 2016 . WIPO, 2016.

非个例，中国企业担任“代工角色”在中国制造业中普遍存在，从制鞋、箱包、服装、化妆品到家电的各种国外知名品牌，这与中国在对外开放之初主要通过加工贸易进入全球产业链有关。目前，中国仍有着成千上万家企业经营加工贸易，他们或是为跨国公司装配产品，或是从事来料加工、进料加工，即从国外进口原材料、零部件及元器件，再加工成终端产品后出口到世界各地。在中国有大约 4000 多万工人在加工贸易企业中工作。2015 年，中国加工贸易进出口额分别为 4470.0 亿美元和 7977.9 亿美元，占进出口总额的 26.6% 和 35.1%。相当程度上，中国加工贸易进口数据反映的是零部件和元器件等中间产品的进口，前面也已经显示中间品在中国全部进口中的占比较高。中国制造业有大量外商投资企业，其进出口也占有相当的比重。2015 年，外商投资企业进出口额分别为 8298.9 亿美元和 10047.3 亿美元（与从事加工贸易的外商投资企业有重复），占全部进出口的 49.3% 和 44.2%。以上这些数据从不同的侧面展示了中国“世界工厂”的突出特点。

一系列的研究均反映出中国制造业仍处在全球产业链的较低端。从 WTO 提供的各国增加值贸易与全球价值链（OECD-WTOTiVA：1995—2011）数据可以看出，中国 2011 年的全球价值链（GVC）参与指数为 47.7，与所统计的 61 个国家和地区的平均水平大致持平。其中，前向参与指数为 15.6，比发展中经济体和发达经济体分别低 7.5 个和 8.6 个百分点，而后向参与指数为 32.1，比发展中经济体和发达经济体分别高 6.6 个和 8.3 个百分点。这说明中国主要是通过后向模式参与全球价值链，这说明中国更多的是以从国外进口中间品再加工后出口的方式参与国际分工。对比发达经济体，美国、德国和日本的前向与后向参与指数分别为：24.9 与 15.0、24.1 与 25.5、32.8 与 14.6。欧洲国家的前、后向参与指数大多相对平衡，这可能与欧洲内部产业链分工比较均衡有关。各国的数据还显示，中国不仅是上述发达经济体中间品出口的主要进口国，同时也是东亚和东盟各国和地区中间品出口的主要进口国，其中包括韩国、菲律宾、马来西亚、新加坡、越南、柬埔寨以及中国香港和中国台湾。这进一步显示了中国在全球产业链中处于较低端的位置。

相关的研究也支持上述数据所显示的结果。中国商务部2016年发表的一项研究显示，中国单位出口中增加值含量较低，特别是技术密集型产业的增加值显著低于劳动密集型产业，加工贸易的增加值显著低于一般贸易。例如，农业、纺织服装、食品、家具制造等传统劳动密集型产业，每1000美元产品的出口增加值在800～900美元之间，而机械制造、电子类等技术密集型产业以及石油化工产业，每1000美元产品的增加值仅在400～700美元之间。在一般贸易中，电子计算机制造业每1000美元产品出口增加值600美元，已是行业较低的水平，但是加工贸易中，技术密集的电子类产品制造业，由于需要进口大量的核心部件和零部件，每1000美元出口的增加值甚至不足400美元。① 中国人民大学此后发表的研究报告也显示，中国加入WTO以来，在全球价值链分工地位并没有得到非常明确或者非常清晰的改善。目前中国制造业平均全球价值链参与程度是0.276，其中通过间接增加值出口导致的全球价值链参与程度（前向GVC）为0.112，通过进口国外中间品导致的全球价值链参与程度（后向GVC）为0.164，后向参与程度明显高于前向参与程度。同时，中国制造业平均全球价值链分工指数是-0.046，指数小于零，说明中国仍然处于国际价值链的低端，处在“微笑曲线”的中部底部制造环节，而外国公司控制着高附加值的研发和营销两端。②

中国制造业如果要由大变强，就必须向全球产业链和价值链的中

① 中华人民共和国商务部政研室与商务部研究院. 中国推行全球产业链合作的研究与行动［R/OL］. http://gvc.mofcom.gov.cn/article/gzjz/201610/ 2604_1.htm.

② 中国人民大学国家发展与战略研究院. 新开放战略与全球贸易规则重构过程——中国入世十五周年的反思与展望［R］. 2016-12.

高端攀升。实际上，过去几年已经有不少中国企业通过努力，开始加入产业链更高端的制造环节。例如，中国已经有十几家企业成为苹果公司的全球供应商，为苹果公司产品生产零部件，包括部分与芯片、显示屏生产相关产品，声学元器件，光学元器件以及电池等。面对打造核心技术的挑战，不少中国企业也在努力拼搏。几年前，一个圆珠笔头的生产曾引起国家总理的关注。中国每年生产大约 380 亿支圆珠笔，是世界上最大的圆珠笔生产国，但制造笔头球体的不锈钢材料却长年依赖从日本和瑞士等国进口，而更令人尴尬的是，中国钢铁行业却同时陷入产能过剩的困局。之后，中国的太原钢铁厂经过 5 年的刻苦攻关，终于生产出了所需的不锈钢材料。又如，中国虽然是全球最大的移动电话和个人电脑生产国，但每年要花费 2300 多亿美元从国外进口芯片。在全球前 20 家销售额最大的芯片厂商中就有 8 家是美国企业，虽有 3 家中国台湾企业，但却没有一家中国大陆的企业。为打破这一尴尬的局面，中国已经集资成立集成电路产业基金，投资集成电路芯片制造业。最近，中国的手机制造商小米继华为的海思芯片之后，也发布了自主研发的芯片小米 5c。在一些新兴的产业中，中国也已不满足仅仅作为追随者。中国大疆公司等已经是无人机产业链的组织者，围绕这一产业链的供应商中既有国内企业，也有国外企业。围绕大飞机的制造，中国也正在逐步建立起以自己为中心的国际产业链。相信随着中国制造业变强，中国在全球产业链中地位也将会不断上升。

同时，中国企业日益重视国际化发展，有越来越多的企业走出去，主动融入国际分工，逐步实现向全球产业链与价值链的中高端转变。为此，中国企业近年来加强了对欧美制造业的并购，2016 年投资已从 2013 年的 73.2 亿美元上升到 310.6 亿美元。面对中国购并欧洲企业的高涨热情，芬兰前总理亚历山大·斯图布曾撰文《欧洲是中国眼里的“新非洲”》指出，中国正在欧洲挖掘“宝藏”：人才、知识产权、市场份额、技术、品牌、成熟企业和产业链。中国不再只是世界的低成本血汗工厂，中国在欧洲的收购清单覆盖高科技、高附加值的产业和服务业。[①] 这样的评论，让我们回想起十几年前中国企业前来欧洲收购钢铁厂等传统制造业的情景，只是这次收购目标更多转向高端制造业和新兴产业。德国无疑是中国企业在欧洲投资购并最感兴趣的国家，并购德国企业的数量逐年增加。中国企业 2013 年在德国并购企业 25 家，2014 年 36 家，2015 年增至 39 家。2016 年增长更快，据安永统计，仅前 10 个月，中国已收购 58 家德国企业，金额达到 116 亿欧元，远远超过 2015 年全年。其中包括：美的 40 亿欧元收购全球第四大机器人制造商库卡、中国化工 9.25 亿欧元收购全球最大塑料机械制造公司之一的克劳斯玛菲以及北京控股 14.38 亿欧元收购垃圾废物能源利用公司 EEW。有德国媒体夸张地说，中国要买下德国。[②] 实际上，不少德国企业看重的不仅是中国投资方的资金，同样看重是双方的潜在协同效应和中国市场的巨大发展空间。中国在欧美进行其他重大收购还包括：北京建广资产以 27.5 亿美元收购荷兰芯片制造商恩智浦的标准产品业务部门并在荷兰组建新公司 Nexperia；中国化工 420 亿美元收购瑞士杀虫剂及种子公司先正达；以及海尔 55.8 亿美元收购通用电气家电业务等。对欧美企业的收购有助于中国企业加快融入全球化，加强与国外企业的合作，促进企业创新。中国企业对发达经济体先进企业的收购，在一定程度上也显示出中国已不再仅仅是低端产业的被动接受地。

当前，全球制造业产业格局正在发生重大调整。国际金融危机之后，美国等发达国家纷纷实施“再工业化”战略，鼓励高端制造业回

---

① 亚历山大 · 斯图布. 欧洲是中国眼里的“新非洲”［EB/OL］. http:// www.ftchinese.com/story/001070429?page=rest.

② 德媒称中国买下德国：收购尖端德企，助推科技大国梦想［EB/OL］. http://www.cankaoxiaoxi.com/bd/20161229/1561925.shtml.

归，而一些发展中国家也在积极参与全球产业分工，承接产业与资本转移。过去一二十年，亚洲地区形成了以中国为中心的相对稳定的产业链，但是近年开始出现分化重组趋势。2011 年以来，中国已陆续出现欧美及日本企业迁回本土。同时，由于中国成本优势的降低，也有部分企业转移到东南亚等发展中国家。中国面临着来自全球产业链两端挤压的挑战。中国亟待通过创新提升在全球产业链中的地位，努力成为全球产业链的组织者。与此同时，新一代信息技术与制造业深度融合，正在引发影响深远的产业变革，形成新的生产方式、产业形态、商业模式和经济增长点，为中国制造业的转型升级，创新发展带来重大机遇。正是在这一背景下，中国制定《中国制造 2025》，志在 10 年之内迈入制造强国行列。

根据之一行动纲领，中国制造业 2025 年要完成五大工程：（1）形成 40 家左右创新中心；（2）重点领域全面实现智能化；（3）70% 的核心基础零部件、关键基础材料实现自主保障，80 种标志性先进工艺得到推广应用，部分达到国际先进水平；（4）绿色发展和主要产品单耗达到世界先进水平，绿色制造体系基本建立；（5）自主知识产权高端装备市场占有率大幅提升，核心技术对外依存度明显下降，基础配套能力显著增强，重要领域装备达到国际领先水平。《中国制造 2025》还确定要大力推动在十大重点领域取得突破性的发展，包括新一代信息技术产业；高档数控机床和机器人；航空航天装备；海洋工程装备及高技术船舶；先进轨道交通装备；节能与新能源汽车；电力装备；农机装备；新材料；生物医药及高性能医疗器械。《中国制造 2025》发布以来已经取得相当的进展，上述五大工程正在顺利推进，国家级的动力电池、增材制造、工业机器人等创新中心陆续建成，部分重点攻关项目取得突破。

中国供给侧结构性改革突出强调，创新是引领发展的第一动力。

中国要想成为制造强国，关键在于提高创新能力。《中国制造 2025》推动中国制造开始向智能制造转变。中国海尔集团是全球最大的家用电器制造商之一，率先建立起中国第一个工业互联网平台。这一平台也是全球唯一有用户全流程参与体验的大规模定制平台，目前建成的 8 个互联工厂支持用户远程参与产品设计、制造和交付等全过程。由此，生产效率提升了 60%，不入库率达到了 68%。海尔集团正在将互联工厂样板推广至全球 108 家工厂，实现从大规模制造向大规模定制转型。海尔的工业互联网平台被美国《赫芬顿邮报》称之为世界级的创意。在汉诺威工业展上，海尔的生产线引起轰动，此外还获得美国高德纳 2017 高科技制造创新者奖。海尔集团无疑为中国企业实现智能制造开了一个好头。实际上，越拉越多的中国企业正在向智能制造转型。如中国三一重工新建成的 18 号厂房智能化制造车间，通过柔性生产线可以同时生产多种工程机械产品。又如红领集团——中国一家服装企业也成功实现向智能制造转型，用户可以通过 APP 下单工厂设计定制，由其创新的 C2M 平台实现一条生产线生产不同类型的定制化服装等等。

另一家中国企业华为是全球最大的通信设备制造商，在慕尼黑成立了欧洲首个开放实验室（OpenLab），吸引了包括 T-Systems、SAP、德国电信、英特尔、戴姆勒奔驰在内的 20 多家外国企业就各类产品开发开展合作研究。通过合作将创意变成解决方案，创造效益，最终实现华为与国外企业的合作共赢。华为还与德国机器人制造商库卡合作，借助自身通信技术优势，加速在智能制造领域布局。目前，华为开放实验室已与 400 多家伙伴展开解决方案合作，打造以客户为中心，不断创新的解决方案。华为在全球已经建立起 7 个这样的开放实验室，并还有 4 个在规划中。

中国制造业在各个领域不断取得新的突破。“天鲲号”自航绞吸挖泥船、“蓝鲸 2 号”全球最大的海上钻井平台、直径达 15.03 米的超大泥水平衡盾构机是中国高端装备制造取得新进展的标志。中国华为公司联合德国电信即将在德国推出全球首个5G商用网络，并正与印度电信运营商合作推进5G网络测试，这标志着中国正在成为5G时代的引领者。中国制造业在核心零部件、基础原材料、先进工艺等方面也有一批成果达到国际先进水平。如实现金属铼提纯与航空发动机单晶涡轮叶片生产；大型金融构件3D打印达到锻造水平；高端航空紧固件国产；高标准轴承钢材料核心技术；多种高端精密数控机床制造；超超临界火电机组不锈钢管生产产业化；高纯晶体六氟磷酸锂（锂电池重要原料）技术；高响应高精度高速系列伺服电机产业化，等等。

《中国制造2025》实施两年多以来，中国在制造业转型升级、创新发展方面取得不少成绩，但距离既定战略目标的实现依然任重道远。中国制造业仍处在从2.0向3.0的过渡时期，因此《中国制造2025》相比德国的工业4.0和美国的工业互联网更富雄心、更具挑战。到2025年，中国要迈入制造强国的行列，2035年制造业整体要达到世界制造强国阵营的中等水平，2050年前要实现综合实力进入世界制造强国的前列。中国当前正着力发展实体经济，继续深化供给侧结构性改革，因此也更加强调要加快建设制造强国，加快发展先进制造业，提出促进中国产业迈向全球价值链中高端，培育若干世界级先进制造业集群。可以预计，中国制造业的发展将会有力地推动中国经济成功实现转型升级，迈上高质量发展的台阶，走上一条长期可持续发展的道路。中国将继续是一个制造大国，同时也将逐步成为一个制造强国。毫无疑问，中国将给世界经济带来新的增长动力和机遇，将会给全球的消费者生产更多质优价廉的商品。有华为等中国品牌与苹果公司竞争，全球消费者可以期望移动电话造得越来越好，更加物有所值。徕卡公司通过与华为在相机技术方面的合作也为其觅得新的发展机会。被国外称为中国“新四大发明”之一的高铁，现正铺往“一带一路”沿线的许多国家，这将加快这些国家之间的互联互通，推动地区经济加快发展。中国制造在全球产业链中位置的提升将会带动更多的发展中国家制造业的发展。中国制造业的变强对发达国家而言既可能是挑战，但也会带来机遇。在转型的过程中，中国将对国外先进技术释放出更多的需求，将会涌现更多合作共赢的机会。中国参与制造业中高端产品的竞争将会促进全球制造业的创新与发展。

第四节　中国经济对亚非拉的影响

美国、欧盟与东盟是中国三个最大的贸易伙伴，2015 年对中国的出口分别为 1487.4 亿美元、2088.8 亿美元和 1946.8 亿美元，与 2001 年的 262.0 亿美元、357.1 亿美元和 232.2 亿美元的水平相比，增长了大约 4.7 倍、4.8 倍和 7.4 倍。与此同时，中国不断扩大与发展中国家和地区的贸易，促进了这些地区的经济发展。2001 年，非洲对中国的出口仅有 54.3 亿美元，至 2015 年已上升到 793.7 亿美元，增长了近 14 倍。2001 年，拉丁美洲对中国的出口仅有 67.0 亿美元，2015 年上升至 1043.3 亿美元，增长了近 15 倍。显然，与发达国家和地区相比，非洲、拉丁美洲及东盟三个地区从中国的发展中获益更大。

事实上，从中国市场的重要程度上看，东盟、非洲和拉丁美洲与中国的贸易联系也更紧密。2015 年三个地区对中国的出口占其各自出口总额的比例分别达到 17.4%、20.4% 和 19.3%，而美国和欧盟的这一比例则分别为 9.8% 和 10.5%，相对较低（有关比例根据 2016 年 WTO 统计报告和中国统计局进口数据计算）。欧盟有相当大部分的贸易是在欧盟内各国之间进行的；而美国与加拿大和墨西哥的贸易关系更为密切，2015 年的这两大邻国在美国的出口额中分别占有 18.6% 和 15.7%

的份额，大大高于中国的7.7%。在美国的出口额中，欧盟的占比为18.1%；在欧盟的出口额中，美国的占比为20.1%。因此，从出口看，美国与欧盟之间的联系更为紧密。

受世界经济复苏放缓的影响，2015年中国与几个主要贸易伙伴之间的进出口额出现不同程度的下降。中国与欧盟的进出口总额下降8.2%，从欧盟的进口下降14.5%；与东盟的进出口总额下降1.6%，从东盟的进口下降6.5%；与美国的进出口总额略微增长0.6%，但从美国的进口下降6.5%。三家相比，中国从欧盟的进口下降幅度最大。实际上，2015年欧盟、东盟与美国的整体对外出口均有下降。其中欧盟下降了12%，东盟下降了大约13%，美国下降了大约7%。相比之下，东盟与美国对中国的出口表现略好于其出口整体表现，而欧盟则与其整体水平大致相当。

下面着重从进口贸易、直接投资及旅游等几个方面分析一下中国经济对亚洲（东盟）、非洲和拉丁美洲的影响。

一、中国经济对亚洲的影响

1. 进口

在20世纪90年代全球产业链向中国迁移的过程中，中国与周边的东亚及东南亚国家和地区的国际分工与合作逐步形成比较完整的区域供应链，相互之间的中间品贸易随之增加。从前面的图5.6（中国中间品进口分布）中已经可以看出，2015年东亚和东南亚国家和地区对中国的出口中有74.7%是中间品，其中92.6%是零配件和加工工业用品，而在世界其他地区对中国的出口中，中间品占68.7%，其中零配件和加工工业用品仅占50.4%。简单地说，东亚和东南亚地区对中国的出口中69.2%都是零配件和加工工业用品，大大高于世界其他地区的34.6%。所以，中国中间品进口，特别是各种零配件和经加工过的工业用品的进口对东亚和东南亚地区影响较大，而大宗商品进口的影响相对较小。

图 5.7　2000—2016 年中国与美国进口比较（单位：10 亿美元）①

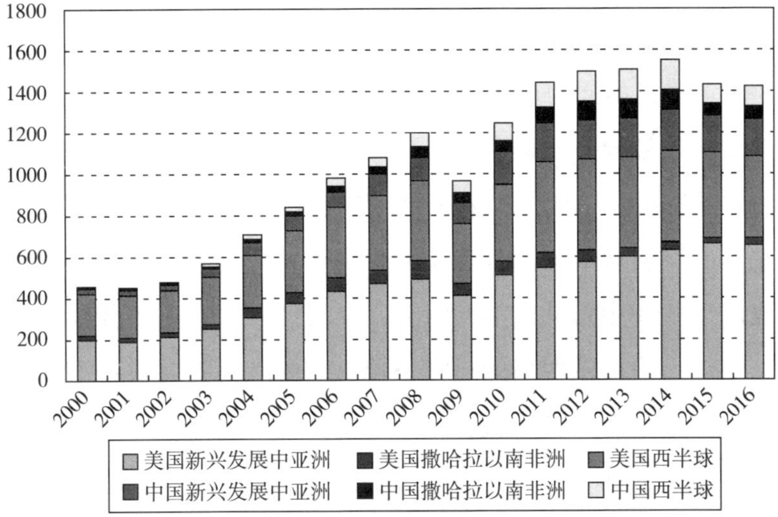

图 5.8　2006—2015 年中国进口与贸易出口②

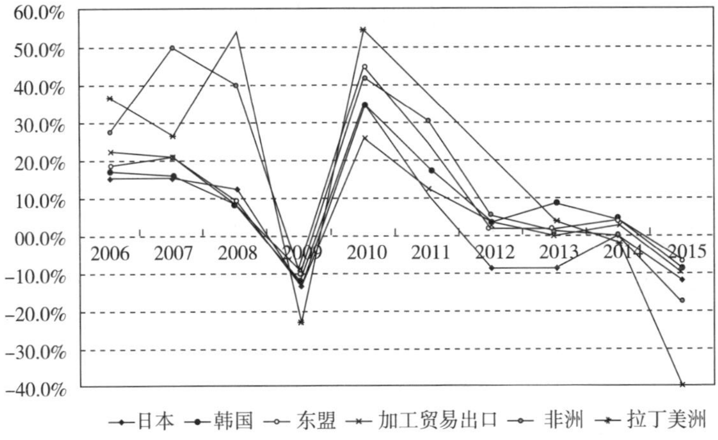

中国加工贸易出口拉动对零配件和加工工业用品等中间品的进口，从图 5.8 可以看出，相比非洲与拉丁美洲，东盟、日本及韩国对中国

①资料来源：IMF DOTS

②资料来源：商务部统计数据

出口的增减更加紧密地跟随中国加工贸易出口的变化。2015年，中国加工贸易出口下降9.8%，进口下降14.7%；而石油、铁矿石及煤炭等大宗商品进口大幅下跌40%。从上图也可以看出非洲与拉丁美洲对中国的出口因大宗商品多而受到更大的冲击。事实上，印度尼西亚、马来西亚及菲律宾虽同为东盟国家，但因出口中国的中间品构成的差异，所受到影响也各异。菲律宾和马来西亚出口的中间品中零配件占比近70%，而印度尼西亚仅占5.22%，其他更多为燃料等。2015年印度尼西亚对中国出口下降19%，而马来西亚和菲律宾分别下降4.3%和9.4%。类似地，2015年中国从日本、韩国、中国台湾的进口分别下降12.3%、8.2%、5.7%，但从俄罗斯的进口下降20.1%，从澳大利亚的进口下降24.7%。这进一步说明大宗商品出口国受到的影响更大。

中国的加工贸易产品主要出口欧美市场，2009年金融危机时，世界经济不景气，需求下降，导致中国加工贸易出口与进口分别大幅下降13.1%和14.8%，受此影响，中国从东盟的进口下降了8.8%。金融危机之后，世界经济复苏缓慢，对中国与东盟贸易产生了负面影响，导致从东盟的进口一直增长乏力。

近几年来，全球产业链出现重新整合的趋势，这将会对中国与东亚和东盟之间的贸易产生更加深远的影响，实际上有些影响已经开始显现。在金融危机之前的10年中，中国加工贸易进出口在对外贸易总额中的占比一直在40%以上，但之后逐年下降，2015年已降至26.6%，而这与中国开始出现部分产业移出相吻合。在移出的产业中既有西方发达国家高端制造业的所谓“回流”，也有中低端制造业向成本更低、反倾销风险更低的东南亚国家的转移。同时，中国经济转型与产业结构升级，将会逐步增强中国国内配套产业链，增强零部件内源化与本地化的能力，实际上苹果公司供应商名单中的中国企业也在逐年增多。这也不可避免地会对中国与东亚和东盟之间的贸易产生一定的影响。

实际上，这次全球产业链重新整合更可能为中国与东盟贸易的发展创造新的机遇，不仅部分东盟国家可以承接从中国转移出的低端产业，如纺织、制鞋等；中国经济的转型升级、制造业向全球产业链中高端的前行，也将会带动区域供应链之间贸易的升级。正如英国马基特公司在市场调查中发现的，在多数受访者的眼中，中国已不再是廉价外包业务的对象国，而一跃成为全球供应链的中心。①

2. 投资

2015 年中国对亚洲直接投资流量 1083.7 亿美元，比上年增长 27.5%，占当年投资流量总额的 74.4%。2015 年末，中国在亚洲的投资存量为 7689 亿美元，占存量总额的 70%。亚洲是中国对外投资的主要地区。2015 年，在中国及中国香港投资的推动下，亚洲直接投资流入量增长 16% 至 5410 亿美元的历史新高，其中中国投资占 20%。

2015 年，中国对中国香港投资 897.9 亿美元，占流量总额的 61.6%。2015 年末，中国香港投资存量 6568.55 亿美元，占存量总额的 59.8%。实际上，中国香港往往被中国企业作为对世界其他地区再投资的平台，如中国化工橡胶有限公司 52.9 亿美元收购意大利倍耐力集团公司近 60% 股份的交易等。除中国香港外，荷兰、开曼群岛、英属维尔京群岛、百慕大群岛也均扮演着相似的投资平台角色。2015 年，流向中国香港和这几个国家和地区的投资共有 1164.4 亿美元，占流量总额的 79.9%。

2015 年中国对东盟投资大幅增长 87%，达 146.04 亿美元，创历史最高水平，占流量总额的 10%。2015 年末中国对东盟投资存量为 627.16 亿美元，占存量总额的 5.7%。2015 年末，中国在东盟设立直接投资企业 3600 多家，雇用外方员工 31.5 万人。2015 年，全球对东盟的

① 黄培昭. 中国成为全球供应链中心［N］. 人民日报，2017-2-10（3）.

投资为 1257.32 亿美元，中国投资占 11.62%。

2015 年，中国对东盟的投资主要流向租赁和商务服务业等行业，其中流向制造业 26.39 亿美元，占 18.1%。从存量上看，租赁和服务业 160.89 亿美元，占存量总额 5.7%；制造业 93.59 亿美元，占 14.9%。中国对除文莱之外的其他 9 个东盟国家的制造业均有投资，其中对印度尼西亚、越南、泰国和新加坡的投资均在 10 亿美元以上。

图 5.9　2007—2015 年中国对外投资存量①（单位：10 亿美元）

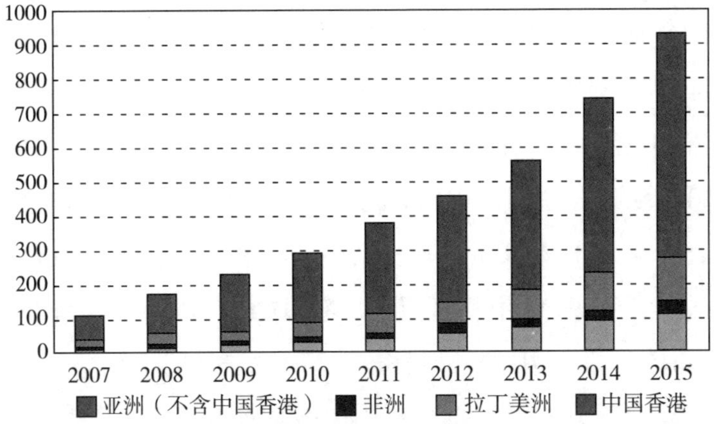

3. 旅游

2015 年中国内地赴香港和澳门地区人数分别为 4584.2 万和 2041.06 万人次；中国大陆赴台湾地区 414.38 万人次（数据引自三地主管机构统计），总共约为 7040 万人次，约占中国全部出境人数的 55%。

中国近几年赴国外旅游的人数逐渐增多，亚洲各国是中国出国旅游的主要目的地，除日本和韩国外，中国赴东盟国家的游客不断增加。据东盟统计局的数据，2011 年中国赴东盟国家旅游为 731.6 万人次，2015 年已高达 1859.6 万人次，占全部区外旅游人数的 17.1%，是赴东盟旅游人数最多的国家。全球赴东盟旅游人数 2011 年为 8122.9 万人

① 资料来源：《2016 年度中国对外直接投资统计公报》

次，2015 年达到 10890.4 万人次，增加 2767.5 万人次。其中来自中国的游客增加 1128 万，贡献了 40.8%。

根据世界银行的 2014 年数据，东亚与太平洋地区的国际旅游收入 3761.56 亿美元，占出口总额的 5.1%。新加坡、马来西亚和泰国是中国赴东盟国家旅游中最热门的国家。国际旅游收入时东盟国家重要的收入来源，分别占马来西亚出口总额的 9.1%、菲律宾出口总额的 8.0%，泰国出口总额的 14.9%、缅甸出口总额的 12.5%、老挝出口总额的 18.7% 及柬埔寨出口总额的 28.6%。中国前往东盟国家游客的增加对促进这一地区经济的发展有不容忽视的作用。

二、中国经济对非洲的影响

1. 进口

中国大宗商品进口大多集中在发展中国家和地区，石油进口主要来自中东、非洲和拉丁美洲。煤炭进口来自亚太，而铁矿石和有色金属进口则分布在拉丁美洲、非洲和亚太多个地区。此外，中国还从拉丁美洲进口大量的农产品。中国需求的减弱和国际市场价格下跌，对这些地区的大宗商品出口影响较大，特别是非洲和拉丁美洲。

非洲对中国出口的一半以上是石油，是中东之外中国进口石油最多的地区。除石油外，煤炭以及铜、铁、银、铂等矿产品的出口约占非洲对中国出口的 10%。与世界其他地区相比，非洲对中国的出口受大宗商品价格下跌的影响最为严重。2015 年中国与非洲的进出口总额大幅下降 19.3%，从非洲的进口更下降 38.4%，下降幅度不仅大大高于其他地区，也远远超过 2009 年全球金融危机时 22.6% 的降幅。同期，非洲整体对外出口总额为 3880 亿美元，下降 30%，比对中国的出口的降幅低。

2015年，大宗商品价格普遍下跌。IMF的贸易价格数据显示，2015年国际石油价格在上年下降7.5%的基础上，又大幅下降了47.2%，金属产品价格也持续2012年以来的跌势，进一步下跌10.3%。同样，2015年国际市场上的有色金属价格也大幅下跌。伦敦金属交易所（LME）铜、铝、锌、镍与锡的价格分别下跌了25.7%、23.7%、27.2%、40.4%与24.5%。据中国海关对实际进口价格的统计，2015年中国原油全年进口平均价格下跌45.3%，铁矿砂、煤、成品油、铜的价格分别下跌39%、21.8%、38.3%和17.1%。

全球经济复苏缓慢、增长乏力无疑是这一轮大宗商品价格下跌的大背景。WTO的数据显示，2015年全球货物贸易进出口总额为33.25万亿美元，比2014年下降12.7%。其中，货物出口总额16.48万亿美元，同比下降13.2%；货物进口总额16.77万亿美元，同比下降12.2%。同期，中国经济增长从2014年的6.9%进一步放缓至6.7%，对外贸易也出现了全球金融危机以来的首次负增长。按美元计，进出口总额和进口额分别比2014年下降了8.0%和14.2%，其中进口额的下降幅度甚至超过2009年金融危机时期的11.2%。

中国2015年经济增长减速，对大宗商品的需求也多数回落，进口数量比2014年有升有降：进口石油3.5亿吨，增长8.8%；进口煤炭2.04亿吨，下降29.92%；进口铁矿石9.53亿吨，增长2.2%；进口铜矿砂及其精矿1329万吨，增长12.6%。但以进口金额衡量，则增长的转为下降，下降的变得幅度更大，石油、煤炭、铁矿石及铜的进口分别下降了46.4%、46.5%、38.1%和9.7%。此外，2015年大豆进口8169万吨，增长14.4%，但进口金额也下降了12.8%。

根据进口所占全球市场份额大小和2011年以来进口增长变化情况（UN Comtrade数据），中国煤炭、铁矿石和有色金属需求的减弱，对产品价格的影响可能最大。2011年至2015年，中国煤炭与铁矿石进口分别平均下降 16.6% 和 15.3%，而铜的进口平均增长 5.7%。其中煤炭进口的市场份额虽然排在日本的 18.1% 和印度的 15.9% 之后，但进口下降幅度更大；而铁矿石和铜进口的平均下降幅度虽比排在第二、三位的日本、韩国或印度为低，但所占的进口市场份额则远远在这几个国家之上。此外，中国在镍等有色金属进口中也多占有较大的市场份额，对需求变化也会对价格产生较大的影响。中国 2015 年石油进口居市场份额之首，但与排在第二位的美国 16.3% 的市场份额相差无几，而且 2011 年至 2015 年，中国进口平均下降幅度为 9.1%，均比其他几个主要进口国的为低；而中国在天然气进口中所占的份额就更小。因此，中国对石油与天然气的价格影响相对有限。

实际上，石油价格的下跌主要不是需求出了问题。2015 年，美国西德克萨斯轻质油期货价格下跌 30.5%，年底报收 37.04 每桶美元；北海布伦特原油期货价格下跌 35%，年底报收每桶 37.28 美元；而 2013 年原油价格还曾在每桶 100 美元以上。2015 年油价下跌的主要原因是中东原油生产国与美国页岩油开采商之间争夺市场份额导致全球原油供应过剩。事实上，随着石油输出国组织（OPEC）达成限产协议，2016 年年底美国西德克萨斯轻质油 2 月期货价格报收每桶 53.72 美元，全年劲升 45%；布伦特原油 3 月期货报收每桶 56.82 美元，全年暴涨 52%，均为 2009 年以来的最大年度涨幅。

同样，全球铁矿石价格的下跌也存在类似的影响因素。中国经济的快速增长曾引发世界资源产品需求的激增，为尽快扩大产能，全球矿业公司纷纷加大开采投资。根据世界钢协公布的数据，世界铁矿石贸易从 2005 年的 7.5 亿吨增长到 2014 年的 15 亿吨（为当时预测值），其中 80% 的增量是来自中国需求的拉动。2010 年铁矿石价格最高曾达到每吨 184 美元，而 2015 年最低曾跌破每吨 40 美元。为应对价格的下跌，世界上最大的三家矿业公司：澳大利亚的力拓、必和必拓和巴西淡水河谷，凭借成本优势扩大产能争夺中国市场。其他国家和地区在中国的铁矿石进口中的市场份额从2014年的23%，被挤压到了2015年的16%，伊朗、毛里塔尼亚及智利对中国的铁矿石出口均有所下降。跨国公司对市场份额的争夺，对处境已经困难的其他国家和地区的生产商来说更是雪上加霜。

2015年中国从非洲进口的石油减少了5.3%，但仍占到中国石油全部进口的19.2%。石油出口是非洲许多产油国的主要财政收入来源。安哥拉是中国从非洲地区进口最多的国家，2015年占到中国全部石油进口的11.5%。因此，石油出口减少及价.格的下跌对安哥拉的影响最大，此外，影响也波及尼日利亚、赤道几内亚、苏丹及刚果（布）等其他非洲产油国家。除石油外，非洲国家对中国其他矿产品的出口也受到价格下跌的冲击。据世界银行发布的报告，大宗商品价格下跌导致整个非洲贸易总额下降了16%，其中对外贸易损失最大。[①] 据预测，非洲贸易市场低迷将导致2016年经济增长率降低0.5个百分点。撒哈拉以南非洲国家将持续面临国际大宗商品市场价格下跌的困境。2016年10月，IMF下调了撒哈拉以南非洲国家2016年的经济增长预期，从先前的3%降至1.4%。相对于资源出口依赖国，撒哈拉以南非洲中经济较为多元化的国家，如卢旺达、塞内加尔和埃塞俄比亚等国，较少受大宗商品价格下跌的影响，仍能实现较好的经济增长。

2. 投资

2015年，非洲外国直接投资流入量下降7%至540亿美元。虽然对北非投资出现增长，但撒哈拉以南非洲地区投资大幅下降。初级产品价格的暴跌使依赖自然资源出口的非洲国家在贸易、投资和国际收支等方面都面临严重冲击。

---

① Africa's Pulse［M］. World Bank Group, April 2016.

2014 年，中国对非洲直接投资 32 亿美元，2015 年受全球大宗商品价格大跌等因素的影响，中国对非洲的投资下降 7% 至 29.8 亿美元，占中国对外直接投资流量的 2%。主要流向加纳、肯尼亚、南非、坦桑尼亚、刚果（金）、阿尔及利亚、乌干达等国家。目前有 3000 多家中资企业在非洲投资兴业。中国直接投资在非洲的存量为 346.9 亿美元，占存量总额的 3.2%。主要分布在撒哈拉以南非洲国家。采矿业 95.4 亿美元，占 7.5%；建筑业 95.1 亿美元，占 27.4%；制造业 46.3 亿美元，占 13.3%；金融业 34.2 亿美元，占 9.9%；科学研究和技术服务业 14.6 亿美元，占 42%。

中国近些年对非洲和拉丁美洲的交通、电力等基础设施投资不断增加，支持这些地区的经济向多元化发展。在所有的发展中国家中，中国对非洲的投资处于领先地位。中国在 2015 年约翰内斯堡峰会提出 600 亿美元的“十大合作计划”，其中有 100 亿就是专门用于发展非洲工业化、推动中非产能合作，并选定埃塞俄比亚、肯尼亚、坦桑尼亚、刚果（布）作为中非产能合作先行先试示范国。近期中方又决定将南非打造成引领非洲工业化的火车头，将埃及、安哥拉、莫桑比克、赞比亚、乌干达、卢旺达、多哥、塞拉利昂、几内亚、塞内加尔等国列为产能合作重点国家。

中国现正积极推动落实中非“十大合作计划”，截至目前，中国企业在非洲 15 个国家投资建设了 20 个合作区，累计投资 53.8 亿美元，吸引入区企业 435 家，累计总产值 193.5 亿美元。中非基金共投资了 88 个项目、分布在 37 个非洲国家，实际投资 40 亿美元，带动企业投资及银行贷款 170 亿美元。投资涉及基础设施、加工制造、能源矿产的领域，惠及当地 100 多万人民。例如，截至 2015 年底，中国对南非累计投资约 130 亿美元；2015 年当地中资企业的 2.6 万员工中有 2.4 万是本地员工。

2016 年 10 月 5 日，非洲又一条由中国负责修建的铁路正式通车。

750 多公里长的亚吉铁路将埃塞俄比亚首都亚的斯亚贝巴和吉布提港连接起来，将原来需要至少一周的运输路程缩短为现在的约 10 小时。为建设这条电气化的铁路，中国为 70% 埃塞俄比亚路段和 80% 吉布提路段提供了 40 亿美元的融资。在建设的过程中，累计聘用 3 万多名当地员工，并培训了包括乘务员、火车司机和技术人员在内的 1.5 万人。随着这条铁路的开通，不仅使埃塞俄比亚有了一条通向出海口的大通道，同时也将为沿线地区的经济发展创造机会。事实上，该国新的工业园区正在兴建，国外企业也正在进驻。例如在中国负责建设的东方工业园，已有制鞋、汽车组装、制药等中国企业陆续进驻。在同样是中国负责兴建的阿瓦萨工业园区，也将迎来美国 PVH 集团从中国搬迁而来的服装工厂。埃塞俄比亚建设非洲轻制造中心的目标已见到希望。中国 30 多年来改革开放积累的经验将播种在非洲大地上，“授人以鱼，不如授人以渔”是许多中国企业与非洲伙伴合作的初衷。即使常常持有偏见的西方媒体也承认，非洲与中国之间远不止是矿石。

此外，2015 年中国企业在非洲签署承包工程合同额和完成营业额都实现了“稳增长”，分别达到 762 亿美元和 547 亿美元，有力地促进了非洲经济的增长。

2014 年底，德国经济学家米谢艾尔・麦克唐纳曾根据 IMF 的数据，以对中国的出口份额超过该国出口总量的 15% 为标准，筛选出“40 个依赖中国的国家”。[①] 其中大多数是撒哈拉以南非洲、拉丁美洲、中东和亚太地区的资源产品出口国。这些国家更多受惠于中国经济的发展。

3. 旅游

2014 年，撒哈拉以南非洲国家的国际旅游收入为 330.48 亿美元，占出口总额的 7.0%。不少非洲国家对旅游业高度依赖，如埃塞俄比亚

① 克里斯托夫・萨克曼著，青木译. 40 个依赖中国的国家［EB/OL］. http://oversea.huanqiu.com/article/2014-12/5237483.htm.（转引自德国财经网）

2012年、马达加斯加与肯尼亚2013年的国际旅游收入分别占各自出口总额的33.0%和18.1%和17.0%。此外，对尼日利亚、毛里求斯、坦桑尼亚及南非来说，旅游业的收入也很重要。

法国《世界报》报道称，中国游客为非洲旅游业注入强劲动力。根据世界旅游组织最近发布的数据，2008年赴非中国游客数量仅占出国总人数的3%；在2016年这个比例已经升至10%，达1130万人次。而且，这一数字还在以每年50%的速度快速增长。同时，中国游客在非洲国家人均消费也更高，比如中国游客在摩洛哥的人均消费要高出欧洲游客40%，这对非洲旅游业而言简直就是一块“天赐蛋糕”。[①] 随着签证条件的放松和往来直飞航班的开通，中国赴埃塞俄比亚、肯尼亚和南非的游客数都已出现大幅增长。

三、中国经济对拉丁美洲的影响

1. 进口

2015年，中国与拉丁美洲的进出口总额下降10.2%，从拉丁美洲的进口下降18.0%，明显超过了2009年金融危机时9.6%的降幅。拉丁美洲2015年整体出口总额为5397亿美元，下降21%，略大于对中国出口的降幅。

拉丁美洲在中国铜、石油和大豆进口中占有重要位置。智利和秘鲁对中国的出口70%以上是矿产品和有色金属及制品；而巴西对中国的出口中，除35%的矿产品与有色金属及制品外，还有44.5%的大豆等植物产品。中国对铜等有色金属需求增长放慢及价格的大幅下跌导致拉丁美洲对中国的出口下降。2015年，秘鲁由于铜增产，以量补价，

① 非洲乐享中国旅游业“大蛋糕”赴非旅游人数快速增长［EB/OL］. http://world.huanqiu.com/exclusive/2017-03/10248790.html.

对中国的出口增长了4.5%，但巴西和智利对中国的出口分别下跌了12.3%和10.1%。受价格疲软的影响，虽然中国2015年大豆进口增长了14.4%，但巴西对中国的大豆等植物产品出口仍下跌了4.8%。同期，中国从巴西及委内瑞拉等国的石油进口增加。从总体上看，拉丁美洲相比非洲受到的冲击要小些。2015年南美洲经济负增长1.3%，其中巴西经济负增长3.8%。秘鲁由于扩大铜的生产，2015年经济增长3.3%，并保持较好的增长势头。

2. 投资

《2015世界投资报告》拉丁美洲和加勒比地区（不包括离岸金融中心）的外国直接投资流入为1680亿美元，与2014年基本持平。南美洲由于大宗商品价格下跌、经济不景气等原因直接投资下降；相比之下，制造业外资的增长使中美洲外国直接投资流入有良好表现。

中国2015年对外直接投资流向拉丁美洲地区126.1亿美元，同比增长19.6%，占当年流量总额的8.6%。主要流向开曼群岛（102.1亿美元）、英属维尔京群岛（18.5亿美元）、委内瑞拉（2.9亿美元）及厄瓜多尔（1.2亿美元）等。在拉丁美洲存量1263.2亿美元，占11.5%。其中开曼群岛和英属维尔京群岛累计存量1140.7亿美元，占对拉丁美洲地区投资存量的90.3%。租赁和商务服务业602.5亿美元，占47.7%；金融业230.7亿美元，占18.3%；采矿业11.5亿美元，占9.6%；批发和零售业96.2亿美元，占7.6%；交通运输/仓储和邮政业45.5亿美元，占3.6%。

此外，中国2015年设立300亿美元的中拉产能合作专项基金，支持中拉在产能和装备制造领域的项目合作；与巴西共同设立200亿美元中巴产能基金，推动双方在多个领域产能合作。

中国最早对拉丁美洲大型矿产的投资可以追溯到1992年首钢以1.18亿美元购买秘鲁铁矿98.4%的股份。而至今最大的投资应属2016年五矿资源等中企对瑞士嘉能可集团所持拉斯邦巴斯铜矿股权的收购，收购及后续建设投入累计 105 亿美元。在项目的运营期内，将为秘鲁政府贡献 50 亿美元的税收，对秘鲁经济增长的贡献率将达到 20% 以上，还将为矿区及运输沿线 30 万人提供产业与就业机会。2016 年 11 月，中国与秘鲁又签订了三项矿业合作协议，将投资 53 亿美元。

铜矿所在的科塔班巴斯省是秘鲁最贫困的地区之一，当地 10 年前还过着以物换物的生活。离矿区最近的查尔瓦瓦丘镇，不通电、不通水、不通车、不通电话，一条柏油路都没有，从镇上去省会城市库斯科要徒步走 3 天。为改善社区条件，中资企业每年投入 2000 万美元。随着项目的开展，村民喝上自来水，骑上摩托车，用上了手机，极度贫困人群减少了 61%，营养不良率降低了 25%，识字率提高 17%，1700 名当地人接受了电脑、电工、钳工、管道工等技术培训。①

实际上，中国在拉丁美洲的投资已经从矿产资源扩大到其他领域。例如，国家电网在巴西的输电项目、三峡集团的水电项目、天合光能在智利建厂、奇瑞汽车在巴西建厂等等。中国为阿根廷的贝尔格拉诺货运铁路改造项目提供了 27 亿美元的融资，中国中车将提供 100 辆内燃机车等。同时，中国与秘鲁和巴西也正在加快修建一条穿越巴西、从秘鲁港口连接太平洋和大西洋的铁路的可行性研究。这些铁路的修建将会大大降低当地运输成本。

2015 年，中国企业在拉丁美洲承包工程签署合同额 181.6 亿美元，完成营业额 164.0 亿美元，与 2014 年相比分别增长 10.3% 和 24.4%。中国企业承揽的阿根廷基什内尔 – 塞佩里克水电站和贝尔格拉诺货运铁路改造、巴西美丽山高压输电二期工程、玻利维亚鲁雷纳瓦可公路、哥伦比亚马道斯高速公路等重大项目已经或即将实施。其中，哥伦比亚马道斯高速公路项目时中国企业在拉丁美洲地区中标的第一个 PPP

① 陈效卫，王海林. 中企改变了我们的生活［N］. 人民日报，2016-11-15（3）.

基础设施项目，对于推动中拉基础设施合作转型具有深远意义。

3. 旅游

据世界旅游组织《2016 全球旅游报告》，2015 年拉丁美洲与加勒比地区（包括墨西哥）旅游增长较快，游客到达人数达 9029.3 万人次，比 2014 年增长 7.0%，收入 828.99 亿美元。世界银行数据显示，2014 年拉丁美洲与加勒比地区国际旅游收入 850.65 亿美元，占出口总额的 6.36%。其中巴西、阿根廷、玻利维亚及乌拉圭国际旅游收入占出口总额的比例较高，分别为 9.4%、8.8%、7.5% 和 11.2%。但墨西哥、秘鲁及智利等著名的旅游目的地对旅游业的依赖程度尚不高，仅为 2.9%、3.3% 和 4.4%。

目前中国前往北美洲旅游的较多，美国是中国出境旅游的十大热点目的地之一，但前往拉丁美洲旅游的游客仍较少。部分原因是路途较远，花费较高，签证费时。相信随着旅游环境的改善，中国赴拉丁美洲的游客将会逐渐增多。

第五节　中国宏观政策的溢出效应

去古巴旅行，会发现有两种货币，一种是可兑换比索，另一种是古巴比索，1 可兑换比索大致相当于 1 美元或 24 古巴比索。外国旅游者使用可兑换比索，而当地居民使用古巴比索。其实，中国在改革开放初期也曾实行过这种货币双轨制。由中国银行发行过外汇券，来华外籍人士可将外币兑换成外汇券后在境内使用。从 1980 年 4 月 1 日开始流通，直至 1995 年 1 月 1 日停止使用，外汇券和人民币同时在市场上流通了 15 年。由于当时商品匮乏，使用外汇券可以购买到进口电视机、电冰箱、瑞士手表等紧俏商品，外汇券成为一种特权货币，而像北京友谊商店这样的外汇商店也成了普通老百姓羡慕而不得入的光鲜之地。黑市与黄牛应运而生，为换100元外汇券可能要支付130元人民币。当1993年中国人民银行宣布于1994年1月1日停止发行外汇券时，曾引起了一阵到外汇商店抢购的狂潮。而今，北京友谊商店昔日风光早已不在，而外汇券也成了收藏品。外汇券的发行与退出记录了中国金融发展的一段特殊历史，而如今人民币已经成为国际储备货币。仅仅二十几年就发生如此巨大的变化，这令我们对中国金融今后几十年的发展充满憧憬。

随着经济的日益全球化，中国正在加快融入全球金融体系的步伐。2016年10月人民币纳入特别提款权货币篮子是这一进程的重要里程碑。随着中国金融与全球金融体系一体化程度的不断加深，其带来的溢出效应也将会日益显著。

前面已经讨论过中国大宗商品与价值链中间品进口增减可能产生的影响。中国与非洲和拉丁美洲的贸易受前者影响较大，而与东盟的贸易受后者的影响较多。投资通常与贸易如影随形，正像外商跟随全球产业链的迁移大量投资于中国。相比之下，作为一个新兴的经济体，中国对外投资更多地投向资源开发与基础设施建设，力求实现与发展中国家和地区的互利共赢。近几年，中国企业对发达经济体企业的并购也有所增加，寄希望能以此为桥梁，加快融入全球产业链，提升在产业链中的地位。随着中国对外投资和与之带动的银行贷款规模的不断扩大，其影响也在增加。中国对外投资的数量增减或结构变化，都可能会对所投资的国家和地区的经济产生这样或那样的影响，有些影响可能是积极的，有些短期内可能产生一定的压力。

从前面的讨论可以看出，即使是贸易影响，有时也可能会严重到影响一个国家或地区的金融稳定。2015年，石油、煤炭以及铁矿石价格的大幅下跌和需求减弱，这对那些严重依赖对中国出口的国家的财政收入产生直接影响，即使像澳大利亚这样的发达国家也不可能完全免疫。西澳大利亚地区是全球最大的铁矿石产地，因财政收入减少，西澳大利亚州发行的地方政府债券 2016 年初曾被国际评级机构降级。又如，安哥拉是非洲主要的产油国，财政与外汇收入高度依赖石油出口，而石油出口又有 50% 是出口中国。2015 年，因受石油价格大跌和中国进口下降，安哥拉的石油出口收入大幅减少，经济增长从 2014 年的 6.3% 下滑到 3.0%，货币严重贬值，外汇储备下降，债券评级被下调，为此安哥拉政府向世界银行和非洲开发银行申请紧急贷款。之后，中国向安哥拉增加信贷额度以提供支持。同样受到打击的还有尼日利亚等非洲产油国，虽然中国并非是所有这些国家的主要石油进口国。埃塞俄比亚、坦桑尼亚、塞内加尔等国由于经济更加多元化，2015 年仍能保持较快的增长，分别实现 GDP 增长 9.6%、7.0% 和 6.5%。中国大幅度增加对非洲基础设施和工业化项目的投资，将会有助于非洲经济尽快走出过度依赖资源出口的困境。

中国汇率政策的变化有时也成为国际上观测中国经济走势的风向标。2015 年 8 月 11 日，中国人民银行下调人民币汇率中间价 1.9% 至 1 美元兑 6.2298 元人民币，引发全球市场波动。美国《华尔街日报》报道，中国政府让人民币贬值的举措，周二震动全球市场，对世界股市和大宗商品造成巨大的冲击，澳洲和欧洲主要股市全线下挫，奢侈品、汽车和矿业类股遭受严重卖压，对中国需求敏感的大宗商品全线大跌。英国《金融时报》报道称，中国让人民币贬值的决定引发了人们对全球最大原材料消费国经济增长的担忧，导致从原油到金属等大宗商品的价格暴跌。铜价创下六年新低，布伦特原油跌破 49 美元。在 2015 年 9 月美联储的新闻发布会上，主席耶伦甚至指出不加息的原因之一为“对中国经济增长的担忧加剧”，她担心中国经济增速放缓会给新兴市场、美国的重要贸易伙伴加拿大和美国带来溢出效应。

现在看来，当时全球金融市场对中国央行采取的人民币汇率市场化改革措施有些反应过度。实际上，既非中国央行让人民币贬值，也非中国经济出了问题。2015 年中国经济依然实现了 6.9% 的稳定增长。但是这次引发的市场波动还是显示出中国经济的重大影响力以及中国金融政策调整的高度敏感性。类似地，中国证券市场的波动也会不时引发国际金融市场的联动，但这种联动也缺乏基础数据的支持，中国经济表现对美国主要上市公司盈利可能产生的直接影响远不足以引起美国股市这样大的震动，有分析称，中国对美国标普 500 公司利润的影响不足 2%。但是，中国对国际金融市场的影响仍会令人联想到美联储和纽约股票市场对全球金融市场的影响，但明显的区别是，中国的这种溢出效应并非直接通过全球金融系统传导的。市场关注的焦点仍主要是中国经济走势的强弱，而汇率政策调整和股票市场波动则成为市场为此做出反应的触发点。对比美国的情况，美联储主席 2013 年曾多次就何时退出 QE“犹抱琵琶半遮面”地发表一些讲话，引致全球金融市场的一次次颠簸。这是因为市场担忧美联储货币退出 QE 引起美元回流和全球美元资产重新定价，其影响会通过全球金融市场迅速传导到众多的国家和地区。2008 年次贷危机引发的全球金融危机正是美国金融溢出效应传播的典型案例。同样的，伴随美联储和其他发达经济体的 QE 进出，新兴市场国家和地区被反复“剪羊毛”，特别是对于像中国这样拥有巨额美元外汇储备的国家。

美国金融溢出效应之所以具有如此巨大的冲击力，其基础是美元在国际货币体系的主导地位。尽管 1973 年布雷顿森林体系完全解体之后美元不再与黄金直接挂钩，但美元在国际货币体系中的主导地位仍然得以维持，欧元（包括之前的德国马克）和日元均未能从根本上撼动美元的地位。至今，美元仍是全球最主要的外汇储备、贸易结算及金融交易货币。根据 IMF 的 2016 年三季度数据，美元在全球外汇储备中的占比虽下滑至两年来的最低水平，但其占比仍高达63.28%，而欧元、日元、英镑分别占比20.29%、4.5%与4.5%。而当时尚未纳入SDR的人民币占比还仅为1.5%。根据环球银行金融电信协会系统（SWIFT）公布的数据，2016年人民币的全球支付额为1.67%，列第六位。同期，美元、欧元、英镑、日元和加元的支付占比分别为42.09%、31.3%、7.2%、3.4%和1.93%。2015年8月人民币全球支付市场份额最高时曾达到2.79%，超过日元。2016年10月，人民币贸易金融支付占比4.61%，排在美元和欧元之后。2013年10月中国贸易金融支付占比最高时曾达到8.66%，列当时第二位。在全球贸易结算中，美元仍占有80%以上的份额。此外，美国同时拥有全球最大的债券与股票市场，对全球的投资者开放。2016年，美国债券市场，包括国债、联邦机构债、抵押贷款、企业债券、市政债券以及ABS的总面值大约为40万亿美元，其中美国国债约13万亿美元、企业债券约8.4万亿美元。美国纽约交易所也是全球最大的股票交易所，2016年底，纽约交易所上市公司总市值约为19.6万亿美元，纳斯达克市场上市公司总市值约7.8万亿美元。此外，美国还有芝加哥商业交易所、芝加哥期货交易所和纽约商业交易所，提供金融、农产品及金属期货和期权交易。

与之对比，中国拥有全球最大的外汇储备，高达3万多亿美元；中国还是美元国债的最大投资国，中国2016年底仍持有1万多亿美国国债。同时，人民币在SDR货币篮子中占有10.92%的份额，可以预见人民币在全球储备货币中的份额也会随之增加。美国对外贸易占全球的比例不足11.5%，但美元在全球贸易支付所占的份额在80%以上。相信中国作为世界第一大贸易国，对外贸易中以人民币结算的比例不可能长期处于10%以下的不合理水平。

经过二十几年的发展，中国的资本市场已经形成相当的规模。（人民银行）中国债券市场已是全球第三大债券市场，2016年发行各类债券规模达36.1万亿元人民币（约合5万多亿美元），较上年增长54.2%，债券市场托管余额达63.7万亿元人民币（约合9万多亿美元），其中银行间债券市场托管余额为56.3万亿元人民币（约合8万多亿美元）。中国债券一旦纳入花旗全球国债指数WGBI、占到5%~8%的权重，那么单单是追踪指数的基金就可带来1000亿～1600亿美元的投资。

在世界交易所联合会2016年底排名中，中国上海证券交易所和深圳证券交易所按总市值分别列全球第四位和第七位。截至2016年12月31日，沪深两市上市公司总数为3052家。其中A股股票总数3034只，总市值55.68万亿元人民币（约合8万亿美元），其中流通A股市值为39.12万亿元（约合5.6万亿美元）。2016年，上海股票交易所股票交易量达到49.7万亿元人民币（约合7.2万亿美元）。从2018年6月开始，中国A股将逐步纳入摩根大通MSCI指数。根据MSCI亚太区中国研究的初步测算，随着更多A股的纳入，A股在新兴市场中的权重将会达到17%，可能带来3500亿美元至4000亿美元的资金量，这将显著改善A股的流动性。

中国正在逐步放开境外投资者投资中国资本市场的限制。继2015年中国人民银行允许境外央行、国际金融组织、主权财富基金运用人民币投资银行间债券市场后，2016年2月将允许的投资者范围进一步扩大到境外各类金融机构、养老基金、慈善基金及捐赠基金等认可的中长期机构投资者。另外，沪港通与深港通的实施在实现上海、深圳和香港的三个交易所互联互通的同时，使得境外投资者能够有机会购买超过2900家中国内地上市公司，其中包括1500家A股公司，相当于87%的A股市值。另外，合格境外机构投资者（QFII）和人民币合格境外机构投资者（RQFII）额度不断放开，这让境外投资者能更大程度地投资A股市场。

美国的银行清算体系在全球银行清算体系中居核心地位。其中，联邦电子资金转账系统（Fedwire）和纽约清算所同业支付清算系统（CHIPS）是支持美元全球清算的两大主要大额支付清算系统。除完成银行间资金转账和清算外，两系统还共同维系着美元的国际货币地位。95% 的跨国美元最终清算通过 CHIPS 系统完成。SWIFT 是全球主要的支付清算系统，连通着遍布全球 200 多个国家的一万多家金融机构或跨国企业。虽然 SWIFT 是一个国际银行间非盈利的合作组织，但现已逐渐被美国利用作为金融制裁的手段，无论美国这些制裁是否得到联合国的支持。为扩大境外人民币的使用，提供清算服务便利，中国也正在搭建全球人民币清算体系，目前已经在包括所有全球主要金融中心在内的 22 个国家设立人民币清算行。2015 年 10 月，人民币跨境支付系统（CIPS）正式启动，到 2017 年 9 月，直接参与者已经从设立时的 19 家增加到 31 家。同时，间接参与者也从 176 家拓展到 632 家，包括 63% 的境外参与者，覆盖六大洲 86 个国家和地区。实际业务辐射范围涵盖 135 个国家和地区，金融机构 2100 余家。"一带一路"沿线国家和地区中已有 40 个国家和地区（包括港澳台）的 237 个金融机构成为 CIPS 间接参与者，CIPS 业务实际覆盖"一带一路"沿线 53 个国家和地区的 900 多个法人金融机构。服务的时间也覆盖了亚洲、欧洲、非洲、大洋洲等主要的人民币时区。CHIPS 已成为人民币跨境清算的独立系统。

此外，中国人民银行也积极与世界各国签订货币互换协议，以促进各国央行之间合作维护金融稳定，促进双边贸易和投资，进一步推进人民币的国际化。2016 年底，中国签订的、仍然有效的双边货币互换协议有 30 个，总额度约为 3.26 万亿人民币。中国资本项下的对外开放也在谨慎地推进中，可望在中国"十三五"期间实现有管理的可兑换。中国吸取全球金融危机的教训，即使在实现人民币资本账户可兑换后，中国将继续对资本账户交易进行管理，特别是对短期投机性资本流动进行管理，以限制跨境资本流动的风险、维持币值和金融环境的稳定。

可以相信，随着金融的全面对外开放，中国将会更深度地融入全球金融体系，人民币将会成为国际主要货币之一，给各国以更多的选择，促进全球金融体系的改革和完善。同时这也意味着，中国的货币政策、汇率政策及资本市场变动所产生的溢出效应，也将会通过全球的金融体系加快传导，影响扩大。这需要中国对全球经济增长与金融稳定有更大的责任担当。

第六节　中国经济转型和全球经济结构调整

2006 年，一部名为《输家赢家》的德国纪录片上映，讲述了 2003 年 400 多名中国工人来到德国的多特蒙德，把一家炼焦厂拆卸搬回中国的故事。中国工人忘我的工作热情让德国人震撼，一周 7 天，一天 12 小时，拿着不到德国人 1/10 的工资，一年半就干完了德国人认为需要干 3 年的工作。这家被称为“帝座（皇帝的宝座）”的工厂是德国最大的煤炭生产商鲁尔工业集团 1992 年投资 65000 万欧元、用了 5 年时间建立起来的。8 年后，由于国外的激烈竞争和污染环境严重，2000 年不得不停产。2003 年，中国兖矿集团以 6000 多万欧元买下了这家焦炭厂的全部技术专利和设备。2006 年，在中国的大思想家孟子的故乡，两座从德国搬来的 7.63 米高炉投产成功。据称，中国通过引进德国的先进技术，炼焦产业一下子向前跨越了 20 年。

中国从多特蒙德买走的不只是一座焦炭厂，中国沙钢集团在此之前还买走了德国蒂森克虏伯的凤凰钢厂。这家钢厂曾是德国最大钢厂之一，从二战前就一直矗立在莱茵河畔，一度雇用了约一万名员工。2002 年，凤凰钢厂的德国工人目睹了 1000 多名中国工人的到来，进行一场被称为“欧洲战后历史上最大的工业搬迁”，将重达25万吨的设备拆卸、包装、装船运回到中国的扬子江畔。在沙钢，“凤凰”涅槃重生，被改造成一条年产650万吨，集炼铁、炼钢、连铸、连轧于一体，具有世界领先水平的生产线。而德国人则在凤凰钢厂的原址挖了一个湖，如今那里是欧盟的高科技企业孵化中心。这些勾画出了一幅壮观的产业转移图景。

今天，中国已经是全世界最大的钢铁生产国，每年消耗近10亿吨的煤、10多亿吨的铁矿石，生产全世界一半的钢铁。2002年，就是沙钢买回德国凤凰钢厂的当年，中国粗钢产量仅有1.8亿吨，出口钢材不过546万吨；而到2015年，中国粗钢产量已达8亿吨，出口钢材1.1亿吨。但是中国当前却面临着比当年更大的挑战：需求下降，产能严重过剩。2015年中国粗钢产能12亿吨，产量约8亿吨，产能利用率仅67%。煤炭产能57亿吨，产量约36.85亿吨，产能利用率65%。焦炭产能6.87亿吨，产量4.5亿吨，产能利用率66%。而与产能过剩相伴相随的是大规模的企业亏损。钢材出口阻力重重更是雪上加霜，2016年2月，数千名来自包括德国在内的欧洲钢铁工人在布鲁塞尔的欧盟总部示威，抗议中国的“廉价竞争”。虽然与其他钢铁生产大国相比，中国生产的钢铁大部分用于国内，但是仅在2015年，钢材出口就又遭遇40多起反倾销调查。在国内，跟随煤炭与钢铁生产高速增长而来的雾霾、水污染和土壤污染也越来越为人诟病。实际上，钢铁产业的现状是中国许多传统产业所处困境的一个缩影，水泥、平板玻璃、电解铝、船舶等行业同样面临着巨大的压力。

产能过剩，严格地说，低端产能过剩是中国经济几十年强劲增长积累下来的一系列结构性问题之一。巨额资金脱离其他实体经济投资房地产，导致大量住房空置，不断地积聚泡沫。2015年中国商品房待售面积71853万平方米，按照人均住房面积30平方米计算，空置住房可供近 2.4 亿人口居住，而且这其中并不包括那些已经售出但无人居住的房屋。2015 年 IMF 曾估计中国空置房高达 10 亿平方米。在中国的三、四线城市空置住房情况尤为严重。此外，中国企业负债高启也愈来愈引起人们的担忧，目前高达 150% 的杠杆率即使与一些主要经济体相比也已经偏高。潜在的风险是企业债券违约增加和银行贷款不良率的上升。

当前，中国政府正在大力推动压减过剩产能、化解房地产库存以及降低企业财务杠杆率，力图尽快解决这些迫在眉睫的问题。根据《能源发展“十三五”规划》，中国到 2020 年将把能源消费总量控制在 50 亿吨标准煤以内，单位 GDP 能耗下降 15% 以上。“十三五”期间非化石能源消费比重提高到 15% 以上，天然气消费比重力争达到 10%，煤炭消费比重降低到 58% 以下。这就意味着，与 2015 年相比，煤炭在能源结构中的占比将下降 6.5 个百分点，转由天然气及其他非化石清洁低碳能源替代。与此同时，中国还将严格控制煤电规模。同样，中国的《钢铁工业调整升级规划（2016—2020）》提出，在“十三五”期间，粗钢产能在现有 11.3 亿吨基础上压减 1 亿～1.5 亿吨，控制在 10 亿吨以内；产能利用率由 2015 年的 70% 提高到 80%。同时，能源消耗总量和污染物排放总量分别下降 10% 和 15% 以上。中国产业结构的调整有利于平衡出口，也有助于中国改善环境，实现中国对世界所做出的降低碳排放的承诺。从 2016 年开始，用三至五年的时间，煤炭行业将压减产能 5 亿吨（2016 年已压减 2.5 亿吨），减量重组 5 亿吨。停滞审批新建煤矿项目、严格控制煤电新建项目和装机规模。此外，中国压减钢铁产能，也将导致对炼焦煤的需求的下降。因此，在今后相当长的时期内，中国将会严格调控国内煤炭的生产与消费。

此外，中国还将大力淘汰过剩与落后的钢铁产能，在此期间压减粗钢产能 1 亿～1.5 亿吨。铁矿石的进口受到国内钢铁生产需求的制约。2015 年，中国粗钢产量为 80382.5 万吨，比 2014 年下降 2.2%；钢材产量为 7.795 亿吨（剔除重复计算的加工产量），与 2014 年基本持平。钢材出口 1.12 亿吨，占钢材产量的 14.3%。中国投资增速放慢，必然导致对钢材需求的减少，进而影响对铁矿石的进口。同时，中国钢材出口贸易摩擦增多，面临贸易保护主义的冲击。甚至像澳大利亚这样依赖向中国出口铁矿石的国家，也对中国发起反倾销的调查。

中国经济供需之间的结构性矛盾是产能过剩的深层原因，供给侧未能创造新的需求，而需求侧无力消化过剩的产能。之前介绍的中国曾长期需要进口制造圆珠笔头的钢材就是一个典型的例子，而之后太原钢铁厂最终研制出了所需的不锈钢材，也使得中国世界第一圆珠笔制造大国的地位变得更加名副其实。事实上，国内生产的许多产品，或因为质量，或因为设计，或因为性价比不能满足国内消费者的需要而导致国内消费者热衷境外旅游购物和“海淘”。对中国来说，提高奶粉质量和生产更智能化的马桶盖肯定不会比送飞船“登天”更难，过去几十年，中国一直就是在打破国外技术封锁的过程中，不断研发出新技术和新产品。但是当前所面临的巨大挑战是要在整体上将中国从一个制造大国提升为一个制造强国，实现产业转型升级，走向全球产业链的中高端。

中国经济转型是未来发展的根本出路，过度依赖投资和出口拉动经济快速增长的模式已经难以为继。为实现经济转型，中国政府正以“壮士断腕”的决心，采取了一系列改革措施，包括加强供给侧结构性改革，推动现代服务业发展、提升消费水平，致力于实现中国经济长期可持续发展。从一定意义上说，《中国制造 2025》的实施关系到中国经济结构调整和转型发展能否成功，关系到中国能否走出“中等收入陷阱”，尽快实现人均 GDP 达到高收入国家水平的长远发展大计。

未来中国经济的发展将在保持适当平稳增速的条件下，更加注重提高经济增长质量。经济增长的回落将减少中国对部分大宗商品的需求，而产业转型升级也将会给中间品的进口带来不确定性。实际上，中国自 2011 年以来就已开始将宏观经济调控的重心转向对经济结构的调整，经济增长速度从 9.5% 逐步放慢至 2015 年的 6.9%，2016 年进一步降低到 6.7%。固定资产投资增速也从 2011 年的 25.3% 一路大幅调整到 2015 年的 10%。经济增长放缓、投资下降，导致中国进口需求增速放慢与进口商品结构的调整。中国大力推进消减过剩与落后产能以及对能源结构的调整将肯定会影响铁矿石、煤炭等大宗商品的进口。未来煤炭的价格虽仍会有波动，但中国大幅增加煤炭进口推升煤炭价格的情景恐难再现。全球产业链的重整和中国制造业向产业链中高端的上移将会引起中国中间品进口的重要调整。

从长远看，中国的经济转型也将会为世界经济的发展带来不少积极的因素，促进世界经济的结构调整，进入可持续发展的轨道。中国已经是世界上最大的经济体之一，并深度融入全球一体化之中，中国在经济转型的过程中有能力继续保持较高的经济增长速度，继续担当推动世界经济和贸易增长的主要动力。2016 年中国经济增长 6.7%，略低于 2015 年的 6.9%，已经趋稳。中国的 GDP 增长目标是 2020 年比 2010 年翻一番，这就意味着在这 10 年期间 GDP 年均增长要达到 6.5% 左右。从目前看来，实现这一目标应无问题。从长期看，经济转型将会引领中国经济驶上更可持续、更加平衡的发展轨道，这也将有利于世界经济的可持续增长。IMF 也一直认为，中国经济正在经历必要的调整以实现更平衡的增长，6% 到 6.5% 的增速对当下中国经济来说是安全区间。对于经济总量超过 10 万亿美元的全球第二大经济体，每年 6% 到 6.5% 的增速意味着中国仍然是全球经济增长的重要动力。①

① 美学者：中国仍是全球经济增长的重要动力［EB/OL］. http://finance.huanqiu.com/roll/2016-02/8481254.html.

中国国内市场蕴藏着巨大的发展潜力，消费对中国经济增长的贡献将会不断提升，同时也将会成为进一步拉动世界增长的动力。2015年，中国社会消费品零售总额达到30.1万亿人民币，增长10.7%，对经济增长的贡献率达到66.4%，比2014年提高了15.4个百分点，2016年前三个季度，消费贡献率进一步上升到71%。英国“经济学人智库”在其最近发布《中国消费者2030年面貌前瞻》报告中预测，在2016—2030年的14年中，中国个人消费将会随着人均收入的提高平均每年增长5.5%；个人消费总量占GDP的比例将从2015年的38%增至2030年的47.4%。[①]届时，中国的消费总量将大于目前欧洲的总量。报告并预计，未来14年，中国将迎来中产阶级爆炸式的增长，将对消费者的消费习惯和消费结构产生深远的影响。与发达国家相比，中国的消费市场仍处于发展的早期到中期。许多类别的商品和服务仍处于正在接近但尚未达到“起飞”的阶段。随着未来收入的增长，人们的消费习惯也将升级，转向价格更高的高端品牌。汽车和移动通信设备等商品的消费将经历强劲增长。消费者在服务行业，尤其是休闲旅游、健康、教育和金融服务等方面会有更高支出。中国的消费经济正在进入一个令人兴奋的发展和扩张期。麦肯锡的研究报告认为，按照目前中国城市化的发展趋势，中国城市消费量在2008—2025这17年的增量足以创造一个相当于2007年德国市场的总规模。[②]波士顿咨询公司的调研报告显示，尽管经济增长放缓，但中国预计将很快成为世界第二大消费市场。其中一半增长将来自当前的富裕消费者。到2020年，这一消费群体预计将达到2.8亿人，占全球消费总额的5%。[③]

观察中国经济的影响时，不应忽略中国新兴产业增长的亮点和他

---

① 经济学人智库. 中国消费者2030年面貌前瞻［R］. 2016-11.

② 麦肯锡全球研究院. 迎接中国十亿城市大军［R］. 2008-03.

③ 波士顿咨询公司. 中国新一代消费推动力［R］. 2012-11.

们对世界经济和贸易发展的潜在贡献。中国的网上购物平台大概是世界上最为繁荣的。2015 年，中国实物商品网上零售额达到 32424 亿元，增长 31.6%，占社会消费品零售额的 10.8%。每年的 11 月 11 日，全世界消费者都会聚焦中国的网上购物节，2016 年仅这一天的交易额达到惊人的 1800 亿人民币，约合 260 多亿美元。同时，中国也有越来越多的消费者通过跨境电商提供的网上平台进行境外购物，即中国消费者所称的“海淘”。据中国商务部预测，未来几年跨境电商的中国进出口贸易占比将会从目前的 10% 以上提高到 20%。[①] 2017 年 1 月 10 日，阿里巴巴董事局主席马云与当时的美国候任总统特朗普会面，据称两人要携手“搞大事情”，未来 5 年内将为美国创造 100 万个就业岗位，帮助美国的中小企业将产品卖到中国和亚洲。这不仅是美国的，同样也是世界其他国家和地区万千中小企业的机会。

从前面的介绍，我们知道中国出境旅游将是拉动世界经济增长的新亮点。全球旅游业繁荣发展，2015 年，中国的国际旅游人数达到 11.86 亿人次，国际旅游收入与运送旅客服务收入高达 1.5 万亿美元，占全球商品与服务出口总额的 7%，已经成为仅次于石油和化学品之后第三大出口行业。而中国则是输出国际游客最多的国家。2015 年全球国际旅游人数新增 5200 万人次，中国新增 1130 万人次，占全球新增的 21.7%。

中国将坚持对外开放。中国政府 2017 年初发出《关于扩大对外开放积极利用外资若干措施的通知》，进一步扩大对外开放，按照内外资一视同仁原则，进一步营造公平竞争环境，推动新一轮高水平对外开放。

中国在推动经济转型的过程中，将会坚持“十三五”规划中提出

---

① 丁栋．中国 2016 年跨境电商进出口额预计达 6.5 万亿元［EB/OL］. http://www.chinanews.com/cj/2015/05-29/7310634.shtml.

的“创新、协调、绿色、开放、共享”的发展理念，加快供给侧结构性改革、扩大开放、打造制造强国、加快服务业发展及提高消费水平。我们相信这一系列政策措施将会引导中国经济朝着更高质量、更有效率、更加公平、更可持续的方向发展。中国作为世界第二大经济体和新兴市场国家，经济转型成功不仅有利于中国的长期可持续发展，同时对世界经济发展也将是重大贡献。中国经济转型与结构调整可能将再一次重塑全球贸易与产业格局，对世界其他国家和地区的经济发展来说，这可能是挑战，但更可能是新的机遇。

在结束这一章之前，让我们尝试着估计一下中国经济转型、增长减速在总体上会给世界经济产生多严重的影响。

鉴于中国经济对世界经济有着越来越大的影响力，国际上有不少研究试图对中国经济增长对世界经济增长的影响做出量化的分析。

耶鲁大学的研究员斯蒂芬·罗奇先生，是一位长期研究中国经济的乐观派。他估计中国经济增速每降低 1%，全球经济增速将下降 0.2%；如果将外贸的溢出效应也包括在内，这一数字将达到 0.3%。如果把中国经济的“硬着陆”定义为目前中国经济增速减半——即为 6.7% 的一半，再把直接影响和间接影响都包括在内，那么全球 GDP 增速将减少大约 1%。这样一来，全球经济是没法避免另一场全面性的经济衰退的。

诺贝尔经济学奖获得者保罗·克鲁格曼教授，曾称中国经济是下一只“黑天鹅”，但他认为对中国溢出效应的影响，不必要像花旗经济学家那样看得那么严重。他认为，以市场汇价计算，中国的经济体量在全球占比约有 15%，比重相对较小。从国际贸易角度看，中国向其他国家地区的进口规模不足那些国家地区 GDP 的 3%，如果中国本国 GDP 增长下降 5%，假设需求的收入弹性为 2，那么对其他国家地区的进口会减少 10%，这对于其他国家地区 GDP 的影响也只有 0.3%，算不上重大打击。他也不认为中国经济下滑引致的大宗商品价格下跌，会对全球经济有多大伤害。但是，他承认中国需求减少对许多外债高企的新兴经济体来说是雪上加霜，出口下降引起货币贬值，造成财务困境，GDP 增长下降。总之，克鲁格曼认为，中国的经济问题不足以导致全球经济衰退。[①]

Furceri 等人做的研究则量化得多。他们采用时变系数分析，对 1990 年至 2014 年间由 148 个国家组成的样本使用了局部投影法，研究了中国最终需求增速出现 1 个百分点冲击所带来的负面影响，结果显示其溢出效应在过去的 20 年中几乎翻了一番。[②] 这些冲击在 1 年后对全球 GDP 造成约 0.25% 的累积影响。

罗奇与克鲁格曼的看法之所以大相径庭，一个重要的原因可能是后者并不认同有关中国对世界经济增长贡献率的算法，而更倾向看一个国家经济体量在世界经济中的占比。但从前面的分析看，中国经济以相当的经济体量（2015 年约占全球 GDP 的 15%）和持续较高的增长速度，中国 GDP 的增长成为世界新增 GDP 的最主要的来源地。因此，我们或许可以从这个角度就中国经济的影响做一更直观的估计。假定中国经济增长保持在 6.5% 左右，而世界经济增长约为 3.5%（IMF 预测 2017 年和 2018 年分别增长 3.4% 和 3.6%），那么由中国经济的 20% 左右的贡献率可以估算出中国 GDP 增长每下降 1 个百分点，将影响世界经济增长 0.11 个百分点，如果加上对进口的影响，影响大致应在 0.2 个百分点的范围。也就是说，如果中国 2017 年经济增长放缓至 5.5%，那么世界 GDP 增长将会向下调整为大约 3.3%。

2017 年 10 月，IMF 再次上调中国 2017 年的增长预测值至 6.8%，

---

① 保罗 · 克鲁格曼. 中国的溢出效应有多大？［EB/OL］. https:// wallstreetcn.com/articles/223991.（Paul Krugman，Should we be worried about China? October 22, 2015 from Truthout）

② Davide Furceri et al., China Spillovers: New Evidence from Time – Varying Estimates, November 2016.

上调全球经济增长预测值至3.6%，因此仍难有机会实际验证中国经济放缓对世界经济增长影响各种估计的准确度。但无论如何，速度远非中国经济发展对世界影响的全部，更具深远影响的是中国2020年全面建成小康社会、“13亿多中国人，一个都不能少”的决心所体现出的造福人民的伟大发展理念；是“新四大发明”所展示出的中华民族的巨大创新能力；是中国积极参与和引领经济全球化发展、坚守《巴黎协定》减排承诺的大国担当精神；是中国与世界携手共建人类命运共同体、互利共赢的胸怀。中国源于古代丝绸之路提出的“一带一路”倡议，是沿线各国人民共建人类命运共同体的一场伟大实践。中国已经成为推动世界经济长期可持续发展的主力国家。

主要参考文献

[1] 杰克·贝尔登著，邱应觉等译. 中国震撼世界 [M]. 北京：北京出版社，1980.

[2] James Kynge. China Shakes The World [M]. London：Weidenfeld & Nicolson, 2006.

[3] Gavin Menzies. 1421: The Year China Discovered the World [M]. New York: Bantam, 2003.

[4] 习近平. 共担时代责任，共促全球发展——在世界经济论坛2017年年会开幕式上的主旨演讲 [N]. 人民日报，2017-1-18（3）.

[5] 中华人民共和国商务部，中华人民共和国国家统计局，国家外汇管理局. 2015年度中国对外直接投资统计公报 [M]. 北京：中国统计出版社，2016.

[6] 安格斯·麦迪森著，伍晓鹰等译. 世界经济千年史 [M]. 北京：北京大学出版社，2003.

［7］中华人民共和国国家统计局．改革开放铸辉煌，经济发展谱新篇——1978 年以来我国经济社会发展的巨大变化［N］．人民日报，2013-11-6（10）．

［8］Stephen S. Roach.Global Growth – Still Made in China［J］Project Syndicate, August 2016.

［9］吉姆·奥尼尔著，吴进操译．高盛眼中的世界［M］．北京：机械工业出版社，2012.

［10］Yuqing Xing and Neal Detert.How iPhone Widens the US Trade Deficit with the People's Republic of China?［J］．No. 257，ADBI Working Paper, December 2010（revised May 2011）．

［11］Seamus Grimes and Yutao Sun. China's evolving role in Apple's global value chain［J］．Area Development and Policy，January 2016.

［12］黄培昭．中国成为全球供应链中心［N］．人民日报，2017-2-10（3）．

［13］陈效卫，王海林．中企改变了我们的生活［N］．人民日报，2016-11-15（3）．

后　记

2017年五一劳动节三天假期，偎依着北京的灿烂阳光，我安安静静地在书桌前坐了三天，把这部书稿从头到尾整理了一遍。党的十九大召开后，我又于年末对部分书稿内容做了修改。交稿之际，谨感谢国创会郑必坚会长邀请我参加这套丛书的撰写工作。没有郑会长的关爱和力邀，我很难下决心在刚刚离开国际货币基金组织（IMF）后，立即承接如此重任。而恰恰是通过这次从国际视野对中国改革开放近40年经历回顾和分析的写作，帮助我在学术上完成了从IMF到国内的转化。我对郑会长深怀感激。

我要感谢刘东协助我撰写了第一章和第四章，感谢陈为东、周景彤和盖新哲协助我撰写了第二章和第三章，感谢张秉训协助我撰写了第五章。写作过程是愉快的，我们是经年的朋友，还都热爱网球运动。在三个月的写作过程中，我们通常每两周见一次。先是打两小时的网球，然后午餐，边吃边改文稿。午餐时间通常拉得很长，讨论天南海北，争论面红耳赤。我从这些讨论中获益匪浅，而大家的友谊更是弥足珍贵。

最后我要感谢本书的责任编辑熊冰頔，她对全书提出了诸多有益建议，她也总是温和但严格地提醒我进度安排，使我能按时交稿。当然，我对所有的文字承担最终的责任。

朱　民

图书在版编目（CIP）数据

中国经济：崛起在世界的地平线 / 朱民著．—北京：外文出版社，2018.4
（读懂中国）
ISBN 978-7-119-11473-6

Ⅰ．①中…　Ⅱ．①朱…　Ⅲ．①中国经济—研究　Ⅳ．①F12

中国版本图书馆 CIP 数据核字（2018）第 079600 号

本丛书列入国家社会科学基金重大委托项目和
《"十三五"国家重点图书、音像、电子出版物出版规划》项目

出版策划：国家创新与发展战略研究会
出版指导：陆彩荣　徐　步
出版统筹：胡开敏　于　瑛　曾惠杰

责任编辑：熊冰頔
装帧设计：柏拉图创意机构
印刷监制：冯　浩　章云天　秦　蒙

中国经济：崛起在世界的地平线

朱　民　著

出 版 人： 徐　步
出版发行： 外文出版社有限责任公司
地　　址： 中国北京西城区百万庄大街 24 号
邮政编码： 100037
网　　址： http://www.flp.com.cn
电子邮箱： flp@cipg.org.cn
电　　话： 008610-68320579（总编室）
008610-68995852（发行部）
008610-68996064（编辑部）
008610-68996183（投稿电话）
制　　版： 北京杰瑞腾达科技发展有限公司
印　　刷： 北京盛通印刷股份有限公司
经　　销： 新华书店 / 外文书店
开　　本： 700mm × 1000mm　1/16
印　　张： 21　**字　　数：** 265 千字
装　　别： 精装
版　　次： 2019 年 3 月第 1 版第 2 次印刷
书　　号： ISBN 978-7-119-11473-6
定　　价： 75.00 元
